石油教材出版基金资助项目

石油高等院校特色规划教材

地质学基础

陈清华　章大港　宋全友　主编

石油工业出版社

内 容 提 要

本书简明扼要地阐述了地质学科的基本知识和基础理论,反映了该学科领域的新进展。全书以地质作用及其结果和产物特征为主线,介绍了地球地质特征、矿物、岩浆作用与岩浆岩、变质作用与变质岩、外动力地质作用、沉积岩、沉积相、地层与地质年代、地质构造、板块构造、含油气盆地等内容。书末附有实验指导。

本书可作为石油高等院校石油工程专业、船舶与海洋工程专业、海洋油气工程专业地质学基础课程的教材,也可作为勘查工程与技术、地理信息系统、岩土工程、测量工程、土木工程、资源环境与城乡规划管理等专业的教材,还可供相关专业的科研、生产人员参考。

图书在版编目(CIP)数据

地质学基础 / 陈清华,章大港,宋全友主编.
北京:石油工业出版社,2016.12(2025.2重印)
石油高等院校特色规划教材
ISBN 978-7-5183-1455-3

Ⅰ. 地…

Ⅱ. ①陈… ②章… ③宋…

Ⅲ. 地质学 – 高等学校 – 教材

Ⅳ. P5

中国版本图书馆 CIP 数据核字(2016)第 221310 号

出版发行:石油工业出版社
    (北京市朝阳区安华里 2 区 1 号楼 100011)
    网 址:www.petropub.com
    编辑部:(010)64523693 图书营销中心:(010)64523633
经 销:全国新华书店
排 版:北京乘设伟业科技排版中心
印 刷:北京晨旭印刷厂

2016 年 12 月第 1 版 2025 年 2 月第 2 次印刷
787 毫米 × 1092 毫米 开本:1/16 印张:13.5
字数:352 千字

定价:28.00 元
(如发现印装质量问题,我社图书营销中心负责调换)
版权所有,翻印必究

前　言

地质学基础是石油高等院校石油工程专业、船舶与海洋工程专业、海洋油气工程专业及勘查工程与技术专业等与地学相关专业开设的一门专业基础课。学完本课程后，学生能掌握地质学的基本概念、基本理论，正确理解各种地质作用发生的根本原因、作用过程及其相互关系，并能运用所学的地质学原理和知识对相关的地质现象做出正确的分析与论述；了解地质工作的一些基本方法，能识别常见矿物、岩石；掌握地质构造的基本概念和基本知识，学会分析及使用一些常见的地质图件，为后续课程如石油地质学、油气田地下地质学、储层地质学等专业课程的学习和研究提供一定的专业知识基础。

随着石油工业的快速发展与地质认识的不断深入，石油高等院校的专业培养方案也不断调整，基础地质教材内容的更新与完善势在必行。中国石油大学（华东）地球科学与技术学院地质系普通地质学教学组各位同仁依据实际教学需求，在遵循"少而精"原则和保持地质科学系统性的前提下，力求加强专业针对性，合作编写了本书。本书以地质作用为主线，主要包括了各种地质作用的基本原理和过程及其产物和结果特征、地壳或岩石圈的运动规律及其发展演化历史等内容。

本书共分十二章，含附录，由陈清华负责统稿。各章节分工如下：陈清华编写第一章；宋全友编写第二章；贾军涛编写第三章、第五章；章大港编写第四章、第六章、第七章、第八章；冀国盛编写第九章；李勇编写第十章、第十一章、第十二章；吴花果编写实验一、实验二、实验三；谢开宁编写实验四。

中国石油大学（华东）吕洪波教授对本教材进行了认真细致的审阅，并提出了许多建设性的意见。依据其意见，编者对稿件进行了修改。中国石油大学（华东）地球科学与技术学院地质系的相关领导和教授也给了了大力支持和具体指导，研究生陈金金同学完成了大量的基础工作，在此深表感谢。

由于本书内容涉及面广，编者水平有限，书中不当与疏漏之处，望各位专家、同仁及广大读者予以批评和指正。

编者
2016 年 5 月

目　　录

第一章　绪论 ··· 1

　第一节　地质学的研究对象 ··· 1

　第二节　地质学的研究内容 ··· 2

　第三节　地质学的研究方法 ··· 3

　思考题 ··· 4

第二章　地球概述 ··· 5

　第一节　地球表面特征 ·· 5

　第二节　地球内部结构 ·· 9

　第三节　地质作用 ··· 13

　第四节　地壳的物质组成 ··· 15

　思考题 ·· 17

第三章　矿物 ··· 18

　第一节　矿物的相关概念 ··· 18

　第二节　矿物的化学成分 ··· 19

　第三节　矿物的鉴定特征 ··· 22

　第四节　矿物的分类与命名 ·· 28

　第五节　常见矿物 ··· 33

　思考题 ·· 37

第四章　岩浆作用与岩浆岩 ··· 38

　第一节　岩浆作用 ··· 38

　第二节　岩浆岩的特征 ··· 47

　第三节　岩浆岩的分类与常见岩浆岩 ···································· 52

　思考题 ·· 55

第五章 变质作用与变质岩 ... 56
第一节 变质作用 ... 56
第二节 变质岩 ... 62
第三节 变质岩的分类与常见变质岩 ... 65
思考题 ... 70

第六章 外动力地质作用 ... 71
第一节 风化作用 ... 71
第二节 剥蚀作用 ... 77
第三节 搬运作用 ... 90
第四节 沉积作用 ... 93
第五节 成岩作用 ... 94
思考题 ... 95

第七章 沉积岩 ... 96
第一节 沉积岩的一般特征 ... 96
第二节 沉积岩的分类与常见沉积岩 ... 102
思考题 ... 112

第八章 沉积相 ... 113
第一节 概述 ... 113
第二节 河流相 ... 114
第三节 湖泊相 ... 118
第四节 三角洲相 ... 121
第五节 海岸相 ... 125
第六节 海洋碳酸盐岩沉积相 ... 132
思考题 ... 137

第九章 地层与地质年代 ... 138
第一节 地层 ... 138
第二节 地质年代 ... 138
第三节 地质年代表 ... 142
思考题 ... 144

第十章 地质构造 ··· 145
第一节 岩层的产状、厚度及出露特征 ··· 145
第二节 地层接触关系 ··· 149
第三节 褶皱 ··· 152
第四节 节理 ··· 158
第五节 断层 ··· 160
思考题 ··· 168

第十一章 板块构造 ··· 169
第一节 板块构造基本问题 ··· 169
第二节 板块活动与地质作用 ··· 175
思考题 ··· 179

第十二章 含油气盆地 ··· 180
第一节 含油气盆地的概念 ··· 180
第二节 含油气盆地分类 ··· 181
第三节 含油气盆地内部构造单元 ··· 183
第四节 中国含油气盆地基本特征 ··· 186
思考题 ··· 187

参考文献 ··· 188

附录 实验指导 ··· 190
实验一 认识常见矿物 ··· 190
实验二 认识常见岩浆岩和变质岩 ··· 193
实验三 认识常见沉积岩 ··· 198
实验四 分析地质图 ··· 202

第一章 绪 论

现代自然科学的学科体系包括六大基础自然科学:数学、物理学、化学、天文学、生物学和地球科学。地球科学,简称地学,包括地质学、地理学、地球物理学、地球化学、大气科学、海洋科学等分支学科(汪新文,2005)。地质学是与人类的生存与发展密切相关的一门学科,其主要任务是认识地球的过去、现在,并预测其未来的发展趋势,为人类的生存与发展、环境保护等提供理论指导。

第一节 地质学的研究对象

一、地质学的定义

地球由固体地球及其外围的水圈、大气圈和生物圈所构成。固体地球又分为地壳、地幔和地核3个圈层。地壳和上地幔低速层之上部分主要由岩石组成,称为岩石圈,构成固体地球的表层,是在当前的科学技术条件下易于观测和研究的部分。

总之,地质学的研究对象是地球,受客观条件限制,目前主要研究岩石圈的物质组成、结构、构造、形成与演化以及岩石圈与水圈、大气圈和生物圈发生物质循环和能量交换的过程。

二、地球的特点

地球作为地质学的研究对象,有以下特点。

(一)时间的漫长性

地球的年龄长达46亿年,在这漫长的历史中,地球上发生了许多重要的地质事件,如海陆变迁、山脉形成、生物进化等。这些地质事件的发生通常是在缓慢的过程中完成的,往往需要数百万年乃至数千万年的时间。地质纪年的单位是百万年(Ma),这与人们日常生活中惯用的时间单位差别较大。

人类有限的历史不可能见证大多数的地质作用过程,这就造成了地球演化时间漫长与人类历史短暂的矛盾。不过,人们可以根据地质作用的遗迹去了解过去地质事件的特点。

(二)空间的广阔性

地球是一个庞大的星球,其平均半径约6371km,表面积$5.1 \times 10^8 km^2$。当前,人类通过各种手段只能观测地下深度不超过12km范围内的现象。地球本身又是一个不均一的球体,它的不同部分在物质组成、运动状态和演化特点上都具有一定的差异,这也造成了地球空间广阔与研究者观测范围相对有限的矛盾。整个地球是一个有机整体,地球的不同圈层不仅在空间上表现为连续的整体,而且圈层之间互相作用、互相影响、互相渗透,某一个部分的变化会对其他部分有一定的影响。因此,地质学把地球作为一个整体进行研究,并将其逐渐发展为全球性的科学。

(三)过程的复杂性

地球经历了漫长的地质演化历史,地质作用过程既可在地球表层常温常压下发生,也可在地下深处高温高压下发生。早期发生的地质作用的产物会遭受后期地质作用的改造,因此地质作用过程及其产物通常是极其复杂的,而且这种过程具有漫长性和不可逆性,这使得地质学研究的难度颇大。但是,地质作用过程并不是杂乱无章的,而是有规律可循的。地质学研究的根本任务就是恢复地质作用过程,并总结其规律。

第二节 地质学的研究内容

按照研究内容及其性质,可将地质学划分为许多相互联系又各自独立的分支学科。地质学的研究内容可概括为以下几个方面。

一、岩石圈的物质组成

岩石圈的物质组成是地质学研究的重要内容,主要包括岩石圈的元素及其同位素,矿物和岩石的基本特征、分布及其形成过程,所对应的主要分支学科有地球化学、矿物学、岩石学等。

二、岩石圈的结构与构造

岩石圈的结构与构造也是地质学研究的重要内容,主要是阐明岩石圈的结构、构造特征及其形成与演化规律,所对应的主要分支学科有构造地质学、大地构造学、地球动力学、地球物理学等。

三、地球的历史

地球的起源与演化、地球圈层结构的形成、岩石圈以及古生物的形成与演化一直是地质学研究的重要内容,所对应的主要分支学科有古生物学、地层学、地史学等。

四、地球的资源

寻找人类生存与发展所必需的资源始终是地质学的一项基本任务,所对应的主要分支学科有矿床学、煤田地质学、石油地质学、水文地质学等。

五、地球的环境

人类赖以生存的环境的合理利用与保护更是地质学的一项重要任务,所对应的分支学科有工程地质学、环境地质学、海洋地质学、第四纪地质学等。

第三节 地质学的研究方法

一、地质学的思维方法

地球无时无刻不在发生着各种各样的地质作用。地球有46亿年的演化历史,人类不可能目睹地球历史上发生的所有地质作用过程。但可以通过对过去地质事件遗留下来的地质现象的考察,利用现今发生的地质作用规律,去反推过去地质作用的过程,这就是历史比较法,又称为"将今论古"或现实主义原则。这一原理是苏格兰地质学家Lyell(1797—1875)于1830年在苏格兰地质学家Hutton(1726—1797)均变论学说的基础上创立的,其最早的说法是"The present is the key to the past"(现代是打开过去的钥匙)。实际上,早在1086年,中国北宋时期的沈括就曾根据在太行山上发现的海洋生物化石,提出太行山过去曾经是海洋,这是"将今论古"思维方法的更早应用。

当前正在发生的地质作用只是地球漫长历史中的一个很短的片断,而过去形成的地质现象记录了地质作用的过程。因此认识过去能够帮助我们更好地了解现在并预测未来,这种方法称为"以古论今、论未来"(舒良树,2010)。

"将今论古"与"以古论今、论未来"相结合是地质学的基本思维方法,是地质学基本的方法论。

二、地质学的研究方法概述

1830年Lyell《地质学原理》一书的出版标志着地质学作为一门独立学科出现。地质学历经近200年的发展,逐渐形成了自身特有的研究方法,概括如下。

(一)野外地质调查

地质现象是地质作用的产物,野外是地质学的天然实验室,开展野外地质调查是地质学研究的前提。通过观察各种野外地质现象,可以确定地质体之间的空间关系及其形成的先后次序,并可以采集各种标本用于实验室分析测试,从而总结地质作用的特点和规律。

(二)仪器观测

仪器观测是地质学获取定性、定量资料的重要手段。20世纪初,地球物理学家利用地震台站获取的地震波数据,对地球的内部结构实现了重要的划分。20世纪中期,海底测深(声呐)技术对于海底扩张说的提出及海洋地质学的发展起到了重要的推动作用。20世纪70年代之后,人造地球卫星在资源普查中发挥了重要作用。近年来,在全球海底建设的海底观测网对于观测海底地质作用过程起到了重要作用。另外,20世纪后半叶之后,人类通过发射月球及火星探测车或探测器,已将地质学研究扩展至宇宙空间,逐渐形成了行星地质学这一地质学分支学科。

(三)实验室测试分析与科学实验

在实验室利用各种仪器对野外采集的样品进行分析测试,有时还需要进行实验模拟,从而获取样品的矿物、元素、同位素等物质组成及相关地质作用过程的定性和定量证据,这有助于对地质现象和地质作用的深入研究。

(四)综合分析与解释

在丰富的野外观察与室内分析数据与资料的基础上,综合运用地质学的理论分析地质作用的特点、恢复地质作用过程、总结地质作用规律,并指导人类解决生存与发展所面临的诸多重大问题。

思 考 题

1. 地质学研究的对象是什么?主要研究内容有哪些方面?重点何在?
2. 地质思维中重要的方法论是什么?

第二章 地球概述

运用现代化的观测手段,天文学家在大约 $36×10^9$ 光年的范围内已观察到10亿个以上的星系,而银河系仅是其中的一个。银河系有包括太阳在内的1400多亿颗恒星,它们形成一个"饼"状旋转体,其直径大约为 $1×10^5$ 光年;太阳系位于银河系之中,距银河系中心有 $3.2×10^4$ 光年。

太阳系有一个恒星,即太阳,周围有八大行星(自内向外依次是水星、金星、地球、火星、木星、土星、天王星、海王星)围绕着它旋转,它们的运行轨道都呈椭圆形,太阳则位于这些椭圆的其中一个焦点之上;此外,太阳系中还有33颗围绕各个行星旋转的卫星、数千颗小行星和10多万颗彗星等。太阳系的直径大约 $118×10^8$ km。地球是离太阳较近的一颗行星,它有一个卫星,即月球。

第一节 地球表面特征

一、地球的形状及大小

固体地球的表面起伏不平,大部分为海水所覆盖。为便于测算,以平均海平面通过大陆延伸所形成的封闭曲面(即大地水准面)作为参考面,地球的形状和大小就是指大地水准面的形态和大小。国际大地测量和地球物理协会于1975年公布的修订的地球参数如下:

赤道半径(a)	6378.140km
两极半径(c)	6356.755km
平均半径(R)	6371.004km
扁率[$(a-c)/a$]	1/298.257
赤道周长($2\pi a$)	40075.360km
子午线周长($2\pi c$)	39940.670km
表面积($4\pi R^2$)	510070100.000km²
体积($\frac{4}{3}\pi R^3$)	1083157900000.000km³

以上参数可勾绘出一个长、短半径相近的椭圆,将该椭圆绕地球轴回转一周则可得到一个旋转椭球体。地球的实际形状与该椭球体稍有差异,地球的南、北两半球并不对称,北极凸出约10m,南极凹进约30m,中纬度在北半球稍凹进,而在南半球稍凸出(不到10m),看似一个梨形(图2-1)。

地球的外形是其内部特征的反映。第一,地球接近于旋转椭球体,说明地球具有一定的塑性,是地球自转离心力作用的结果。第二,地球的实际外形与旋转椭球体并不完全重合,说明地球内部物质是不均匀的。

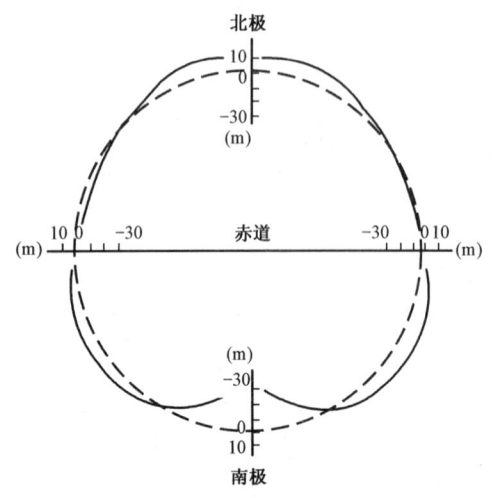

图 2-1 大地水准面和扁球体（据 K.Hele 等，1969）
实线（比例尺已夸大）为大地水准面；
虚线为地球的理想扁球体

二、固体地球表面的形态特征

固体地球表面高低不平，以平均海平面为界，分为海洋和大陆两大地理单元。海洋的总面积为 $3.61×10^8 km^2$，占地表面积的 70.8%；平均深度为 3729m，最深处深度为 11034m，位于西太平洋的马里亚纳海沟。大陆面积为 $1.495×10^8 km^2$，占地表面积的 29.2%；平均海拔高度为 875m，最高处为珠穆朗玛峰，其海拔高度为 8844.43m（2005 年 5 月测量数据）。

（一）大陆地表的形态

陆地地形十分复杂，按照高程和起伏特征，可分为以下主要单元。

1. 山地

海拔高度在 500m 以上，地形起伏高差在 200m 以上的地区叫山地或山岳，其分类见表 2-1。

表 2-1　山岳分类（据中国科学院地理所，修改）

类型	海拔高度，m	切割深度，m	实　例
极高山	>5000	>1000	喜马拉雅山脉主体
高山	5000~3500	1000~500	昆仑山脉等主体
中山	3500~1000	500~200	秦岭、大巴山脉主体
低山	1000~500	略大于 200	中、高山的较低部分

呈线状延伸的山地叫山脉，世界上有许多著名的山脉，如南美洲和北美洲西缘的海岸山脉、亚洲的喜马拉雅山脉、欧洲的阿尔卑斯山脉等。在成因上相联系的若干相邻的山脉总称山系。

2. 丘陵

丘陵为大陆地表海拔高程在 500m 以下，切割深度不超过 200m（一般为数十米）的起伏地形，如川中丘陵、东南沿海丘陵等。

3. 平原

平原是面积广阔、地势平坦或略有起伏、海拔高程在 600m 以下的地区，如我国的华北平原、松辽平原、长江中下游平原等。

4. 高原

高原是海拔在 600m 以上，地势较为平坦或有一定起伏的广阔地区，如我国的青藏高原、云贵高原等。

5. 盆地

四周是山地或高原、中央相对凹下且较平坦(平原或丘陵)的地形称盆地,如四川盆地、塔里木盆地、柴达木盆地等。

6. 洼地

大陆内部高程在海平面以下的地区称为洼地,新疆吐鲁番盆地的克鲁沁地区就低于海平面155m。

7. 裂谷系统

裂谷系统是大陆上的一些规模宏伟的线状低洼谷地,其延伸可达数千千米,宽仅数十千米,两壁(或一壁)为断崖。如世界上著名的东非大裂谷(图2-2),全长超过6500km,其内部分布一系列峡谷和湖泊。

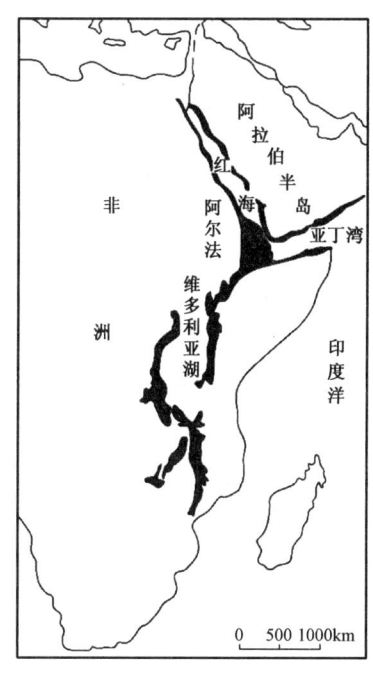

图 2-2 东非大裂谷示意图

(二)海底地形

海底地形的复杂性并不比大陆逊色,有弧形与线状延伸的海底山脉与面状展布的海底平原和盆地,而且其规模都非常庞大,面貌更为奇特壮观。

海洋是由海和洋组成的。洋是远离大陆、面积宽广、深度较大的水域,世界的大洋有太平洋、大西洋、印度洋、北冰洋,洋是海洋的主体;与洋有一定程度隔离的水域称为海,海在大洋的边缘,与陆地毗邻的海有渤海、黄海、东海、南海、日本海等。

根据海底地形的成因与特征,把海底地形划分为大陆边缘、大洋盆地和大洋中脊三个大型地形单元(表2-2)。其中大洋盆地的面积占海洋面积的二分之一,大洋中脊约占三分之一。

表 2-2 大型海底地形单元及其面积比率

单元名称	面积, $10^6 km^2$	占海洋面积百分比, %	占地球表面积百分比, %
大陆边缘	80.1	22.3	15.8
大洋盆地	162.6	44.9	31.8
大洋中脊	118.6	32.8	23.2

1. 大陆边缘

1)大陆边缘的结构

大陆边缘是指大陆与深海盆地之间被海水淹没的地带,包括大陆架、大陆坡和大陆基(又称大陆隆)。海沟和岛弧归于大陆边缘,但也有人将海沟与岛弧划为另一类地形单元。

(1)大陆架。大陆架是海洋与陆地接壤的近海浅水平台,其范围是从海岸的低潮线起向海洋延伸到海底地形坡度显著增大的转折地段为止。大陆架地势平坦,坡度一般小于0.3°,平均0.1°,外缘水深一般不超过200m,最深的可达550m(北冰洋巴伦支海),平均水深130m。大陆架宽度各地不一,欧亚大陆和北冰洋沿岸的大陆架宽度在1000km以上,而有的地区非常狭窄甚至缺失,如日本列岛大陆架宽度仅4～8km,拉丁美洲西海岸大陆与深海盆地之间仅以海沟相隔,世界上大陆架的平均宽度为70km。

（2）大陆坡。大陆架之外地形坡度较陡的地带称为大陆坡。其平均坡度为3°，最大可超过20°；水深范围从200m起到3000m以上。大陆坡是地球上最壮观的斜坡，它以20~40km宽度的条带围绕着大陆架。

大陆坡上最显著的特征是发育许多两岸陡峭、高差很大的巨型槽谷，称为海底峡谷。有的甚至横切整个大陆坡和大陆架而与现代或近代河口相连，其规模远远超过陆地上的任何峡谷。这种峡谷有的是由大陆坡上的滑塌作用刻蚀而成；有的是陆上大型河流水下河谷的延伸部分。

（3）大陆隆、岛弧、海沟。大陆隆是大陆坡外缘与深海盆地之间的缓倾斜地区，坡度仅5′~35′。地球物理资料表明，有的大陆隆下面过去曾经是海沟。

呈弧形延伸很长的火山列岛形成岛弧。太平洋北部的阿留申群岛、千岛群岛、日本列岛、琉球群岛，直至菲律宾、巽他、所罗门、马里亚纳群岛，以及大西洋加勒比海中的大、小安的列斯群岛都属于弧形岛链，是岛弧的典型例证。岛弧地带具强烈的火山作用，深源地震发育，有较高的热流值和重力正异常。在岛弧靠大洋一侧常发育长条形的巨型深海凹槽，称海沟。大陆地壳和大洋地壳的分界线出现在海沟处，海沟横剖面呈不对称的"V"形，靠岛弧一侧坡度较陡，靠大洋一侧坡度较缓，深度一般大于6000m，延伸可达数千千米。海沟地带浅源地震频繁，有重力负异常，热流值较低。海沟与岛弧平行伴生构成一个统一体。

大陆边缘地壳性质与大陆壳相同，因为它是大陆地壳的水下延伸部分。

2）大陆边缘的类型

大陆边缘的结构是研究大陆与海底接触关系及演变的重要依据，根据目前实际存在的情况，按地表形态可将大陆边缘分为以下三种类型。

（1）大西洋型大陆边缘。此类大陆边缘以大西洋为代表，由大陆—大陆架—大陆坡—深海盆地组成，没有海沟，一般大陆架较宽。

（2）安第斯型大陆边缘。此类型大陆边缘以南美洲西岸边缘为典型，大陆坡与深海盆地之间有海沟，而且大陆边部有并行的山脉（大陆边缘山脉）—大陆架和大陆坡—海沟—深海盆地，大陆架和大陆坡一般很窄。

（3）日本海型大陆边缘。此类大陆边缘与安第斯型有些类似，不同之处是由岛弧代替了海岸山脉，岛弧与大陆之间还有一片海域，称为弧后盆地，即由大陆—弧后盆地—岛弧（包括其旁侧较窄的大陆架、大陆坡）—海沟—深海盆地组成。弧后盆地情况比较复杂，少数为深海，如西南太平洋；大多数为不典型的海洋，称为边缘海，如日本海，深度较浅，没有典型的洋脊，地形和以后章节将要介绍的地壳结构与正常的深海盆地有一定差别；另外，还有相当数量的弧后盆地为浅海，海底主要为大陆架，如我国东部海域。这些复杂关系反映了大陆与海底演化过程的多样性。

2. 大洋盆地

大洋盆地（又称深海盆地）是海洋中另一类大型地形单元。它是介于大陆边缘及洋中脊（或中隆）之间的较平坦地带，水深一般为4000~5000m，约占海洋面积的43%，有三种主要地形单元。

1）深海平原

深海平原水深一般在4000~5000m，地势极为平坦，平均坡度小于1/1000，甚至小于1/10000，广布于大西洋洋中脊两侧。

2）深海丘陵

深海丘陵由相对高度在几十米到几百米的圆形或椭圆形山丘组成,集中分布在洋脊或岛屿附近,由火山活动形成。

3）海山

深海盆地中规模不大,地势比较突出的孤立高地称海山。其中相对高程在1000m以上,隐没于水下或露出海面呈锥状者,称为海峰。海峰大多由火山岛组成,有的海峰基座是火山岩,顶部由生物碎屑灰岩或珊瑚礁组成。另一类是隐没于水下的平顶海山,也叫盖约特(图2-3)。

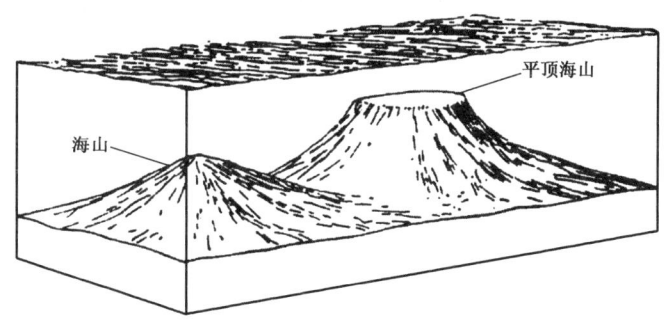

图2-3　海山和平顶海山(据柳成志等,2010)

3. 大洋中脊

大洋中脊是大型海底地形单元之一,包括洋脊与洋隆、海岭。

1）洋脊与洋隆

大型海底山脉在大西洋中呈"S"形延伸,北端穿越冰岛进入北冰洋,南端向东绕过非洲进入印度洋呈"Y"形分叉,其北支经亚丁湾进入红海,另一支向东经澳大利亚南伸入南太平洋,再转向北经东太平洋伸入加利福尼亚湾,在北美大陆西海岸潜没,然后再转向西北进入北太平洋,连绵在60000km以上,宽度在1000~3000km,比深海盆地高2000~3000m,构成地壳表面最大的山系。构造活动活跃、有强烈火山活动的海底山脉称为洋脊。大西洋洋脊恰好位于大西洋的中央部位,故又称洋中脊。大西洋、印度洋、北冰洋洋脊的中央有明显的大裂谷,深1~2km,宽数十千米,称为中央裂谷。东太平洋洋脊无明显的裂谷,地震活动也较弱,称为洋隆。

2）海岭

大洋中还有一些几乎没有构造地震、属大陆型地壳的小型水下山脉,称为海岭。它可能是大陆地壳下沉到海平面以下形成的。

第二节　地球内部结构

一、地球内部圈层的划分

地球的内圈就是地球内部物质分布的圈层。目前所掌握的对地球内圈的直接观测资料较少,因为地球上最深的钻井才11km,因风化剥蚀而出露在地表的岩石,其原来的形成深度最多也不超过25km,这些与地球的半径6378.140km相比,是微不足道的。对地球内部圈层结构特别是对地球深部结构的认识主要来自于一些间接资料,而且主要是地球物理方面的资料。根据地震波在地球内部的传播形式和传播速度的变化情况,可推测出内部物质成分、物质状态、分布的深度范围,各圈层物质的密度、重力和承受的压力等各项数值。根据这些资料,可以对地球内部圈层进行划分,划分结果见表2-3。

表2-3 地球内部圈层及物理数据(据宋青春等,2006)

圈层名称		代号	不连续面	深度 km	纵波速度 km/s	横波速度 km/s	密度 g/cm³	压力 10^{11}Pa	温度 ℃	附注
地壳		A′		0	5.6	3.4	2.6	0	14	岩石圈
	A		康拉德面	10	6.0	3.6	2.7	0.003	180～300	
		A″			6.6	3.8	2.9			
			莫霍面	33	7.6	4.2	3.0	0.01	400～1000	
地幔	上地幔	B′			8.0	4.4	3.32			
				60	8.2	4.6	3.34	0.019	500～1100	
	B		古登堡低速层		7.8	4.2	3.4	0.031	700～1300	软流圈
		B″			7.7	4.0	6.5	0.050	800～1400	
				400	8.2	4.55	3.6	0.069	1000～1600	
		C′	拜尔勒面		9.0	4.98	3.85	0.14	1200～2000	
	C				10.2	5.65	4.1	0.218	1300～2250	
		C″	雷波蒂面	1000	11.43	6.35	4.6	0.40	1850～3000	
	下地幔	D′			12.8	6.92	5.1	0.88	2500～3900	
	D			2752	13.63	7.31	5.6	1.34	2800～4300	
		D″			13.32	7.11	5.7			
			古登堡面	2900				1.50	2850～4400	液态
地核	外核	E			8.1	—	9.7			
					8.9	—	10.4	1.95	3700～4700	
	过渡层	F		4640			12.0	3.01	4500～5500	
					10.4	2.07	12.5	3.24	4700～5700	
					11.2	1.24	12.7	3.33	4720～5720	
	内核	G		5155	9.6	3.6	12.9	3.54	4900～5900	
					11.3	3.7	13.0	3.65	5000～6000	

注:══ 一级不连续面;── 次一级不连续面。

地球内部有两个最明显也最重要的地震波速度变化的界面。一是莫霍面,该界面是前南斯拉夫地震学家莫霍洛维奇于1909年发现的,是地壳和地幔的分界面,在大陆上其平均深度为33km左右,在大洋底则为11~12km;地震波穿越莫霍面时,波速突然增大,纵波由6~7km/s突增至8.0km/s。另外一个界面就是古登堡面,它是美国地球物理学家古登堡于1914年提出来的,其深度为2898km,是地幔和地核的分界面;地震波穿越该面时,波速突然降低,其中纵波速度由13.32km/s突降为8.1km/s;横波速度则降为零,表明横波不能穿越,据此可以判断古登堡面以下的地核的部分物质是液态的。

除莫霍面和古登堡面外,地球内部还有一些次一级的地震界面,它们是进一步划分二级或三级圈层的依据,见表2-3。

(一)地壳的类型及结构特征

地壳(A层)由各种岩石组成,其上部表面与大气圈和水圈接触,下界为莫霍面。地壳的厚度在全球各地是不均匀的,在大陆区(包括大陆架和大陆坡)的平均厚度为33km,最厚约70km。大陆地壳占地壳总面积的40%,总体积的79%,总质量的63%。地壳在大洋区则较薄。大洋地壳占地壳总面积的60%,总体积的21%,总质量的37%。整个地壳的平均厚度为16km,为地球半径的1/400,体积为地球体积的0.77%,质量占整个地球质量的0.39%。

地壳可分为上、下两层,其中上地壳(A′层)的平均岩石成分、平均密度(2.7g/cm³)和波速(纵波速度为5.6~6.0km/s)都与以硅、铝为主的花岗质的岩石一致,因此一般又将此层称为花岗岩质层或硅铝层;而下层(A″层)的平均岩石成分、平均密度(2.9g/cm³)和波速(纵波速度为6.6~7.6km/s)都与洋底所见的由硅、镁、铝为主的玄武岩相当,因此一般又将此层称为玄武岩质层或硅镁层。

大陆地区的地壳叫大陆地壳,简称陆壳,它由硅铝层和硅镁层两层组成,具双层结构;大洋地区的地壳叫大洋地壳,简称洋壳,它仅由下地壳(硅镁层)一层组成。陆壳与洋壳的特征对比见表2-4。

表2-4 大陆地壳和大洋地壳特征对比表(据李亚美,1984,修改)

特征 \ 单元名称	大陆地壳	大洋地壳
平均厚度,km	33	6
平均密度,g/cm³	2.7	3.0
成分	沉积岩、岩浆岩和变质岩均有;SiO_2含量大于60%,镁的含量低,为3.1%,铁的总含量高	几乎全由火山岩组成;SiO_2含量小于50%,镁和低价铁含量高,但铁的总含量低
岩石时代	各地质时期形成的岩石都有,最老的岩石年龄可达38亿年	岩石年龄较新,大多是在近5000万年形成的,最老不超过2亿年
地质作用和地质构造	可见岩层受强烈的挤压形成的褶皱、断裂,区域变质作用普遍	主要以火山作用为主,无区域变质作用,张性大断裂发育
重力异常	以负异常为主	以正异常为主
结构	双层结构,上为硅铝层,下为硅镁层,表层具有不连续分布的松散沉积物	仅有硅镁层,上部表面覆盖松散沉积物

需要强调,大陆地壳和大洋地壳的分界线并不在海岸线处,虽然大陆架和大陆坡等单元被海水淹没,但就其地壳性质来看仍然属于大陆地壳。所以,尽管海洋面积占地球表面的71%左右,但大洋地壳却只占地表面积的60%左右。海洋和洋壳、大陆和陆壳,它们之间不是同一个范畴的概念。

(二)地壳的均衡现象

大洋下面的地壳薄,陆地之下的地壳厚,高原下面的地壳最厚。早在1855年左右,就这种地表地形越高地壳越厚的现象,英国科学家天文学家艾里(G. B. Airy)和大地测量学家普拉特(J. H. Pratt)给出了解释。目前,大家普遍认同G. B. Airy的观点。

G. B. Airy认为地壳是由密度相同、厚度不同的块体组成,它们又都漂浮在密度更大的物质上面,有如截面积相同的木块浮在水面上,水面上露出的越高,下面的"根"也越深。

均衡是地壳物质取得平衡的一种必然的趋势。均衡现象表明组成地壳的物质较轻(大陆更轻),另外也表明地幔中存在可以流动的物质。按均衡原理,一个地区下降,必然有别的地区上升,反之亦然。均衡的不断破坏和恢复,演绎出地质发展历史。

二、地幔及地核的特征

(一)地幔的基本特征

地幔也叫中间层,即B、C、D层,位于莫霍面以下,古登堡面之上,是介于地壳和地核之间的一个圈层。地幔厚度约2860km,占地球半径的将近44%,体积为整个地球的83.3%,质量为地球的67.8%,平均密度约4.5g/cm³。由于波速在984km深度上突然增大,以此为界,将地幔分为上地幔(B、C层)和下地幔(D层)两层。

根据地震波速、密度和陨石等资料分析,认为上地幔的密度在3.3g/cm³以上,平均为3.5g/cm³左右。据分析,该层物质成分基本上相当于含铁、镁很高的超基性岩。下地幔的密度较高,平均为5.1g/cm³。一般认为其物质成分仍是以铁、镁的硅酸盐矿物为主,与上地幔并无多大的区别,但由于压力增大,形成了一些晶体结构更紧密的高密度矿物,因此,下地幔是由超基性岩的超高压相矿物组成的。

在上地幔中地震波速变化比较复杂,其中在60~400km深度范围内,地震波的穿越速度下降,特别是在100~150km的深度范围内降低最为明显,横波在此带的部分地段不能通过,说明该带的物质可能局部呈熔融状态,整体呈塑性状态。超过400km界线,波速又逐渐上升,恢复"正常"。构造地质学界称该地震波速降低的低速带为软流圈,并把其上的由固体岩石组成的上地幔的一部分和地壳合称为岩石圈。因此,岩石圈包括花岗质岩层、玄武质岩层和超基性岩层,它是地球的一个刚性外壳。

(二)地核的特征

地核是古登堡面至地心的地球中心的球状体,半径约3473km,它占地球总体积的16.3%,总质量的32%。根据地震波速度的变化情况,以4640km和5155km深度两个界面为界,将地核分为外核、过渡层和内核三个次级圈层。

外核厚度为1742km,平均密度约10.5g/cm³,由于纵波波速在此急剧降低,且横波不能通过,指示外核是由液态物质组成。

过渡层厚度只有515km,这一层波速变化复杂,并已测到速度不大的横波,可能是由液态向固态物质转变的一个圈层,称为过渡层。

内核厚度为1216km,平均密度13.0g/cm³左右,纵波和横波都能穿过,所测到的横波是由纵波转化而来。所以,内核是由固态物质组成的。

根据与陨石资料的对比,一般认为地核的成分相当于铁陨石,即含铁量大于80%,含镍量为5%～20%。外核中还混有一些轻元素,如硫和硅等。

第三节 地质作用

一、地质作用的概念

地质作用指由自然动力引起地球的物质组成、内部结构和地表形态不断变化的作用。把引起这些变化的各种自然动力称为地质营力。地质作用一方面对已有矿物、岩石、地质构造和地表形态等进行破坏,另一方面又不断形成新的矿物、岩石、地质构造和新的地表形态。

二、地质作用能量来源

引起地质作用的能量有的来自地球内部,有的来自地球以外,故可分为两类,即内能和外能。内能为来自地球内部的能,外能为来自地球以外的能。

(一)内能

内能包括旋转能、重力能、热能,此外尚有结晶能、化学能等。

旋转能是因地球自转产生的能,据估计地球自转产生的能量有1×10^{29}J。旋转能促使高纬度地区物质流向低纬度地区,因为离心力由高纬度地区向低纬度地区增大;旋转能也可以导致物质发生东西方向的运动。重力能是地心引力给予物体的位能,是地表流水、冰川、岩石块体等向下运动的动力,也是促使地球内部物质圈层分异的重要动力。热能是地球内部物质圈层演化的最根本的动力,也是岩浆活动、变质作用的重要动力。一般认为地球是通过三种过程逐渐把热量聚集起来的:(1)地球形成过程中,星际物质聚集过程中因碰撞产生巨大热量,其中的一部分保留于地球内部;(2)地球形成初期,在引力收缩阶段,部分重力能转化为热能;(3)地球内部的放射性同位素随时间衰变产生的大量的热能。此外,地球内部物质的结晶也可以释放热能。

(二)外能

外能主要是太阳辐射能、日月引力能和生物能。

太阳辐射能引起地面的温度变化,导致大气运动,促进自然界水的循环;太阳辐射能也是生物界繁荣的重要动力,是地表面貌不断变化的主要动力。日月引力能引起潮汐从而导致海平面周期性涨落,潮汐是海岸地貌变化的动力;日月引力能也会引起固体地球表面的周期性涨落,即固体潮,固体潮的长期作用也会引起地壳内部物质变形。在生命过程中,生物不断转化太阳辐射能,表现为生物的新陈代谢和光合作用。通过新陈代谢,生物与外界环境不断进行着物质和能量的交换,维系着生物的生长、运动和繁殖。通过光合作用,生物可以使二氧化碳和水等转化为生物直接或间接依赖的物质和能量。生物能对地表岩石的破坏、土壤的形成及煤和石油等矿产的形成等都具有重要的作用。

三、地质作用分类

按照能量的来源和作用部位的不同,地质作用可分为内动力地质作用和外动力地质作用。

(一)内动力地质作用

由地球内能引起岩石圈甚至地球的物质成分、结构和地表形态变化的作用称为内动力地质作用。内动力地质作用包括构造运动、岩浆作用、地震和变质作用等。

构造运动是主要由地球内力引起岩石圈的缓慢的机械运动。

岩浆作用是岩浆的形成、运动直到冷凝、固结成岩的全部过程。

地震是地球岩石圈的快速颤动。

变质作用是由地球内能引起岩石发生变化形成新岩石的过程。

各种内动力作用是相互关联的:构造运动可以导致岩石圈断裂,导致地震的发生,诱发岩浆活动,构造运动和岩浆活动可以引起变质作用的发生。总的来说,构造运动在内动力地质作用中起主导作用。

(二)外动力地质作用

主要由地球外能引起地壳表层形态、物质成分变化的作用,称为外动力地质作用。外动力地质作用包括风化作用、剥蚀作用、搬运作用、沉积作用、成岩作用等。

风化作用是指由于温度的变化,大气、水以及生物的生命活动等因素的影响,地壳表层的岩石、矿物在原地发生物理的或化学的变化,从而形成松散堆积物的过程。

剥蚀作用是指各种外动力,如流水、风等,对地表岩石产生的破坏并将破坏产物剥离原地的过程。

搬运作用是指各种外动力,如流水、风等,将地表岩石的风化剥蚀产物从原处搬到别处的过程。

沉积作用是指由于搬运介质的动能减弱或搬运介质的物理化学条件的改变,搬运物在新的环境下堆积或沉淀下来的过程。

成岩作用是指松散沉积物转变为坚硬岩石的过程。

(三)内、外动力地质作用的关系

在整个地质发展历史中,内动力地质作用与外动力地质作用密切联系、相互促进和相互制约,共同促使地壳不断地运动与变化。内动力地质作用占据主导地位。总的说来,内动力地质作用的总趋势是促使地球表面产生起伏,诸如形成山脉和盆地、陆地和海域,同时决定着地壳内部结构;而外动力地质作用的总趋势是剥高填洼的作用,将破坏产物搬到低洼处堆积起来,总的趋势是趋于平原化。

第四节 地壳的物质组成

一、地壳的化学元素组成

地壳的基本组成是各种元素。研究地壳中的化学成分及各种元素在地壳中的分布规律,是地质学的重要课题之一。迄今为止,地壳中已发现的元素有很多种,但它们的分布极不均匀。19世纪以来,许多学者从世界各地采集了具代表性的岩石标本进行定量分析,确定各元素在地壳中的含量。在大量工作基础上,美国地质学家和化学家克拉克(F. W. Clark)最早提出了地壳中元素分布的百分含量表。为纪念他,国际上将元素在地壳中分布的质量百分比叫作克拉克值。地壳中的十种主要元素的克拉克值见表2-5。

表 2-5 地壳中主要元素的克拉克值(据 S. Edward,1970)

元　素	克拉克值	元　素	克拉克值
氧(O)	46.95	钠(Na)	2.78
硅(Si)	27.88	钾(K)	2.58
铝(Al)	8.13	镁(Mg)	2.06
铁(Fe)	5.17	钛(Ti)	0.26
钙(Ca)	3.65	氢(H)	0.14

从表2-5中可以看出,氧、硅、铝、铁、钙、钠、钾、镁八种元素的质量就占地壳总质量的99%以上,这些元素是地壳中各种岩石的基本成分,另外的84种天然元素的质量总和还不足地壳总质量的1%。因而各种元素在地壳中的分布极不均匀,相差很悬殊,如氧与氢的含量比达335之多,其他元素的含量比更大,可达成千上万倍。但必须注意,元素的克拉克值并不能完全反映元素在地壳中局部地方的富集情况。如铁、铝等元素,克拉克值大,容易富集成矿;但有些元素的克拉克值大小却不能反映它在局部的富集情况,如锆的克拉克值比铅大12倍,钛的克拉克值比锌大120倍,但锆和钛却较分散、不易集中,而铅和锌却比较易于集中富集成矿。所以元素富集成矿的情况,除了与其在地壳中的克拉克值大小有关外,还与地质作用的特点和元素的化学性质有关。

通常,人们又将化学元素在宇宙体或地球化学系统(如地球、岩石圈、地壳、大气圈或某一岩体等)中的平均含量称为丰度,因此克拉克值又称为地壳元素的丰度。

二、地壳的矿物、岩石组成

(一)矿物

矿物是在地质作用下形成的自然元素的单质或化合物。它是地壳中岩石的基本组成成分,除少数天然矿物是由一种元素组成的单质外,大多数都是由两种或两种以上的元素按一定比例组成的化合物;而且绝大多数矿物都为固态,仅少数的几种矿物为液态或气态。矿物都有一定的物理性质和化学性质。

矿物按其化学成分和晶体结构可分为五大类：自然元素类、硫化物及其类似化合物类、卤化物类、氧化物和氢氧化物类、含氧盐类。

目前已发现的矿物种类多达3000多种，但构成岩石的主要矿物仅有二三十种，我们把这些种类不多，又大量出现并构成岩石主要矿物的矿物叫作造岩矿物。造岩矿物以硅酸盐矿物为主，多为非金属矿物，约占地壳总质量的90%以上。那些种类繁多，数量不多，但在一定地质作用下能聚集成矿床的矿物，称为有用矿物（也称矿石矿物），有用矿物多为金属矿物。

（二）岩石

1. 岩石的种类

岩石是矿物的天然集合体，它是地壳的直接组成成分。有些岩石由一种造岩矿物组成，如纯净的大理岩完全由方解石组成，但大多数岩石都由两种或两种以上的矿物组成。地壳中的岩石类型较多，按其成因可分为岩浆岩、沉积岩和变质岩三大类。

1）岩浆岩

岩浆是产生于地壳或上地幔深处的高温熔融体，其成分以硅酸盐为主，还具有数量不等的挥发性组分。在构造作用等的驱使下，岩浆侵入地下或喷出地表冷凝而形成的岩石称为岩浆岩。

岩浆由火山通道喷出地表，称为喷出活动，由此而形成的岩浆岩称为火山岩。火山岩又可分为两种岩石类型：一种是从火山通道溢流或喷发出的熔浆冷凝而成的岩石，叫熔岩或喷出岩；另一种是由火山爆发出来的各种碎屑物质从大气中降落下来而成的岩石，叫火山碎屑岩。岩浆岩大部分为结晶质岩石，仅少数为玻璃质岩石。

侵入岩系指地下炽热岩浆侵入地壳内凝固而成的岩石，主要呈岩基、岩株、岩床和岩枝等产状产出。岩石类型多，岩性复杂，有基性、中性、中酸性和酸性等岩类。岩类以花岗岩、花岗闪长岩、花岗斑岩居多，钾长花岗岩、流纹斑岩次之。

2）沉积岩

沉积岩是在地表或近地表常温常压条件下，各种外动力地质作用以及某种火山作用形成的松散堆积物经成岩作用所形成的岩石。

沉积岩在陆地表面的分布很广，约占陆地面积的3/4。从地表往下沉积岩所占比例逐渐变小，到一定深度会转变为变质岩或被熔为岩浆。就地壳而论，沉积岩仅占地壳质量的5%，结晶岩（包括岩浆岩和变质岩）占95%。

3）变质岩

变质岩是已存在的岩浆岩、沉积岩或变质岩，由于物理化学条件的变化而形成的新岩石。变质不彻底时，原岩特征可不同程度地残留下来。变质彻底时，岩石产生新的变质结构和构造。由岩浆岩变质而成的变质岩称为正变质岩；由沉积岩变质而成的称为副变质岩。

变质岩的矿物成分十分复杂，大部分是新产生的变质矿物，有些则是变质岩特有的矿物，如石墨、滑石、蛇纹石、石榴子石、红柱石、矽线石等。

三大类岩石构成了地壳或岩石圈。它们的产出状态（产状）是不同的，沉积岩多呈层状；岩浆岩多呈块体状、脉状；变质岩则介于两者之间，既有呈层状或似层状的，也有呈块状的等。

2. 三大岩类的演变

组成地壳的物质处于不断的运动和变化之中,三大类岩石也在不断地互相转化。地球内部的岩浆,在岩浆活动过程中可上升冷却凝固,形成岩浆岩。岩浆岩在地表外力的风化、侵蚀、搬运、沉积等作用下,形成沉积岩。这些已生成的岩石经过变质作用可以形成变质岩。而岩浆岩经过变质也可以形成变质岩。变质岩随地壳的隆升而暴露在地表,在地表外力的风化、侵蚀、搬运、沉积作用下形成沉积岩。各类岩石在地壳深处被高温熔化,又会成为新的岩浆。图2-4为三大岩类相互转化的关系。

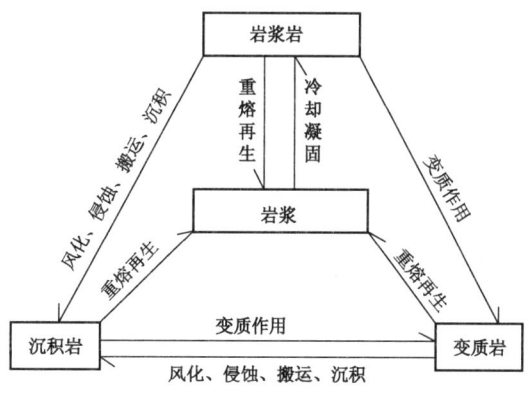

图2-4 三大类岩石相互转化的关系

思 考 题

1. 地球的形状是怎样的?
2. 地球表面有哪些主要的地形单元?
3. 地球内部主要的不连续面有哪几个? 地球内部的结构是如何划分的?
4. 大陆地壳与大洋地壳有何异同?
5. 地质作用的能量来源与类型有哪些?
6. 组成地壳的主要元素有哪些? 什么是克拉克值?
7. 矿物的概念如何理解?
8. 什么是岩石?

第三章 矿 物

矿物是构成岩石的基本单位,也是地壳的基本组成单元。本章将对矿物的基本特征,尤其是矿物的鉴定特征进行详细的介绍。

第一节 矿物的相关概念

一、矿物的定义

矿物是自然产出且内部质点排列有序的均匀固体,其化学成分一定并可用化学式表达,是组成岩石和矿石的基本单元。

矿物学研究的对象已从地壳扩展至地球乃至整个宇宙空间,甚至包括生物体中的固体物质。自然产出是指矿物是通过包括地质作用在内的各种自然作用形成的。那些由人工合成的产物,如人造金刚石,虽然特征与天然产出的矿物相同,但不属于矿物学的研究范畴,称为人造矿物。水、空气、水银等虽然也是天然形成的单质或化合物,但由于不是固体,也不能称为矿物。

天然形成的固态物质也有晶体和非晶体之分。矿物学研究的矿物多具有晶体外形,而一些固态物质不具有晶体外形,但其产出状态、成因和化学组成都具有与矿物相似的特征,矿物学上把具有一定化学成分的天然固态非晶质物质称为准矿物,如蛋白石($SiO_2 \cdot nH_2O$)。

二、晶质矿物与非晶质矿物

按其内部质点结构的不同,固态物质可分为晶体和非晶体。晶体(crystal)是其内部原子或分子在三维空间按一定规律周期性重复排列而形成的固态物质,它通常具有规则的几何多面体外形的晶体结构(图3-1),而包围晶体的平面称为晶面。与晶体相对应,通常把内部原子或分子在三维空间不按一定规律周期性重复排列的固态物质称为非晶体。

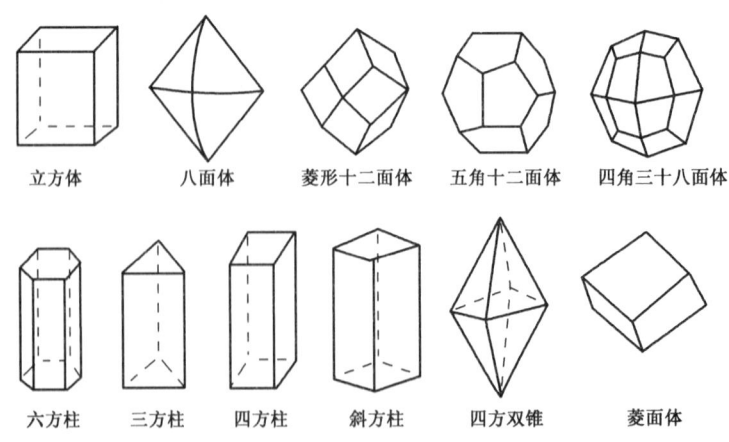

图 3-1 常见的晶体外形(据柳成志,2010)

矿物学上把具有晶体结构的矿物称为晶质矿物,而把无晶体结构的矿物称为非晶质矿物。如石盐(NaCl)为晶质矿物,其内部的 Na^+ 和 Cl^- 在任一方向上都是按一定间隔重复出现并组成网格状。非晶质矿物的内部质点排列无规律,它在外形上常表现为均一的、无颗粒的不定型凝固体形态。自然界中绝大多数固体矿物是晶质矿物,只有少数矿物,如火山玻璃及一些胶体凝固矿物属非晶质矿物,一些非晶质矿物随时间增长可自发转变为晶质矿物。

由于受到生长空间的限制,多数矿物的晶面发育不完整,甚至不发育晶面,而形成外形不规则的晶粒。晶粒大小不一,较粗的用肉眼或借助于放大镜可以识别出来,称为显晶质;若只能借助于显微镜才能分辨,则称为隐晶质。

第二节 矿物的化学成分

矿物的化学成分是指矿物中组成元素的种类及含量。矿物的化学成分在很大程度上决定了矿物的性质与用途,因而是矿物研究的重要方面。

一、矿物的化学成分与克拉克值的关系

目前所研究的矿物绝大多数来自于地壳,地壳中各种化学元素的含量与矿物的化学成分关系密切。

一般而言,元素的克拉克值越大,元素在迁移过程中形成矿物的机会也多,形成的矿物种数越多,含量越高。实际上,地壳中含量最多的矿物主要是元素克拉克值较高的Si、Al、Fe、K、Na、Ca、Mg等元素的氧化物及含氧盐矿物。如硅酸盐矿物占矿物种数的24%,占地壳质量的75%;氧化物矿物占矿物种数的14%,占地壳质量的17%。

然而也有一些特殊的元素,如Rb的克拉克值为Sb的640倍,但Sb的独立矿物种数却比Rb多得多,且能富集形成独立的Sb矿床。地球化学上把Sb、Bi、Ag、Au等克拉克值小,但容易形成独立矿物和矿床的元素称为富集元素,把Rb、Ga、Cs等克拉克值较大,但很少形成独立矿物和矿床的元素称为分散元素。元素趋向于富集还是趋向于分散,不仅与它们的地球化学性质有关,而且与矿物形成时的温度、压力、介质性质等因素有关。

二、矿物中的水

在很多矿物中,水是重要的组成部分,含水矿物的许多性质与其所含的水分有关。根据水在矿物中的存在形式及其在晶体结构中的作用,可将矿物中的水分为两种类型:一种是不参与矿物晶体的构成,且与矿物晶体无关的水,称为吸附水;另一种则参与矿物的晶体构成或与矿物晶体结构关系密切,主要是结晶水、结构水、沸石水和层间水。

(一)吸附水

吸附水以中性水分子(H_2O)形式被机械地吸附于矿物颗粒表面或缝隙中,不参与组成矿物的晶体结构,因而不属于矿物的化学成分,不写入化学式。它们在矿物中的含量不定,随温度、湿度而变。常压下,当温度达到100~110℃时,吸附水就全部从矿物中逸出,但晶格不被破坏。

胶体矿物中的胶体水,在微弱联结力作用下,作为分散媒附着在胶体的分散相的表面,其脱水温度可达100~250℃,这是吸附水的一种特殊类型。胶体水是胶体矿物本身固有的特征,应当作为一种组分列入矿物的化学成分,但其含量变化很大,如蛋白石$SiO_2 \cdot nH_2O$(n表示H_2O分子含量不固定)。

(二)结晶水

结晶水以中性水分子(H_2O)存在于矿物中,参与组成矿物的晶格,有固定的配位位置,是矿物化学组成的一部分。水分子的数量与矿物中其他组分的含量成简单的比例关系。

结晶水往往存在于具有大半径络阴离子的含氧盐矿物中,如石膏$Ca[SO_4] \cdot 2H_2O$、胆矾$Cu[SO_4] \cdot 5H_2O$等。由于受到晶格的束缚,结晶水通常结合较牢固,因此,要使它从晶格中释放出来,就需要有比较高的温度。结晶水脱失后,矿物的晶体结构也被破坏,而重建新的晶格成为另一种矿物,如石膏$Ca[SO_4] \cdot 2H_2O$从80℃开始脱水,当温度升高到150℃,水全部脱去之后,便蜕化成为硬石膏$Ca[SO_4]$。

(三)结构水

结构水是以OH^-、H^+或H_3O^+形式参与构成矿物晶格的水,因而也有确定的含量比。例如高岭石$Al_4[Si_4O_{10}](OH)_3$即为含有结构水的矿物。这种水在晶格中占有固定的位置,由于与其他离子的联结相当牢固,因此需要较高的温度(大约在500~900℃之间)才能逸出,高岭石的失水温度为580℃。由于结构水是占据晶格位置的,所以失水后,原有晶格完全被破坏。

(四)沸石水

沸石水是存在于沸石族矿物中的中性水分子。沸石的结构中有大小不等的孔洞及孔道,水就占据在这些孔洞和孔道中,位置不十分固定。水的含量随温度和湿度而变化。由于沸石结构中,其孔洞和孔道的数量及位置都是一定的,所以含水量有一个确定的上限值。沸石族矿物,当加热至80~400℃范围内,水即大量逸出,失水后原矿物的晶格不发生变化,只是它的某些物理性质会发生变化。失水后的沸石仍能重新吸水,恢复原有的物理性质,可见沸石水与吸附水的特点具有一定的相似性。

(五)层间水

层间水是存在于某些层状结构硅酸盐的结构层之间的中性水分子,其性质介于结晶水和吸附水之间。它参与矿物晶格的构成,但数量可在相当大的范围内变化。当温度、压力升高时,层间水逐渐逸出,常压下当加热至110℃时,层间水大部分逸出。层间水脱失后,相邻结构层间距相应缩小,但晶格不被破坏。已脱失层间水的层状结构硅酸盐进入潮湿环境时,又可重新吸水,并使晶体结构膨胀。

三、矿物的化学式

按照一定的原则,用元素符号及其他辅助符号表示矿物化学组成的式子称为矿物的化学式,是表达矿物化学成分的一种方式。矿物的化学式对于矿物的分类、表达原子在矿物晶格中的赋存状态以及了解其化学成分与物理性质之间的关系等都具有一定的意义。矿物的化学式是以矿物的化学全分析数据为基础计算出来的,其表示方法有实验式和结构式两种。

实验式是只表示矿物化学成分中各组分数量比的化学式,如方解石的实验式为 $CaCO_3$ 或 $CaO \cdot CO_2$。其优点是只需有关化学分析结果即可写出,各组分含量比一目了然,适于在书写矿物化学反应方程式时使用,但是实验式不能反映矿物中各组分间的结合关系。

结构式是一种既能表明矿物中各组分的种类及其数量比,又能表明各组分在晶体结构中的相互关系的化学式,是目前矿物学中普遍采用的化学式,又称为晶体化学式。结构式是以单矿物的化学全分析和 X 射线结构分析等实验资料为基础,并以晶体化学基础原理为依据计算出来的。

结构式的书写规则如下:

(1)阳离子写在化学式的最前面。当存在两种以上的阳离子时,要按碱性由强到弱的顺序排列,如白云石 $CaMg[CO_3]_2$;当阳离子为同一种元素而具不同价态时,则按电价由低至高排列。

(2)阴离子或络阴离子写在阳离子的后面,络阴离子要用"[ ]"括起来,如方解石 $Ca[CO_3]$、透辉石 $CaMg[Si_2O_6]$。

(3)若有附加阴离子时,通常将它写在主要阴离子或络阴离子的后面,如磷灰石 $Ca_5[PO_4]_3$(F,Cl)。

(4)互为类质同象代替的离子,用"( )"括起来,它们中间用","分开,含量多的元素写在前面,少者在后,如铁闪锌矿(Zn,Fe)S。

(5)含水化合物的水分子写在化学式的最后面,并用圆点"·"把它与矿物中的其他组分分开,如石膏 $Ca[SO_4] \cdot 2H_2O$ 等;当含量不定时,常用 nH_2O 或 aq 表示,如蛋白石可表示为 $SiO_2 \cdot nH_2O$ 或 $SiO_2 \cdot aq$。

四、类质同象

类质同象指在确定的各种矿物晶体结构中,本应全部由某种离子或原子占据的位置,被性质相似的其他离子或原子占据,但不引起化学键性质与晶体结构类型发生质变的现象。这种性质常导致矿物的化学成分及其他性质的改变。例如,菱镁矿 $MgCO_3$ 中的 Mg^{2+} 可被 Fe^{2+} 部分乃至完全取代而形成菱铁矿 $FeCO_3$;闪锌矿 ZnS 中的 Zn^{2+} 可被 Fe^{2+} 部分取代,从而变成磁黄铁矿。由类质同象形成的矿物系列,称为类质同象系列。矿物的类质同象是自然界普遍存在的现象,也是矿物种类多样性的根本原因。

根据组分在晶体结构中相互取代的数量关系,将类质同象分为完全类质同象和不完全类质同象。两种组分间可以任意数量相互取代的现象称为完全类质同象,如菱镁矿 $MgCO_3$—菱铁矿 $FeCO_3$ 类质同象系列中 Mg^{2+} 和 Fe^{2+} 之间可发生完全类质同象。两种组分间的取代量有一定的限度而不能发生完全取代的现象称为不完全类质同象,如闪锌矿 ZnS 中的 Zn^{2+} 可被 Fe^{2+} 取代的比例一般不超过 26%。

根据相互取代的离子的电价是否相等,将类质同象分为等价类质同象和异价类质同象。相互取代的两种离子若电价相等,则称为等价类质同象,如菱镁矿 $MgCO_3$—菱铁矿 $FeCO_3$ 类质同象系列中 Mg^{2+} 和 Fe^{2+} 之间的相互取代。若相互取代的两种离子的电价不等,则称为异价类质同象,如斜长石中 Ca^{2+} 与 Na^+、Si^{4+} 与 Al^{3+} 之间的相互交代。

第三节 矿物的鉴定特征

一、矿物的形态

矿物的形态指矿物的外形特征,是最醒目的矿物外观特征之一。同时,矿物的形态也是矿物化学成分、晶体结构和形成环境的反映。不同的矿物由于内部结构、成分的不同,往往具有特定的形态。同种矿物,当形成条件不同时,也可能以不同的形态出现。矿物的形态不仅是识别矿物的标志,也是分析矿物成因的依据。

晶质矿物的形态通常呈现为单体和集合体,而非晶质矿物则只有集合体形态。

(一)矿物的单体形态

晶质矿物在有利的条件下形成的单个晶体,称为单体。矿物的单体形态主要包括矿物的结晶习性和晶面花纹两个方面。

1. 矿物的结晶习性

当外部条件一定时,同种矿物的晶体总能发育成某种特定形状,这种性质称为矿物的结晶习性。按照结晶习性,矿物单体的形态主要表现为3种类型:

一向延伸型:晶体沿线状方向特别发育,常呈柱状、针状或纤维状的晶形,如石英具柱状晶形、辉锑矿呈针状晶形、普通角闪石呈柱状晶形、纤维石膏具纤维状晶形等。

二向延伸型:晶体呈面状方向特别发育,常呈片状或板状的晶形,如云母具片状晶形、长石呈板状晶形等。

三向等长型:晶体在三维空间近于等长生长,常呈粒状、立方体或八面体的晶形,如黄铁矿具立方体状晶形、石榴子石具粒状晶形等。

2. 晶面花纹

在矿物晶面上通常能见到多种凹凸花纹,称为晶面花纹。晶面花纹又称为生长条纹或聚形条纹,指在晶面上出现且沿一定方向排列的直线状条纹。一些矿物具有特征性的晶面条纹,这对于鉴定矿物具有一定的作用。如石英通常发育与柱状延伸方向相垂直的晶面横纹,黄铁矿各晶面上的条纹相互垂直,电气石晶面条纹与柱状延伸方向一致,刚玉发育菱形的晶面花纹(图3-2)。

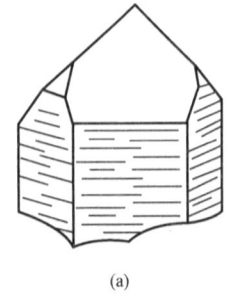 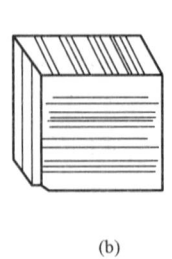 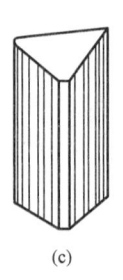 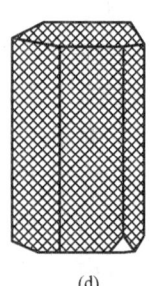

(a)　　　　　　(b)　　　　　(c)　　　　　(d)

图 3-2　几种常见矿物的晶面花纹
(a)石英;(b)黄铁矿;(c)电气石;(d)刚玉

(二)矿物的集合体形态

由同种矿物的多个单体构成的聚集体称为矿物集合体。矿物集合体的形态包括同种矿物单个个体的形态及其组合方式。根据单个矿物晶体的大小,可将矿物集合体分为显晶集合体、隐晶集合体和胶态集合体。显晶集合体利用肉眼或借助于放大镜可辨认其单体,隐晶集合体需要在显微镜下辨认其单体,而胶态集合体在显微镜下也无法辨认其单体。矿物学上将隐晶集合体和胶态集合体统称为非显晶集合体。

1. 显晶集合体

在描述显晶集合体时,通常首先需要在矿物集合体中识别出矿物单体。在描述多数显晶集合体时,只需在单体形态后加上"集合体"称之即可,如黑云母通常呈片状集合体。一向延长型矿物单体常集合成柱状、纤维状等集合体形态,二向延长型矿物单体常集合型成片状、鳞片状等集合体形态,三向延长型矿物单体常集合成粒状集合体形态。

有时还需要根据矿物单体的组合关系描述显晶集合体,如放射状集合体、晶簇状集合体等。放射状集合体主要由呈放射状生长的一向延伸型矿物单体集合形成,如红柱石。晶簇状集合体是以岩石的孔洞壁或裂隙壁为基底生长而形成的矿物集合体,如石英和方解石的晶簇状集合体。

2. 非显晶集合体

隐晶集合体和胶态集合体可从溶液中直接结晶或通过胶体沉积形成,按照形成方式及外部特征,常见的隐晶及胶态集合体形态主要有分泌体、结核体、鲕状及豆状集合体、钟乳状集合体。

分泌体是胶体或真溶液从岩石孔洞的洞壁渗出后逐层向中心沉淀充填而形成,常呈卵圆形,具同心层状构造。直径大于1cm的分泌体称为晶腺(如玛瑙),小于1cm的称为杏仁体(如充填于火山岩气孔中的方解石、沸石、玉髓等形成的杏仁体)。

结核体由隐晶质或胶态物质围绕某一中心从内向外生长而成的球状、透镜状、瘤状等形态的集合体,直径多在1cm以上,具同心层状、放射纤维状或致密块状构造。

鲕状及豆状集合体指由胶体物质围绕悬浮的砂粒、矿物或有机质碎屑等层层凝聚形成的圆球状或卵圆形的矿物集合体,小于2mm形如鱼卵的称为鲕状集合体,大于2mm形如黄豆的称为豆状集合体,直径更大时则称为肾状集合体。

钟乳状集合体是在岩石孔洞或裂缝中,因真溶液蒸发或胶体凝聚,以孔洞壁或裂缝壁为基底逐层堆积而成的矿物集合体的统称,通常具有同心层状或放射状构造,在石灰岩溶洞中常见的石笋、石钟乳、石柱为其典型代表。

二、矿物的物理性质

矿物在光学、力学、电性和磁性等方面表现出来的性质称为矿物的物理性质。这些性质主要取决于矿物自身的化学成分和内部结构,是鉴定矿物的重要依据。

(一)矿物的光学性质

矿物的光学性质是指矿物对可见光的吸收、透射和反射等的程度不同所引起的各种性质,主要包括矿物的颜色、条痕、透明度和光泽。

1. 颜色

颜色是矿物吸收或反射可见光后所呈现的色调。

矿物的颜色可分为3种:自色、他色与假色。其中,自色在成因上与矿物的化学成分和晶体结构有关,如赤铁矿的红色;他色是矿物中混入微量元素、杂质或由晶格缺陷而产生的颜色,如纯净的石英为无色,若有三价铁混入,则呈紫色;假色是由于光的干涉、衍射作用而呈现的颜色,如云母表面霓虹般的晕色。

矿物的自色是由其化学成分和晶体结构决定的,对于鉴定矿物具有重要意义,他色可作为鉴定一些矿物的辅助依据,而假色只对个别矿物具有鉴定意义。

2. 条痕

条痕是矿物粉末的颜色,通常用将矿物在白色无釉瓷板(条痕板)上刻划的方法来观察。由于条痕消除或减低了矿物中杂质或其他原因对矿物颜色的影响,突出了矿物的自色,因而更稳定,也更具有鉴定意义。

条痕对于鉴定一些矿物具有重要意义,如黄铁矿和自然金同为金黄色,但自然金的条痕仍为金黄色,而黄铁矿的条痕为绿黑色。

3. 透明度

透明度指可见光通过矿物的程度。肉眼鉴别,通常将矿物分为透明和不透明两个等级。矿物学上,判别矿物透明度的方法是将矿物磨成0.03mm的薄片,在显微镜下看其是否透光,若透光则为透明矿物,若不透光则为不透明矿物。实际操作过程中,可通过矿物碎块的刃边观察光亮处近物的清晰程度,从而判别矿物的透明度。

4. 光泽

光泽是矿物表面反射光的能力,按反光能力的强弱分为金属光泽、半金属光泽、金刚光泽和玻璃光泽4种基本类型。

金属光泽:反光能力强,耀眼夺目,条痕为黑色或金属色,如黄铁矿、方铅矿。

半金属光泽:反光能力较强,光泽暗淡,条痕为彩色,如磁铁矿。

金刚光泽:反光能力中等,如同金刚石表面的光泽。

玻璃光泽:反光能力弱,如同平板玻璃表面的光泽,如石英、长石等。

此外,矿物不平坦的表面或集合体常具有一些特殊光泽,如石英的油脂光泽、纤维石膏的丝绢光泽、白云母的珍珠光泽等。

矿物的颜色、条痕、光泽和透明度之间有内在的联系,一般而言,呈金属光泽的矿物,条痕仍为金属色,不透明;呈半金属光泽的矿物,条痕为彩色,不透明;呈金刚光泽和玻璃光泽的矿物,条痕为浅色,透明。

(二)矿物的力学性质

矿物的力学性质是指矿物受外力作用(如敲打、刻划、研磨等)后所表现出的性质,主要包括硬度、解理和断口。

1. 硬度

矿物的硬度指矿物晶体表面抵抗外力刻划、研磨或压入的能力。在矿物硬度鉴定中，应用最广泛的方法是摩氏硬度计法。德国矿物学家弗里德里克·摩斯（Friedrich Mohs）1822年选择了10种软硬不同的矿物作为10个等级标准，并由它们组成相对硬度系列（表3-1）。滑石硬度最小，为1，而金刚石硬度最大，为10。摩氏硬度计中各等级之间的绝对硬度值并不成倍数或等差关系。

表3-1　摩氏硬度计（据Friedrich Mohs，1822）

硬度等级	1	2	3	4	5	6	7	8	9	10
矿物	滑石	石膏	方解石	萤石	磷灰石	正长石	石英	黄玉	刚玉	金刚石

在鉴定矿物的相对硬度时，可将所测矿物与摩氏硬度计中的标准矿物相互刻划来确定。如某种矿物能刻动正长石，又被石英刻动，则其硬度介于6～7之间。在野外时，常借助于小刀（硬度为5.5）和指甲（硬度为2.5）进行简易鉴定。

2. 解理

在矿物的晶体结构中，通常由原子、离子或分子等质点组成一系列互相平行的质点面，质点面之间的联结力通常较弱。矿物受力后沿一定方向裂开形成一系列光滑平面的性质称为矿物的解理，形成的光滑平面称为解理面。如菱面体的方解石被打碎后仍呈菱面体，云母可揭成一页一页的薄片。

根据解理形成的难易程度及解理面厚度、大小及完好程度，可将解理分为极完全解理、完全解理、中等解理、不完全解理和极不完全解理5个等级。

极完全解理：解理极易形成，解理面极薄，解理面大而平坦光滑，如黑云母、白云母的解理。

完全解理：解理容易形成，并形成规则的解理块，解理面较大且平坦光滑，如方解石的解理。

中等解理：解理较易形成，解理面不大，且平坦及光滑程度较差，碎块上既有解理面也有断口，如普通辉石的解理。

不完全解理：解理较难形成，解理面小且平坦光滑程度差，碎块以断口为主，如磷灰石的解理。

极不完全解理：又称无解理，肉眼无法看到解理面，碎块上只能看到断口，只能借助仪器看到零星的解理面。

矿物在同一方向的解理面称为一组解理，解理方向的出现数量称为解理组数。一些矿物可以发育多组解理，如方解石有三组解理，云母有一组解理，而有些矿物则不能形成解理，如石英。常见矿物的特征解理见图3-3。

在描述矿物的解理时，通常既要描述其解理发育组数，也要描述其解理发育的程度，如黑云母具有一组极完全解理，方解石具有三组完全解理。不同矿物解理的发育特征往往是不同的，可以据此鉴定矿物。

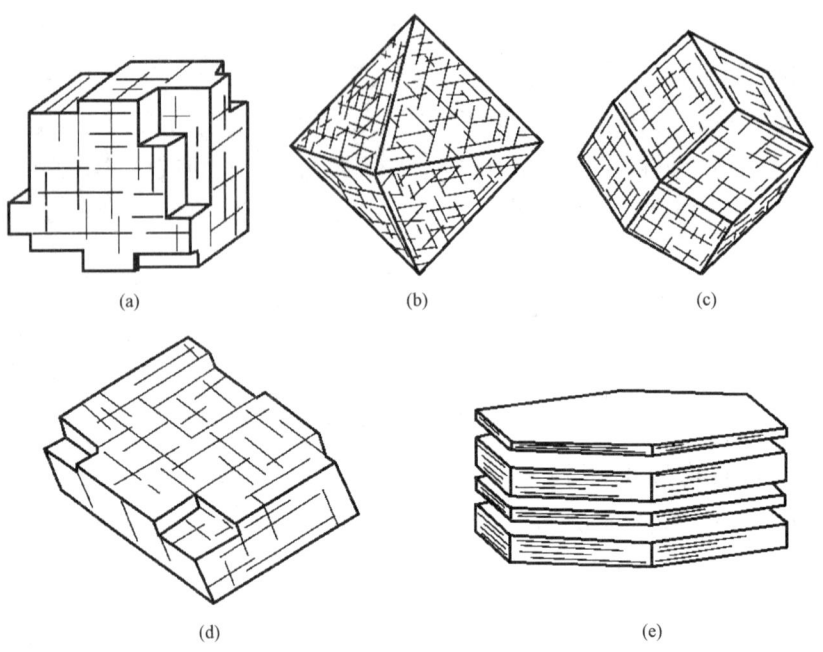

图 3-3 常见矿物的特征解理（据潘兆橹等，1993）
（a）石盐，平行于立方体晶面的解理；（b）萤石，平行于八面体晶面的解理；
（c）闪锌矿，平行于菱形十二面体晶面的解理；（d）方解石，平行于菱面体晶面的解理；
（e）石墨，平行于层状晶面的解理

3. 断口

矿物受力后沿任意方向裂开形成的凹凸不平的断面，称为断口。

常见的断口形态有参差状、贝壳状、锯齿状、土状等。参差状断口指断口形状呈参差不平的形状，多数矿物的断口属于此类，如正长石的断口；贝壳状断口指断口呈贝壳形的曲面，面上有不规则的同心纹，形似贝壳；锯齿状断口指断口呈尖锐的锯齿状，自然铜等延展性强的矿物具此种断口；土状断口指断口面呈细粉状，如高岭石等类似土块状矿物集合体上具有的断口。

矿物的硬度、解理和断口之间存在内在联系。一般而言，硬度小的矿物，解理较为发育，而断口不发育；而硬度大的矿物，解理不发育，而发育断口；硬度中等的矿物兼有解理和断口。

（三）其他物理性质

除力学、光学性质外，矿物还有相对密度、磁性、放射性、电学性质等物理性质。这些物理性质有时在鉴定矿物时具有特殊的作用。

1. 相对密度

矿物的相对密度是指纯净的、均匀的单矿物在空气中的质量与同体积水在4℃时质量之比。矿物的密度则指在单位体积内矿物的质量，单位为g/cm^3。4℃时水的密度为$1g/cm^3$，所以矿物的相对密度和密度数值相等，但相对密度无量纲。

矿物相对密度的变化范围很大，可由小于1（如琥珀）至23（如铂族矿物），但大多数矿物的相对密度在2～3.5之间。矿物的相对密度大小取决于其化学成分和内部结构,主要与组成元素的相对原子质量、原子和离子半径及其堆积方式有关。此外,矿物的形成条件,如温度和压力对矿物相对密度的变化也起一定的作用。

在手标本鉴定中,一般将矿物的相对密度分为3级:轻级、中级和重级。轻级指相对密度小于2.5的矿物,如石盐(2.1～2.5)、石膏(2.3)等。中级指相对密度介于2.5～4的矿物,大多数矿物的相对密度属于此级,如石英(2.65)、斜长石(2.61～2.76)、金刚石(3.5)等。重级指矿物的相对密度大于4,如重晶石(4.3～4.7)、磁铁矿(4.6～5.2)等。

2. 磁性

矿物的磁性指在外磁场作用下,矿物被磁化时表现出的性质,包括矿物被外磁场所吸引、排斥以及被磁化的矿物对外界产生磁场等。含V^{3+}、Cr^{3+}、Fe^{2+}、Fe^{3+}、Mn^{2+}及Cu^{2+}等离子的矿物通常具有磁性。

根据矿物在外磁场作用下的表现,通常将磁性矿物分为4类:磁性矿物或铁磁性矿物、电磁性矿物、逆磁性或抗磁性矿物和无磁性矿物。磁性矿物的粉末或碎块可被普通磁铁吸起,如磁铁矿。电磁性矿物不能被普通磁铁所吸起,但可被强电磁铁吸起,如赤铁矿、黑云母等。逆磁性或抗磁性矿物被外磁场排斥,如自然铋、黄铁矿等。无磁性矿物指既不能被外磁场吸引,也不能被外磁场排斥的矿物,如石英、斜长石等。

3. 放射性

放射性元素能够自发地从原子核内部放出粒子或射线,同时释放出能量,这种现象叫作放射性。也有人只将主要由放射性元素(如U、Tr、Ra等)组成的矿物称为放射性矿物,如晶质铀矿UO_2、方钍石ThO_2等,而将含有少量放射性元素的矿物称为含放射性元素矿物,如锆石、独居石等。

利用矿物的放射性不仅可以鉴定放射性元素矿物和找寻放射性元素矿床,而且可以计算矿物及地层的绝对年龄。

4. 电学性质

矿物的电学性质指矿物传导电流的能力及在外界能量作用下表面荷电的各种现象,主要包括导电性、介电性、压电性和热电性。

导电性指矿物对电的传导能力,主要取决于矿物化学键的类型,并同原子或离子与化学键的空间分布有关。各种矿物的导电性能不同,一般说来,自然金属导电性能好,是电的良导体,可作为电极材料;有些矿物则几乎不导电,是电绝缘体,如石英、长石、方解石、白云母、石膏等,可作为绝缘材料;还有些矿物的导电性介于良导体和绝缘体之间,称为半导体矿物,如一些含有铁锰的硅酸盐及氧化物矿物。

矿物的介电性指在外电场作用下,不导电的矿物(即电介质)在紧靠带电体的一端会出现过剩电荷,另一端则出现异性的过剩电荷,这就是所谓的介电体的极化现象。如果将某一均匀的电介质作为电容器的介质而置于其两极之间,电介质的极化可造成电容器的电容量比以真空为介质时的电容量增加若干倍,矿物的这一性质称为介电性。当把矿物样品放在介电常数适当大小的某种电介质液体中,在外电场作用下,介电常数大于电介质液体的矿物将向电极集中,而小于电介质液体的矿物则被电极所排斥,从而可将不同介电常数的矿物分离开。

矿物的压电性指矿物的晶体在受到定向压力或张力的作用时,能使晶体垂直于应力的两侧表面上分别带有等量相反电荷的性质。

矿物的热电性指某些矿物晶体在热的作用下也能激起表面荷电的性质。例如,电气石晶体在受热时,其结晶轴 C 轴的两端即产生数量相等而符号相反的电荷。

(四)化学性质

某些矿物的化学性质对鉴定矿物也特别有利,如碳酸盐类矿物的方解石和白云石,两者无论从形态还是物理性质方面都很相似,此时可以利用滴加盐酸的方法加以区分。方解石滴加盐酸会剧烈起泡,而白云石的新鲜面滴加盐酸通常不起泡,只有在磨成粉末时滴加盐酸才会起泡。

第四节 矿物的分类与命名

目前已发现的矿物有 3000 余种,常见矿物约两三百种。为了揭示矿物之间的联系与区别,准确地掌握矿物的共性与个性,需要对矿物进行科学、合理的分类。当前普遍采用的矿物分类方案是以矿物的化学成分和晶体结构为分类依据的晶体化学分类。

一、矿物分类的级序

在矿物的晶体化学分类体系中,以矿物种为基本的分类单元。整个分类体系的级序依次为大类、类(亚类)、族(亚族)、种(亚种)。

大类:以化学成分为依据,将化合物类型相同或相似的矿物归并为一个大类,如方解石 $Ca[CO_3]$ 和石膏 $Ca[SO_4] \cdot 2H_2O$ 同属于含氧盐矿物大类。

类:同一大类中,以阴离子或络阴离子种类为依据,把具有相同阴离子或络阴离子的矿物归并为一个大类,如重晶石 $Ba[SO_4]$ 和石膏 $Ca[SO_4] \cdot 2H_2O$ 同属于硫酸盐矿物类。

亚类:在某些类中,矿物的络阴离子结构类型不同,将络阴离子结构类型相同的矿物归并为一个亚类,如硅酸盐矿物类中镁橄榄石 $Mg[SiO_4]$ 的每一个 $[SO_4]^{2-}$ 络阴离子均孤立存在,而高岭石 $Al_4[SiO_4](OH)_8$ 中的 $[SO_4]^{2-}$ 络阴离子则连接成层,它们分别属于岛状结构硅酸盐亚类和层状结构硅酸盐亚类。

族:在同类或亚类中,将化学成分类似、晶体结构相同的矿物归并为一个族。如正长石 $(K,Na)[AlSi_3O_8]$ 与斜长石 $(Ca,Na)[AlSi_3O_8]$ 化学成分类似,且其中的络阴离子均连接成在三维空间延伸的骨架状,故同属长石族。

亚族:在某些族中,把主要阳离子种类特征相同的矿物归并为一个亚族,如正长石 $(K,Na)[AlSi_3O_8]$ 与斜长石 $(Ca,Na)[AlSi_3O_8]$ 分别属于长石族中的正长石亚族和斜长石亚族。

种:在同一族或亚族中,把化学成分和晶体结构基本相同的矿物归并为一个种,前文所提到的石英、正长石、斜长石、方解石、石膏、重晶石、镁橄榄石、高岭石等均是矿物种的名称。

亚种:在同一种中,把次要成分、形态、物理性质等特征中的一个或多个相同的矿物归并为一个亚种,如赤铁矿包括呈鳞片状和鲕状等形态的亚种,前者称为镜铁矿,而后者称为鲕状赤铁矿。

二、矿物的晶体化学分类

矿物的晶体化学分类方法将矿物的化学成分与晶体结构紧密结合,有助于从本质上理解矿物的形态、物理性质及自然界中元素相互结合的一般规律。

(一)矿物大类的化学成分分类

按化学成分可将矿物分为5大类,包括自然元素矿物、硫化物及其类似化合物矿物、氧化物及氢氧化物矿物、卤化物矿物、含氧盐矿物。

1. 自然元素矿物

自然元素矿物是自然界中呈单质状态产出的矿物。该类矿物约50多种,占地壳质量的0.1%,主要包括金、银、铜、铂等金属元素矿物,砷、锑、铋、碲、硒等半金属元素矿物,以及硫、碳等非金属元素矿物。

2. 硫化物及其类似化合物矿物

硫化物及其类似化合物矿物指主要由阴离子硫与一些金属阳离子相结合而形成的矿物。已知的硫化物矿物约有300余种,约占地壳质量的0.25%。常见的硫化物矿物主要有黄铁矿、黄铜矿、方铅矿、闪锌矿、辉锑矿等,它们多是有色金属及部分稀有金属的主要矿物原料。

3. 氧化物和氢氧化物矿物

氧化物和氢氧化物矿物指由一系列金属阳离子及非金属阳离子与 O^{2-} 或 OH^- 相结合而成的化合物。常见的阳离子是 Si、Fe、Al、Mn、Ti 等的离子。此类矿物约有200余种,占地壳质量的17%。常见的矿物包括石英 SiO_2、赤铁矿、磁铁矿、褐铁矿、铝土矿、刚玉、软锰矿、硬锰矿、锡石等,它们是工业上金属矿产的主要来源。

4. 卤化物矿物

卤化物矿物是卤族元素(F、Cl、Br、I)与 K、Na、Ca、Mg 等元素化合而成的矿物。其种类较少,在地壳中的含量甚低。常见的矿物有石盐、钾盐、光卤石、萤石等,都是工业上重要的矿产原料。

5. 含氧盐矿物

含氧盐矿物是各种含氧酸根(如 $[SiO_4]^{4-}$、$[CO_3]^{2-}$、$[SO_4]^{2-}$、$[PO_4]^{3-}$、$[WO_4]^{2-}$ 等)与金属阳离子结合而成的化合物。根据含氧酸根可进一步分为硅酸盐、碳酸盐、硫酸盐、磷酸盐、钨酸盐等盐类矿物。这类矿物种类繁多,分布广泛,是地壳中最主要的矿物组分,约占地壳质量的82.5%。其中,最主要的是硅酸盐类矿物。

硅酸盐类矿物种数约占已知矿物总数的24%,总量约占地壳质量的75%,是地壳中分布最广、含量最多的一类矿物。其中最常见、分布最广的主要有长石(包括钾长石、斜长石等,约占地壳质量的50%)、普通辉石、普通角闪石、橄榄石、黑云母、白云母等。碳酸盐类矿物约有80余种,分布最广的矿物为方解石和白云石,约占地壳质量的2%。硫酸盐类矿物约有260种,常见的矿物有石膏、重晶石等。磷酸盐矿物中以磷灰石为常见。钨酸盐矿物中以黑钨矿及白钨矿为常见。

(二)硅酸盐矿物的晶体结构分类

硅酸盐矿物类包括各种金属阳离子与硅酸根 $[SiO_4]^{4-}$ 络阴离子结合形成的矿物,由于 $[SiO_4]^{4-}$ 中的 Si^{4+} 常被 Al^{3+} 取代,硅酸盐矿物中可含一定数量的 $[AlO_4]^{5-}$。硅酸根 $[SiO_4]^{4-}$ 及铝酸根 $[AlO_4]^{5-}$ 是硅酸盐矿物的基本结构单元,在 $[SiO_4]^{4-}$ 中每个 Si^{4+} 被 4 个 O^{2-} 包围,4 个 Si—O 键的键角均为 109°28′16″[图 3-4(a)],$[SiO_4]^{4-}$ 中的任意 3 个 O^{2-} 可确定一个平面,全部 4 个 O^{2-} 可确定 4 个平面[图 3-4(b)],这 4 个平面围成一个封闭的四面体,称为硅氧四面体[图 3-4(c)],而当 Si^{4+} 被 Al^{3+} 取代时,称为铝氧四面体。为描述方便,以下将硅氧四面体和铝氧四面体统称为硅氧四面体。

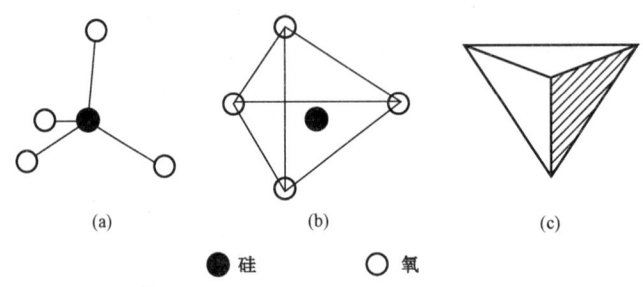

图 3-4 硅氧四面体的 3 种表示方法
(a)$[SiO_4]^{4-}$ 中 Si^{4+} 与 4 个 O^{2-} 之间的关系;(b)4 个 O^{2-} 确定 4 个平面;
(c)4 个平面围成的立体图形

硅氧四面体连接的方式主要有 5 种:岛状结构、环状结构、链状结构、层状结构和架状结构。与晶体结构相对应,将硅酸盐矿物分为 5 个亚类:岛状结构硅酸盐、环状结构硅酸盐、链状结构硅酸盐、层状结构硅酸盐和架状结构硅酸盐。各亚类的基本特征介绍如下:

1. 岛状结构硅酸盐矿物亚类

本亚类中络阴离子多呈孤立的或成对硅氧四面体联结的形式[图 3-5(a)、(b)]。有时,这两种方式在同种矿物中均可见到。本亚类所包含的矿物种类较多,所含阳离子以 Ca^{2+}、Mg^{2+}、Al^{3+}、Fe^{2+}、Fe^{3+}、Mn^{2+}、Ti^{2+}、Zr^{2+} 为主,而较少出现 K^+、Na^+。矿物晶体通常形成三向等长的外形,结构紧密,硬度大,密度大,解理发育差。本亚类的代表性矿物主要是橄榄石、石榴子石、绿帘石等。

2. 环状结构硅酸盐亚类

本亚类矿物中有限个硅氧四面体联结形成封闭的环状[图 3-5(c)、(d)、(e)],通常根据硅氧四面体的数目及环的形状,分别称为三联环、四联环和六联环,尤以六联环常见,同时,硅氧四面体还可以重叠起来形成双环。矿物晶体常具有一向延长的晶形,如柱状、针状、纤维状。同时由于 Al^{3+}、Mg^{2+}、Be^{2+} 等金属的阳离子在环状络阴离子间所起的联结作用较强,本亚类矿物的硬度和化学稳定性较高。但因环中通常有空隙存在,矿物的密度通常不大。本亚类的代表性矿物主要是董青石、电气石、绿柱石等。

3. 链状结构硅酸盐亚类

本亚类矿物中硅氧四面体联结成各种形式的单链和双链[图 3-5(f)、(g)],链之间以

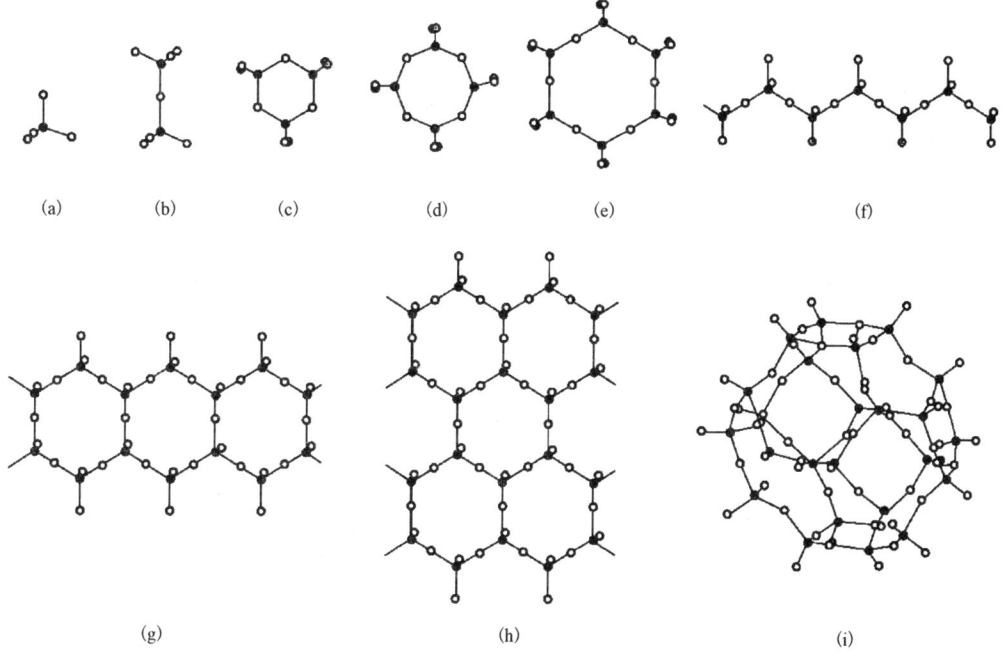

图 3-5 硅酸盐矿物中硅氧四面体连接方式示意图
(a),(b) 岛状结构;(c),(d),(e) 环状结构;
(f),(g) 链状结构;(h) 层状结构;(i) 架状结构

金属阳离子联结,单链状硅酸盐矿物以辉石族为代表,双链状以角闪石族矿物为代表。矿物常具有一向延长的柱状晶形,代表性矿物主要是普通辉石和普通角闪石。

4. 层状结构硅酸盐亚类

本亚类矿物中每个硅氧四面体均以3个角顶与其周围的硅氧四面体相连,构成在二维空间无限延伸的网状硅氧四面体层,网孔的形状以六边形为主[图3-5(h)]。本亚类矿物的化学组成除呈层状连接的硅氧四面体络阴离子外,还有 O^{2-}、OH^- 等阴离子,Al^{3+}、Mg^{2+}、Fe^{2+}、Fe^{3+}、Na^+、Ca^{2+} 等金属的阳离子及其他组分。

在层状结构硅酸盐矿物晶体中,硅氧四面体实际上是连接成层状的硅酸根络阴离子,与层状络阴离子相结合的 Al^{3+}、Mg^{2+}、Fe^{2+}、Fe^{3+} 等金属的阳离子,其周围可以被6个 O^{2-} 或 OH^- 所包围,构成具有8个等边三角形面的封闭体,称为八面体,根据位于中心金属阳离子的不同,分别称为铝氧八面体、镁氧八面体、铁氧八面体,尤以铝氧八面体常见。在层状结构硅酸盐矿物中,硅氧四面体和铝氧八面体分别连接成层,由此形成的四面体层和八面体层统称为基本结构层。层状结构硅酸盐矿物中,硅氧四面体层或铝氧八面体层通过共用 O^{2-} 的方式,有规律地结合在一起,形成层状体,称为结构单元层。四面体层和八面体层数量通常不同,根据四面体层与八面体层的比值将结构单元层分为 1:1 型和 2:1 型两种类型。

结构单元层在垂直层的方向上有规律地重叠构成层状硅酸盐矿物的基本格架,相邻结构单元层顶面与顶面或底面与底面之间的距离称为晶面间距,结构单元层之间存在着空隙。如果结构单元层内部已实现正负电荷平衡,则层间无需其他离子存在,也很少吸附水分子或有机分子，如高岭石和叶蜡石等。如结构单元层内部负电荷较多，则层间有一定量的 K^+、Na^+、Ca^{2+} 等金属的阳离子充填，部分还可吸附一定量的水分子和有机分子，如白云母层间存在 K^+，蒙脱石层间既可能存在 Na^+、Ca^{2+}，又能吸附水分子和有机分子。

层状结构硅酸盐矿物几乎均呈假六方型片状或短柱状，硬度小，多具一组极完全解理，相对密度为 2.5～3.0，含水者更低。其中的矿物族有滑石族、云母族、伊利石族、蛭石族、海绿石族、绿泥石族、高岭石族、多水高岭石族、蛇纹石族和蒙脱石族等。

5. 架状结构硅酸盐亚类

在架状结构硅酸盐矿物内部，硅氧四面体中普遍有 Si^{4+} 被 Al^{3+} 取代的现象。但 Al^{3+} 取代 Si^{4+} 的数量是有限的，即 $Al^{3+}/(Al^{3+}+Si^{4+})<1/2$。每个硅氧四面体均以其全部 4 个角顶上的 O^{2-} 与邻近的四面体联结，构成在三维空间无限发育的硅氧四面体骨架［图 3-5（i）］。由于 Al^{3+} 取代 Si^{4+} 而出现的负电荷需要阳离子中和，本亚类矿物中最为常见的阳离子为 K^+、Na^+、Ca^{2+}、Ba^{2+} 等半径较大的一价或二价阳离子。从化学成分方面看，架状结构硅酸盐矿物绝大多数是这些金属的铝硅酸盐。

本亚类矿物在物理性质方面的特点是：由于所含金属阳离子主要为 K^+、Na^+、Ca^{2+}、Ba^{2+} 等不显色离子，故矿物的颜色多为白色或浅色；由于硅氧四面体连接力较强，排列的紧密程度高又具有方向性，矿物的硬度通常为 5～6，普遍较高，且具有多组解理；由于架状结构具有较大的空隙，成分中又很少含有重金属阳离子，因而矿物的相对密度较小。

本亚类矿物主要包括长石族、白榴石族、霞石族和沸石族等矿物，其中以长石族矿物最为常见。

三、矿物的命名

（一）矿物命名的依据

了解矿物名称的来源并掌握矿物名称的含义，对于学习矿物具有重要的意义。一般来讲，矿物的命名遵循以下原则。

（1）以矿物或矿物解理块的形态为命名依据：如石榴子石得名于其晶形形似石榴子，方解石的名称与其受敲击后呈"块块方解"有关，长石的名称与其具长方形的解理块有关，芒硝得名于其晶体呈麦芒状。

（2）以矿物的化学成分为命名依据：如自然金、自然铜的主要化学成分分别为 Au 和 Cu。

（3）以矿物的物理性质为命名依据：如橄榄石得名于其橄榄绿色的颜色，电气石名称与其具热电性有关，金刚石的含义是其特有的光泽及无坚不摧的刚硬。

（4）以产地或产出位置为命名依据：如辰砂在历史上的产地为湖南辰州，高岭石的典型产地为江西景德镇高岭村。

（5）以发现者人名为命名依据：如章氏硼镁石是为纪念其发现者、我国著名地质学家章鸿钊而命名的。

（6）以历代传说为命名依据：如云母，李时珍引《荆南志》：华容方台山出云母，土人候云所出之处，于下掘取，无不大获，此石乃云之根，故得云母之名。

(二)矿物命名的规律

矿物名称的字尾是我国古代及近现代矿物名称的重要组成部分,其用法也具有一定的规律。一般而言,呈金属光泽或用来提炼金属的矿物,称为××矿,如赤铁矿;呈非金属光泽的矿物,称为××石,如方解石、正长石;可作宝石材料的矿物,称为××玉,如刚玉、黄玉;常呈细小粒状产出的矿物,称为××砂,如辰砂、硼砂;在地表形成的、松散状的次生矿物,称为××华,如钴华、镍华、砷华等;具滑腻性或黏滞性的矿物,称为××膏,如石膏;易溶于水的硫酸盐,称为××矾,如胆矾;常呈透明晶体出现的矿物,称为××晶,如黄晶、水晶等。

第五节 常见矿物

根据前述矿物的分类体系,现将每一大类中常见矿物的特征介绍如下。

一、自然元素矿物大类

石墨 C:具有层状结构(图 3-6),常为鳞片状集合体,颜色、条痕均为黑色,半金属光泽,不透明,硬度 1~2,发育一组极完全解理,薄片有挠性,有滑感、污手,相对密度为 2.1~2.2。石墨通常由煤层及富含有机质或碳质的沉积岩经高温还原变质作用形成,常可形成石墨矿床。

金刚石 C:常为八面体或菱形十二面体的单体,晶面常呈浑圆状,无色,透明,金刚光泽,硬度为 10,相对密度为 3.52。

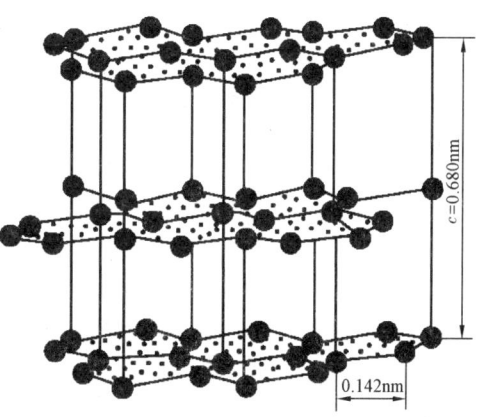

图 3-6 石墨的晶体结构

二、硫化物及其类似化合物矿物大类

黄铁矿 FeS_2:单体常为立方体、五角十二面体或菱形十二面体(图 3-7),集合体为块状,晶面上常有平行的晶面条纹,且相邻的两个晶面上的条纹互相垂直,铜黄色,条痕为绿黑色,金属光泽,不透明,硬度为 6~6.5,性脆,断口呈参差状,相对密度为 4.9~5.2,形成条件多样,常因热液作用而大量富集,在沉积地层中还原条件下有机质分解也可形成黄铁矿。

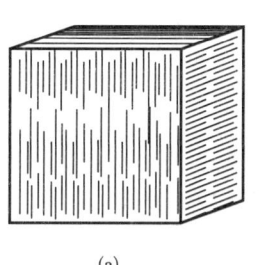
(a)

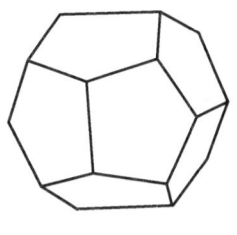
(b)

图 3-7 黄铁矿的晶形与晶面花纹
(a)立方体;(b)五角十二面体

三、氧化物及氢氧化物矿物大类

石英 SiO_2：形态与形成温度及二氧化硅饱和度有关，常为六方柱状或菱面体（图3-8），集合体常呈粒状或晶簇状，柱面上常发育水平条纹，无色或乳白色，玻璃光泽，断口油脂光泽，透明，硬度为7，无解理，断口呈贝壳状，相对密度为2.65。无色透明的石英，称为水晶，呈紫色的称为紫水晶。石英是自然界最为常见的矿物之一，是岩浆岩、变质岩和沉积岩3大类岩石中的主要造岩矿物。

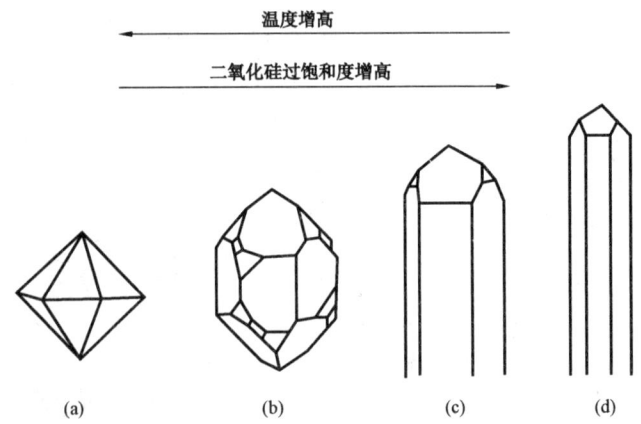

图 3-8　α-石英晶形与形成环境的关系
（a）六方双锥；（b）六方双锥与菱面体复合晶形；
（c）六方柱与菱面体复合晶形；（d）六方柱

刚玉 Al_2O_3：单体形态常为六方柱状或板状，柱面上常发育斜条纹或横纹，蓝灰色或黄灰色，玻璃光泽，透明，硬度为9，无解理，相对密度为3.965。含Cr者呈红色，称为红宝石，含Ti者呈蓝色，称蓝宝石。

四、卤化物矿物大类

萤石 CaF_2：单体多为八面体、立方体或菱形十二面体，集合体多为粒状，颜色多样，常见绿、紫、黄、蓝等，透明，玻璃光泽，Ce、Y含量高的萤石具有强荧光性，硬度为4，具四组完全解理，相对密度为3.18。

五、含氧盐矿物大类

（一）碳酸盐矿物类

方解石 $CaCO_3$：晶体形态多样，单体以菱面体为主，集合体可见粒状、块状、晶簇状、钟乳状、结核状等形状（图3-9），白色、浅黄色或无色，玻璃光泽，透明，性脆，硬度为3，具三组完全解理，相对密度为2.72，滴酸强烈起泡。

白云石 $CaMg[CO_3]_2$：晶体常呈菱面体，晶面多发生弯曲形成类似马鞍状的晶形，集合体多为粒状，无色、白色或淡灰色，玻璃光泽，透明，硬度为3.5～4，具三组完全解理，相对密度为2.86，滴酸微弱起泡。

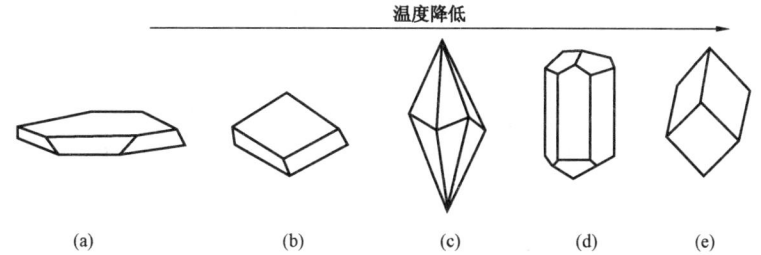

图 3-9　不同温度条件下形成的方解石晶体形态
（a）板状；（b）钝角菱面体；（c）复三方偏三角面体；（d）六方柱；（e）菱面体

（二）硫酸盐矿物类

石膏 $CaSO_4 \cdot 2H_2O$：单体多为板状，集合体多为粒状、纤维状，白色，玻璃光泽，透明，硬度为 2，具三组中等—完全解理，相对密度为 2.32。

硬石膏 $CaSO_4$：单体多为板状，集合体多为粒状，白色，玻璃光泽，透明，硬度为 3~3.5，具三组中等—完全解理，相对密度为 2.96。

（三）磷酸盐矿物类

磷灰石 $Ca_5[PO_4]_3(F, Cl, OH)$：单体多为六方柱状，集合体多为粒状、肾状、结核状或块状，无色或白色，玻璃光泽，透明，硬度为 5，发育两组不完全解理，具参差状断口，断口呈油脂光泽，相对密度为 3.18。

（四）硅酸盐矿物类

滑石 $Mg_3[Si_4O_{10}](OH)_2$：单体多为片状，集合体多为鳞片状、纤维状或块状，无色或白色，玻璃光泽，透明，硬度为 1，发育一组极完全解理，有滑感，相对密度为 2.7。

黄玉 $Al_2[SiO_4](F, OH)_2$：单体多为柱状，晶面具纵纹，集合体多为粒状、柱状或块状，无色或浅黄色，玻璃光泽，透明，硬度为 8，具一组完全解理，相对密度为 3.49。

高岭石 $Al_4[Si_4O_{10}](OH)_8$：单体在电子显微镜下呈六边形片状，集合体多为块状，白色，土状光泽，透明，硬度为 1~2，发育一组极完全解理，相对密度为 2.6。

正长石 $(K, Na)[AlSi_3O_8]$：单体多为厚板状或短柱状（图 3-10），集合体多为粒状，白色或肉红色，玻璃光泽，透明，硬度为 6，发育两组中等—完全解理，解理夹角 90°，具参差状断口，相对密度为 2.57。

斜长石 $(Ca, Na)[AlSi_3O_8]$：单体多为板状或短柱状（图 3-11），集合体多为粒状，白色，玻

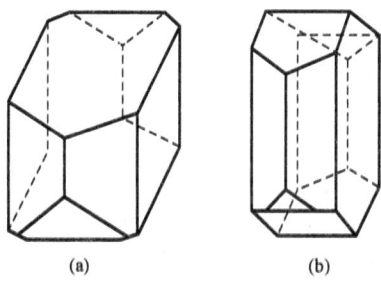

图 3-10　正长石的晶形
（a）厚板状；（b）短柱状

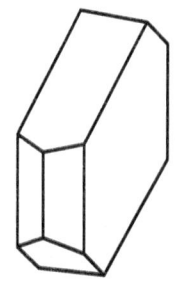

图 3-11　斜长石的板状晶形

璃光泽,透明,硬度为6～6.5,发育两组中等—完全解理,解理夹角86°,具参差状断口,相对密度为2.61。

橄榄石(Mg,Fe)$_2$[SiO$_4$]:单体多为板状或短柱状(图3-12),集合体多为粒状,橄榄绿色,玻璃光泽,透明,硬度为6.5～7,发育两组不完全解理,具贝壳状断口,断口呈油脂光泽,相对密度为3.22。

普通辉石Ca(Mg,Fe,Al)[(Si,Al)$_2$O$_6$]:单体多为短柱状,横截面多呈八边形(图3-13),集合体多为粒状,绿黑色或黑色,玻璃光泽,透明,硬度5.5～6,发育两组中等—完全解理,解理夹角87°,相对密度为3.2。

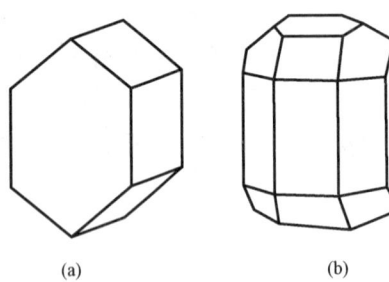 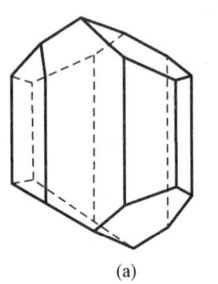 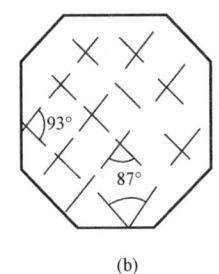

图3-12 橄榄石的晶形　　　　　　　图3-13 普通辉石的晶形与断面
（a）板状；（b）柱状　　　　　　　（a）短柱状晶形；（b）八边形断面

普通角闪石NaCa$_2$(Mg,Fe,Al)$_5$[(Si,Al)$_4$O$_{11}$]$_2$(OH)$_2$:单体多为长柱状,集合体多为粒状(图3-14),绿黑色或黑色,玻璃光泽,透明,硬度5.5～6,发育两组中等—完全解理,解理夹角56°,相对密度为3.1。

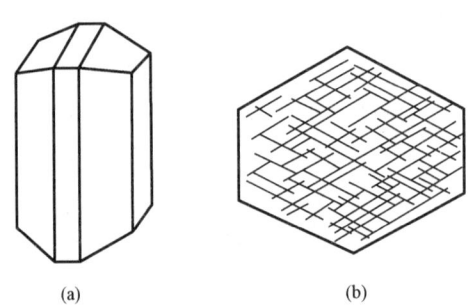

图3-14 普通角闪石的晶形与断面
（a）长柱状晶形；（b）假六边形断面

黑云母K(Mg,Fe)[AlSi$_3$O$_{10}$](OH,F)$_2$:单体多为假六方板状或短柱状,集合体多为片状,褐黑色或黑色,玻璃光泽,透明,硬度为2.5,发育一组极完全解理,相对密度为3.02。

白云母KAl$_2$[AlSi$_3$O$_{10}$](OH)$_2$:单体多为假六方板状或短柱状,集合体多为片状,无色、淡灰色或浅绿色,玻璃光泽,透明,硬度为2.5,发育一组极完全解理,相对密度为2.76。

思 考 题

1. 什么叫矿物的单体和集合体？有哪些常见的矿物集合体？
2. 矿物的主要物理性质有哪些？在标本上如何加以认识？
3. 主要的造岩矿物有哪几种？其化学成分有何不同？
4. 石英、橄榄石、普通辉石、普通角闪石、黑云母、钾长石、斜长石这几种矿物的肉眼鉴定特征有哪些？

第四章　岩浆作用与岩浆岩

火山现象和岩浆岩的研究以及各种地球物理资料的分析结果证实,地壳深处的局部地段和软流圈中确实存在着一种由硅酸盐及部分金属氧化物、硫化物和挥发组分组成的熔融物质,即岩浆。这种物质处于约1000℃甚至更高温度和巨大压力下,具有极大的潜在膨胀力。一旦构造运动破坏了地下平衡或使局部压力降低时,这种物质就会向着压力减小的地方(如隆起、破裂)流动,侵入地壳上部或喷出地表。在运动过程中岩浆与围岩相互作用,不断改变着围岩与自身的化学成分和物理状态。这种从岩浆的形成、演化直至冷凝,岩浆本身发生的变化以及对周围岩石影响的全部地质作用过程称为岩浆活动或岩浆作用。根据岩浆活动的特点,可分为两种活动方式:一种方式是岩浆从深部上升但没有达到地表就冷凝形成岩石,这种作用叫侵入作用,冷凝后形成的岩石叫侵入岩;另一种活动方式是岩浆溢出地面,甚至喷到空中,这种作用叫喷出作用或火山作用,所形成的岩石叫熔岩或喷出岩或火山岩。

第一节　岩浆作用

一、岩浆的概念

岩浆是在地下深处形成的炽热、黏稠、富含挥发组分的以硅酸盐为主要成分的熔融体。岩浆主要形成于上地幔软流圈中。

岩浆的化学成分主要包括O、Si、Al、Fe、Mg、Ca、Na、K等八种元素,其次是Ti、Mn、P等。以氧化物表示,主要氧化物是SiO_2、Al_2O_3、FeO、Fe_2O_3、MgO、CaO、Na_2O、K_2O等,其中SiO_2含量最高,可达40%～75%。其他氧化物的含量随SiO_2含量的增减而变化。因此,SiO_2含量影响岩浆岩化学成分的变化,也是岩浆岩化学成分分类的依据。岩浆中含挥发组分(一般小于6%),主要为水蒸气,其他有CO_2、CO、N_2、SO_2、H_2S、H_2、HF等及少量金属硫化物和氧化物。

岩浆的温度目前尚难以直接测量,利用间接方法所测得的基性火山熔岩流温度为1000～1200℃,中性熔岩流为900～1000℃,酸性熔岩流为700～800℃,但这并不是深部岩浆的实际温度。

岩浆的黏度与岩浆的成分、温度、压力及挥发组分的含量有关。岩浆中SiO_2含量越高,黏度越大;而温度、压力及挥发组分含量越高,黏度越小。岩浆的黏度影响其中的质点运动能力,黏度大的岩浆结晶能力弱。

岩浆岩是在内动力地质作用下,岩浆由地下深处向上运动逐渐冷却、凝固而形成的岩石。由于岩浆在冷却、凝固过程中挥发组分大量逸出,因而岩浆岩与岩浆的组成是不同的。

二、喷出作用

(一)火山概述

岩浆喷出地表的现象,即可称为岩浆的喷出作用,又可称为人们常说的火山活动。

火山喷发的最初阶段是先从原有火山口或裂缝中喷发蒸气,随之而来的是大量的其他气体和火山灰喷向天空形成巨大的黑色烟柱;同时地下轰鸣、地面颤动,大量的熔浆随之涌出火山口。空气由于受热膨胀而上升形成强烈的对流,并可引起高空气象的骤然变化。根据喷发活动的情况,火山可分为以下三种类型:

(1)活火山。活火山是指现代仍在活动或有周期性活动的火山,如意大利的滨海地里帕里岛附近的斯特朗博利活火山。

(2)死火山。死火山在近代地质历史时期中确有活动过的证据,但在人类历史时期中从未有火山活动的记载,如江苏南京六合区的方山。

(3)休眠火山。休眠火山在人类历史记载中曾经有过活动,而现在暂未活动。

对于火山的研究包括火山机构、火山喷出物、火山活动规律和岩浆来源等问题。一个典型的火山机构包括火山锥、火山口、火山喉管三部分(图4-1)。火山喷发的固态和液态物质常堆积成圆锥形,称火山锥。火山物质从地下涌出地面的通道,称火山喉管。火山喉管中充填的是由岩浆冷凝成的柱状岩体,称火山颈。火山物质溢出地面的位置,称火山口。火山口中积水成湖的叫火山湖,如位于长白山顶的天池,就是有名的火山湖。火山喷发结束后,火山口的熔浆冷凝收缩或塌陷,形成锅状或漏斗状的地形。当火山再次猛烈喷发时可将原有的火山口炸毁,或者由于岩浆收缩塌陷等可形成更大的圆形或椭圆形洼地,称破火山口。

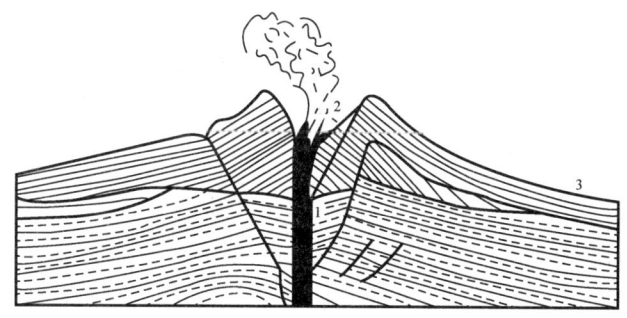

图4-1 火山机构示意图
1—火山喉管;2—火山口;3—火山锥

(二)火山喷出物

火山喷出物按其性质可分为气体、固体和液体三种。

1. 气体喷出物

火山喷发过程中,始终都有气体喷出,但气体喷出量相对集中在火山喷发的初期和晚期。挥发组分的主要成分是水蒸气,平均约占70%,最高可达93.7%;其次是CO_2、N_2和Ar(氩气)、SO_2以及少量的CO、H_2、F_2、S、Cl_2等游离的气体物质。这些气体除从火山口中喷出外，还可以从火山周围的喷气孔中喷出、在周围的岩石中冷却形成有经济价值的矿床。

2. 固体喷出物

火山固体喷出物是爆炸式火山的产物。当岩浆由地下深处运移至地壳表层时，因围压骤降，挥发组分聚集并以猛烈爆炸的方式冲破上覆岩层，连同原有火山锥及火山颈的部分或全部以及熔浆等一并喷射到空中，然后以大小不同、形状各异和不同结构的碎块降落到地面，这种火山喷出的固体物质，叫火山碎屑。火山碎屑的喷出量往往很大，堆积下来，经过压实胶结而形成的岩石，称为火山碎屑岩。其中，主要由火山灰组成的岩石称为凝灰岩；主要由火山砾、粗火山灰组成的岩石称为火山砾凝灰岩及粗火山灰凝灰岩；主要由火山弹、火山岩块及围岩碎块组成的岩石称火山集块岩或火山角砾岩等。

火山碎屑可分为下列几类：

（1）喷出时已固结或半固结的物质。它们无一定的形态与结构，按其粒径大小可分为火山集块（>100mm）、火山角砾（100～2mm）、火山灰（2～0.01mm）、火山尘（<0.01mm）。

（2）喷出时还保持一定流动性的熔浆。因喷发时它们尚未冷凝成固体，在空中运行时才形成固体，故常形成纺锤形、条带形或各种扭曲形状，称火山弹。也有一些在其降落到地面时与地面冲撞成扁平状称火山饼。有时也可在运行中被拉长成丝状称火山毛。

（3）喷出的熔浆由于温压急剧降低，挥发分大量逸出形成众多的不规则气孔。其中，基性熔浆冷凝形成黑、褐等色的火山渣；酸性熔浆可冷凝形成色浅、质轻、多孔、能浮于水的玻璃质岩石，称浮岩。

通常情况下，火山固体喷出物大部分降落在火山口附近呈环状或扇状分布，由火山口向外一般由粗变细，不同阶段喷出物降落形成的区域之间显示出粗略界线，据此可追寻火山口位置或研究火山活动的期次。

显然，距离火山口越远的地方，降落下来的火山碎屑越细，距离越近越粗。所以火山渣和火山弹一般只落在火山口附近。火山灰喷射到高空中可以被风吹送到很远的地方，但大部分仍落在火山附近。

3. 液体喷出物

到达地表的液态熔浆是火山喷出物的主体，其冷凝后所形成的熔岩是研究岩浆活动的主要依据。熔岩与熔浆的差别在于水分和气体较少。

熔浆根据其中SiO_2含量可以分为超基性、基性、中性和酸性熔浆四种。

（1）超基性熔浆。超基性熔浆形成的岩浆岩在地表分布很少，仅占岩浆岩总面积的0.4%。超基性熔浆的规模也不大，常形成外观呈透镜状、扁豆状的岩体。它们好像一串大小不同的珠子一样沿着一定方向延伸，断断续续排列，有时可以追索上千千米。

超基性熔浆形成的岩浆岩颜色比较深，大部分都是黑灰色、墨绿色，密度也很大，一般都在3.0g/cm³以上，因此很坚硬，常具致密块状构造。

（2）基性熔浆。基性熔浆又称玄武熔浆，其SiO_2含量在45%～52%，挥发组分少；温度高达1000～1200℃，有时更高；黏度小，流动性大，冷却缓慢。喷发时熔浆中的挥发组分能从容而自由地逸散,无固体抛出物,常形成基座很大、坡度平缓(3°～10°)的盾形火山。基性熔浆主要为宁静式喷发。

基性熔浆流出火山口之后,沿着山坡或沟谷形成舌状及各种形状的熔岩流。熔岩形态十分奇特,有熔岩河、熔岩瀑布、熔岩湖等。

基性火山不仅可以出现在海洋中(如夏威夷),也可出现在沿海岛屿(如日本及我国台湾等)和大陆内部。大陆上基性熔浆常常沿巨大的断裂带喷出形成裂隙式喷发,熔浆大面积覆盖地面,冷凝后形成熔岩被。

海底基性熔浆喷发时,由于熔浆受海水的淬火冷却很难远距离流动,而是呈团块状堆积于喷出口附近,形成枕状构造,称枕状熔岩。

(3)中性、酸性熔浆。中性熔浆又称安山质熔浆,酸性熔浆又称流纹质熔浆。

从中性熔浆到酸性熔浆,挥发组分逐渐增多,温度逐渐降低,黏度逐渐增大,流动性逐渐减小,因而在围压降低时,挥发组分易于集中在岩浆房顶部,受岩浆房顶盖围岩及火山颈的阻挡,压力逐渐增大,因而一旦爆发十分猛烈。

熔岩流可具有各种表面形态,概括起来可分为结壳熔岩、渣块熔岩和枕状熔岩三种基本类型。

(三)火山喷发类型

火山活动的类型是多种多样的,主要取决于以下几种因素:

(1)岩浆成分、水及其他挥发分的含量、温度及黏度。玄武质的岩浆含 SiO_2 及挥发组分少、温度高、黏度低、流动性大,所以喷发时较为平静;而流纹质和安山质岩浆富含 SiO_2 及挥发成分,其温度低、黏度大、流动性差,因此,喷发时较为猛烈。

(2)地下岩浆囊和供给通道中的压力以及喷溢地表的通道形状。有时岩浆沿原先存在的断裂上涌,形成裂隙式喷发;而有时凭借岩浆的压力"钻通"到地表(一般位于裂隙的交叉处),形成筒状喷发。

(3)岩浆喷出时的环境。例如,在陆地喷发还是在水下喷发,这两种环境的火山喷发情景很不一样。

喷发类型主要有以下几种。

1. 熔透式喷发

熔透式喷发发生在地壳发展的初期。当时地壳是很薄的,地下的岩浆热力很强,有可能大面积熔透地壳,即形成熔透式火山。在各大陆太古宇岩石中见到地下冷凝的岩浆岩体与上面的喷出岩呈直接过渡的现象。有些学者认为这就是由熔透式火山作用形成的。这种喷发类型在现代很少见。

2. 裂隙式喷发

裂隙式喷发是指熔岩沿构造裂隙溢出的现象(图4-2)。一般这种喷发以基性的玄武岩流为主,无爆炸现象,往往呈大片流出,常展布在广阔的面积上,形成大片连续的玄武岩层,可形成玄武岩高原。这种喷发在现代大洋中脊的中央裂谷处正在进行,那里是地幔物质上涌的通路,溢出大量的熔岩形成了新的洋壳。大陆上也有这种喷发类型。

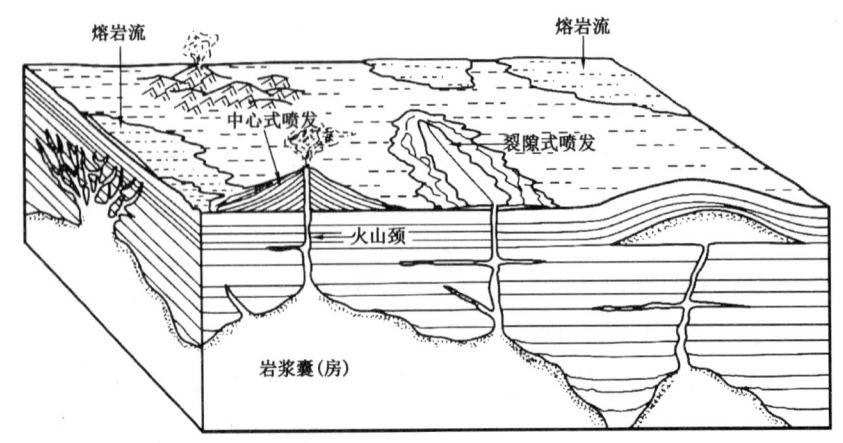

图 4-2 中心式喷发与裂隙式喷发示意图

3. 中心式喷发

中心式喷发是岩浆通过喉管通道到达地面形成的一种喷发形式(图 4-2),它是现代大陆上火山活动的主要类型。这可能是由于现代陆壳已加厚,岩浆只能沿断裂交叉处形成的通道喷出。按照喷发的剧烈程度,中心式喷发又可分为宁静式、爆烈式和递变式三种。

(1)宁静式(或称夏威夷式)。这种火山喷出的熔岩以基性熔岩为主,其黏度小、流动性很大、熔岩中含气体很少,没有爆炸现象。这种火山的熔岩流面积很广,形成的火山锥坡度平缓,为盾形火山锥。

(2)爆烈式(又称培雷式)。这是一种猛烈爆炸的火山。喷出的是黏性大、不易流动、含气体多、冷凝快的熔岩。有时岩浆上升未达到地表,在火山口中或火山喉管中就凝固了,从而封闭了岩浆涌出的通道,阻塞了岩浆和气体喷出,当地下岩浆压力增大,冲破上面的堵塞时,就发生猛烈的爆炸。喷出物主要是火山灰、火山渣、火山弹和热气体。爆炸物形式有喷气柱、喷发柱和扑撩云等几种,几乎没有熔岩流溢出。

(3)递变式。这类火山的特点介于以上两者之间,喷发方式可从宁静到猛烈。喷发物以中基性熔岩为主,并有一定的爆炸力,通常是首先喷出大量的气体和碎屑,随后喷出熔岩,但溢流不远,一般没有火山灰。大多数火山都属于这种类型。

一个火山在不同时期可能属于不同的喷发类型,如早期为爆烈式,后期变为宁静式,以后又可以变成爆烈式,呈周期性的更替。这主要是地下岩浆性质和气体数量的变化所致。

(四)世界活火山的分布

20 世纪 60 年代以来,以板块构造理论为基础而建立起来的火山学和岩石学逐渐把大陆火山、海底火山以及整个岩石圈和软流圈的运动作为一个整体联系起来,从而回答了关于岩浆活动规律及成因的一连串难题。现代世界上的活火山有 500 余座,其分布并非杂乱无章,而是集中在几个蔚为壮观的火山带上(图 4-3)。

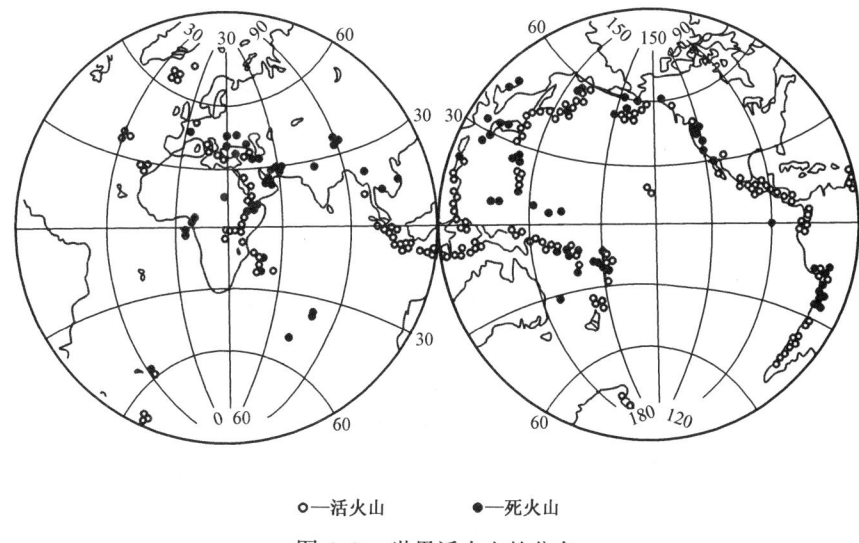

○—活火山　　●—死火山

图 4-3　世界活火山的分布

1. 板块边缘的活火山

板块边缘的活火山主要分布于岩石圈板块的边缘,与板块之间的相对运动有关。

（1）环太平洋火山带。该带围绕在太平洋的周边,有 300 余座活火山。从西南边缘的新西兰、汤加群岛开始,沿着太平洋西岸的所罗门群岛、伊利安岛、菲律宾、台湾岛、日本列岛到千岛群岛,然后转向,经阿留申群岛,绕至太平洋东岸沿着科迪勒拉山脉延至安第斯山脉南端,活火山呈串珠状分布,在西、北、东三面包围着太平洋。这是世界上最宏伟的一个火山带,全长近 50000km,是著名的环太平洋"火圈"。其最大特点是:在西太平洋沿岸,这些彼此相关的中心式喷发的火山形成一连串的岛链,称岛弧。在东太平洋,则是与连续、雄伟的海岸山脉共生。其共同特点是在火山带的大洋一侧都具有深陷的海沟。

（2）苏门答腊—爪哇火山带。该带规模较小,全长 4500km,拥有活火山 60 余座,著名的喀拉喀托火山就是其中之一。火山带具有岛弧性质,其西南一侧是印度洋边缘的爪哇海沟,基本特征与前一个火山带相似。

（3）地中海火山带。该带长约 4000km,拥有 15 座活火山。武尔卡诺、斯特博利及维苏威等著名火山就在这个带上。该带是 18 世纪传统火山学的发源地。地中海火山带处于非洲大陆与欧洲大陆的接合带上,是大陆之间的火山带,因而与前面两个带不同。

（4）洋脊火山带。该带位于各大洋中脊上,出现现代岩浆的巨大涌出口,由于岩浆喷出数量和速度仅够补充洋脊两侧分离的空间,洋脊火山不能增加高度,不仅不能露出洋面,而且始终位于数千米深的大洋底。有少数火山如大西洋中脊北端的冰岛,岩浆涌出的数量很大,由熔岩堆积成数十万平方千米的岛屿,仅露出海面的面积就超过 $1\times10^5 km^2$。

2. 板块内部的活火山

板块内部的活火山分布在岩石圈板块内部或者小型板块的接缝处,分散在世界各地,每一个火山群都具有各自的发育规律。著名的有太平洋中的夏威夷火山群、东非火山群及中美洲的安的列斯群岛火山群等。它们与局部发育的断裂带、张裂带、俯冲带或地下通道无关,主要与地幔柱的活动有关。

三、侵入作用

岩浆上升侵入到地壳中的活动过程称为侵入作用。岩浆在地壳中不同深度冷凝后,则形成各种各样的岩浆岩体,也叫侵入体。侵入体周围的岩石叫围岩。

(一)浅成侵入作用

在地壳浅部(3~6km 以上),岩层承受的静压力较小、脆性大。在断裂发育的部位,由于层间结合较松散,岩浆以机械力为主挤入围岩。这种侵入作用形成的岩体一般较浅,称浅成侵入作用,所形成的岩体称浅成侵入体。

当岩浆以巨大的机械力为主沿围岩层面挤入并占据一定空间,冷凝后形成与围岩产状协调一致的关系时,称整合侵入体。常见的整合侵入体有:

(1)岩床。岩床是岩浆侵入到围岩的岩层之间呈板状的浅成侵入岩体,产状与围岩一致,厚薄比较均匀。构成岩床的岩体通常是基性岩类(图4-4)。

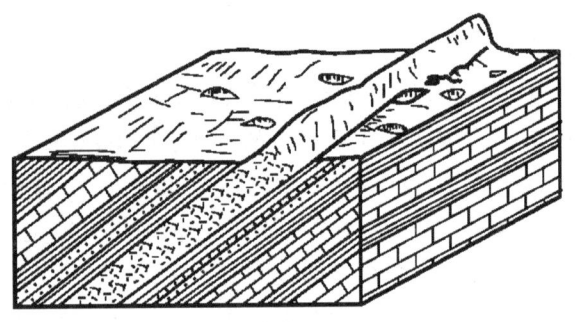

图 4-4 岩床

(2)岩盘与岩盆。岩浆顺层面挤入将上覆岩层拱起形成上凸下平的透镜状侵入体称为岩盘,一般规模较小;岩浆顺向下弯曲的围岩挤入形成中央下凹四周上翘呈盆状的侵入体称为岩盆,其规模可很大,可达数百平方千米,多由中性到基性岩石组成(图4-5)。

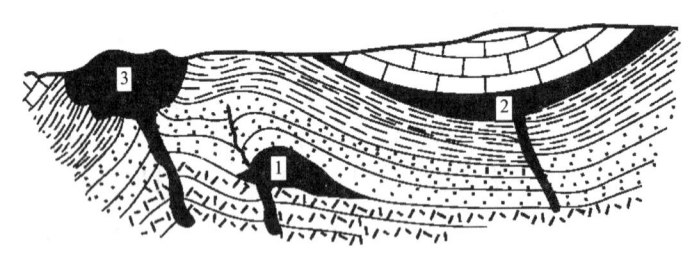

图 4-5 岩盘和岩盆
1,3—岩盘;2—岩盆

(3)岩墙与岩脉。岩浆沿断裂机械挤入并占据一定的空间,形成与围岩产状不一致的侵入体,称不整合侵入体。这类侵入体最常见的是岩墙或岩脉。其厚度变化较大,可从几厘米至几百米厚,长可从数十米至数百千米,通常将厚而较规则的称岩墙,薄而较复杂的称岩脉。不论岩墙还是岩脉皆是常见的小型侵入岩体。岩墙常成群出现,可形成相互平行排列的岩墙群(沿断裂带侵入),也可形成放射状及环状岩墙群(沿火山锥周围侵入)。

浅成侵入岩体由于在相对浅处冷凝成岩,其共同的特点是冷凝较快、结晶迅速,岩石虽为全晶质,但矿物颗粒较细;岩体规模不大,形状较规则;成分从酸性岩到基性岩均有;与围岩的接触关系有整合的和不整合的;使围岩变质轻,变质圈厚度不大,捕房体也少见。

(二)深成侵入作用

深成侵入作用多发生在地壳的较深处(3~6km以下)。这里压力和温度均较高,岩浆冷却缓慢,因而矿物结晶程度较高,为全晶质,呈等粒状的粗粒和中粒结构。形成的岩体称深成侵入体,主要呈岩基、岩株产出(图4-6)。

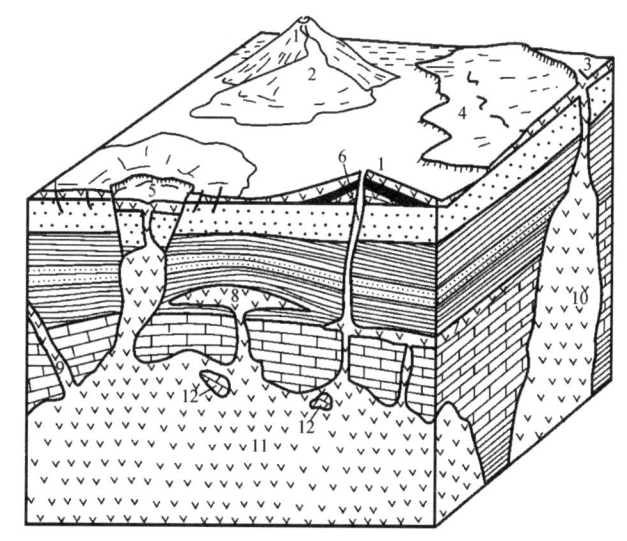

图4-6 火山机构、火山地貌和侵入体的产状(据张宝政,1983)
1—火山锥;2—熔岩流;3—火山颈和岩墙;4—熔岩被;5—破火山口;6—火山颈;
7—岩床;8—岩盘;9—岩墙;10—岩株;11—岩基;12—捕房体

1. 岩基

岩基是一种规模巨大的侵入岩体,其面积大于100km^2,甚至可达上万平方千米,深度可达10~30km。形态不规则,通常向一个方向延伸,与褶皱山脉走向一致。其边缘常有岩脉或岩株穿插于围岩中。这种大规模的岩基主要见于花岗岩类,故有花岗岩基之称。

岩基的顶不规则,有不同形状的突出部分,其边缘部分常有围岩的碎块,称捕房体。在地表出露的面积取决于剥蚀深度,它的边界与围岩产状在局部地方可以是平行的,但从整体看来是不平行的,所以叫不平行侵入体。

2. 岩株

岩株是深处的岩浆穿入地壳薄弱地带,如大断裂的深部以及褶皱轴部地带而形成的侵入体。其规模比岩基小,面积小于100km^2。岩株常常是岩基的分支,其下和巨大的岩基相连。构成岩株的岩石常为酸性及中性的岩浆岩。它的平面形状往往近圆形或不规则状,与围岩接触面比较陡,也是呈不协调接触的。

深成侵入体由于其形成环境的相似,如相对位置较深、温度和压力较高、范围大、冷凝较慢等,因此有很多共同的特征。这些特征是:岩石皆为全晶质,矿物颗粒粗而匀,岩体不规则,成分多为酸性或中酸性的花岗岩或花岗闪长岩,与围岩不整合接触,接触处有捕虏体和明显的接触变质现象。

四、岩浆的起源与演化

(一)岩浆的起源

地球深部的固态岩石发生熔融产生岩浆主要有三种方式:局部加热(如来自核幔过渡带异常热的地幔柱快速上涌)、挥发组分增加(如俯冲带内 H_2O 和 CO_2 的加入)及绝热减压(如地壳减薄或地幔对流上升)。

在自然界中岩浆岩种类繁多,但原生岩浆有几种?关于这个问题,人们已争论了很久。近代岩石学家P.J.Wyllie等认为原始岩浆有三种:第一种是源于上地幔顶部岩石部分熔融的基性岩浆;第二种是大陆地壳硅铝质岩石部分熔融而成的酸性岩浆;第三种是源于大洋板块俯冲带下插洋壳(玄武岩及上覆沉积物)以及上地幔物质部分熔融、混合、分异结晶等复杂过程而生成的中性岩浆。上述原始岩浆在岩浆源处或上升过程中经岩浆分异、同化混染等作用后形成不同成分的派生岩浆,然后在不同环境下冷凝形成多种类型的岩浆岩。

(二)岩浆的演化

1. 同化混染作用

高温的岩浆熔化围岩使围岩消失于岩浆之中,对围岩而言谓之同化;岩浆因同化围岩而改变了成分谓之混染,这种作用总称同化混染作用。例如基性岩浆同化富含硅铝的围岩时,基性程度降低可演变为中性岩浆。岩浆冷凝成岩后,常残留有尚未熔尽的围岩碎块称为捕虏体。捕虏体是恢复围岩类型和研究岩浆演化的重要资料。

2. 岩浆的分异作用

在岩浆的活动与冷却过程中,由于温度、压力和运动状况等物理化学条件的改变,原来岩浆的不同组分按密度或结晶顺序而分离成为两种或两种以上成分不同的岩浆,称为岩浆的分异作用。岩浆的分异作用主要分为三种:

(1)熔离分异作用。原来搅和均匀的岩浆在岩浆房中长时间停留,密度不同的液态组分发生分离形成下重上轻的液态分层。熔离分异在基性岩浆中较为常见,表现为 Cu、Fe、Ni 的金属硫化物因密度较大而集中在岩浆房底部,可形成有工业价值的矿床。

(2)结晶分异作用。结晶分异作用发生在大约1200~1800℃温度条件下,岩浆中部分矿物开始结晶。这时岩浆并未完全凝固,先结晶出来的固体矿物密度不一样,轻者上浮,重者下沉,叫作结晶分异作用。在结晶过程中,先结晶的较基性矿物的密度较大,先下沉而集积在岩浆下部，冷凝后形成基性岩或超基性岩。上面的岩浆酸性程度越来越高，冷凝结晶后形成酸性岩或中性岩。

（3）气态分异作用。分异作用到了后期阶段，分化出来的残余岩浆中含有很多挥发性物质成分。它们的特点是熔点低、挥发分高，另外因其化学活泼性强，可以和岩浆中各种金属元素，特别是稀有元素结合成挥发性化合物。当温度和压力降低时，它们便从岩浆中分离出来，集中在岩浆的上部或扩散到围岩的裂隙和空隙中去。这种在岩浆分异作用的后期，大量挥发性成分从岩浆中分离出来的过程称为气态分异作用。因为气态物质活泼性很强，它们侵入到围岩中形成的岩石往往晶体都很大，可形成伟晶岩。这一阶段也可称为伟晶岩化阶段。该阶段是岩浆冷凝过程的第三阶段。温度在500～800℃之间。

20世纪初，美国岩石学家N.L.Bowen模拟岩浆结晶分异过程，再结合对自然作用形成的岩石的研究成果，提出了一个造岩矿物的结晶序列，后人称之为鲍温反应系列（图4-7）。

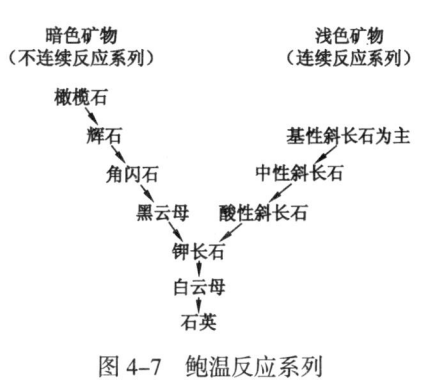

图4-7 鲍温反应系列

该反应系列的核心内容可以概括为：随着温度的降低，暗色矿物的结晶顺序是从橄榄石到黑云母，为一不连续反应系列。与之基本相伴出现的是从基性斜长石到酸性斜长石的结晶，这是一个连续反应系列。再后出现的是从正长石到石英的结晶，此又为不连续反应系列。在结晶顺序上，位置或时序相近的矿物具有较好的共生组合关系。

第二节　岩浆岩的特征

自然界存在三大类岩石，岩浆岩、变质岩和沉积岩，对其特征的研究属岩石学范畴。

一、岩浆岩的概念

岩浆岩又称为"火成岩"，是由地壳深处的岩浆侵入地壳或喷出地表冷凝结晶而成的岩石，如橄榄岩、玄武岩等。

岩浆在向上运动中未达地表即已冷凝、固结形成的岩石，称为侵入岩。侵入岩又可分为深成侵入岩和浅成侵入岩，前者多呈大岩体产出，后者多为小岩体。岩浆向上运动喷溢出地表冷凝者，称为喷出岩。因岩浆喷溢出地表就是火山喷发，因此又称喷出岩为火山岩。

岩浆岩与沉积岩及变质岩的主要区别标志为：岩浆岩大多为块状的结晶岩石，部分因冷凝过快而呈玻璃质结构；具特有矿物及特有的结构构造；无层理构造，与围岩有明显界线，常包含有围岩碎块，称"捕虏体"，接触处见热变质现象，缺乏任何生物遗迹。

二、岩浆岩的物质成分

岩浆岩的物质成分包括其化学成分及矿物成分。物质成分体现岩浆岩的主要特征,也是岩浆岩分类的主要依据。

(一)岩浆岩的化学成分

地壳中的所有元素,几乎都能在岩浆岩中存在,但含量相差很大。最多的是 O、Si、Al、Fe、Mg、Ca、K、Na 等,占总质量 98% 以上,故称为造岩元素,其中 O 为 46% 以上。若以氧化物表示,则 SiO_2 最多,占 59.12%,其次为 Al_2O_3,占 15.30%(表 4-1)。

表 4-1 地壳与岩浆岩的平均化学成分(据 F. W. Clark, H. S. Washington, 1924)

元素	岩浆岩中质量分数,%	地壳中质量分数,%	氧化物	质量分数,%
O	46.59	49.25	SiO_2	59.12
Si	27.72	25.75	Al_2O_3	15.30
Al	8.13	7.51	CaO	5.08
Fe	5.01	4.70	Na_2O	3.84
Ca	3.63	3.39	FeO	3.80
Na	2.85	2.64	MgO	3.49
K	2.60	2.40	K_2O	3.13
Mg	2.09	1.94	Fe_2O_3	3.08
Ti	0.63	0.58	H_2O^+	1.15
P	0.15	0.12	TiO_2	1.05
H	0.13	0.088	P_2O_5	0.30
Mn	0.10	0.08	MnO	0.12
总和	99.63	98.488	总和	99.46

SiO_2 是岩浆岩中最重要的氧化物,是影响岩浆岩矿物成分变化的主要因素。根据 SiO_2 含量把岩浆岩分为四类:超基性岩(SiO_2 含量 <45%)、基性岩(SiO_2 含量为 45%~52%)、中性岩(SiO_2 含量为 52%~65%)和酸性岩(SiO_2 含量 >65%)。

岩浆岩中各氧化物之间关系密切,在各类岩浆岩中随 SiO_2 含量的变化,其他氧化物也呈有规律的变化(图 4-8):随 SiO_2 含量的增加,FeO、MgO 含量逐渐减少;K_2O、Na_2O 含量渐趋增加,花岗岩中 K_2O 含量增加显著;CaO 在纯橄榄岩中含量很低,但在辉石岩、辉长岩中急剧增加,以后随 SiO_2 含量的增加而明显降低;Al_2O_3 在超基性岩中含量最少,在辉长岩中急剧增加,在其他岩类中均占百分之十几,且变化不大。

(二)岩浆岩的矿物成分

虽然自然界中(地壳中)存在的矿物种类很多,但在岩浆岩中常见的矿物只有十几种,

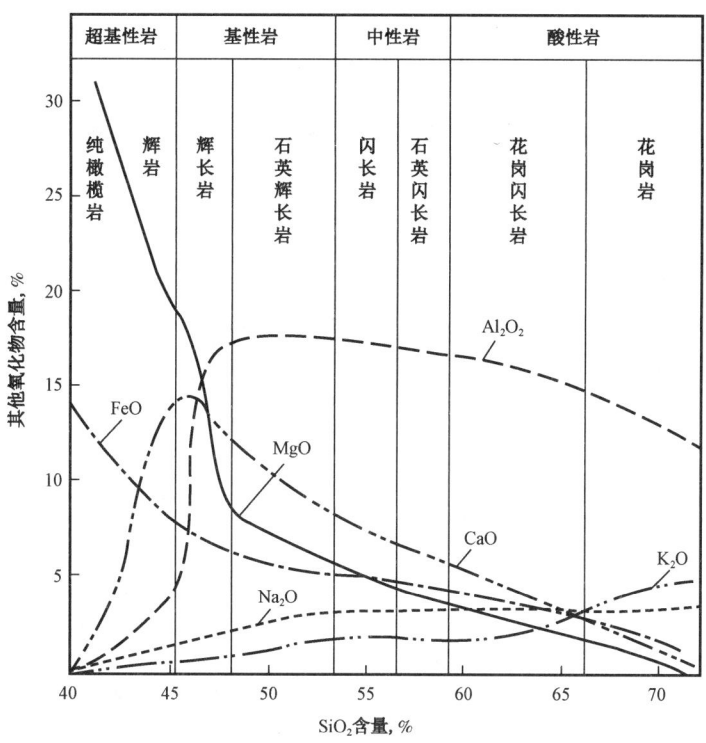

图 4-8 岩浆岩中 SiO_2 与其他氧化物含量之间的变化规律

其中最常见的有石英、钾长石、斜长石、黑云母、角闪石、辉石、橄榄石等七种（表 4-2）。矿物成分及其组合是岩浆岩分类和鉴别的依据。在大致确定岩石类型时主要依据矿物成分、含量及其组合形式。其中石英和橄榄石具有特殊意义，能够反映岩浆岩中 SiO_2 饱和度，因此可以称为酸度指示矿物。

表 4-2 岩浆岩主要岩类平均矿物成分（据 Larsen,1964；叶俊林,1996）

矿物体积分数,% 矿物种类 \ 岩类	花岗岩	花岗闪长岩	正长岩	闪长岩	辉长岩	辉绿岩	橄榄辉绿岩	纯橄榄岩
石英	25	21	2					
钾长石	40	15	72	3				
斜长石	26	46	12	64	65	62	63	
黑云母	5	3	2	5	1	1		
角闪石	1	13	7	12	3	1		
辉石			4	11	20	29	21	2
橄榄石					7	3	12	95
色率	9	18	16	30	35	38	37	100

岩浆岩中的矿物可按成分和颜色分为铁镁矿物和硅铝矿物。

铁镁矿物：FeO、MgO 含量高，SiO_2 含量低，如橄榄石、辉石、角闪石、黑云母等，因颜色深而称为暗色矿物。

硅铝矿物：SiO_2、Al_2O_3 含量高，不含或少含铁镁矿物，如石英、长石等，因颜色浅而称为浅色矿物。

暗色矿物含量越高，越偏基性，浅色矿物含量越高，越偏酸性（图4-9）。

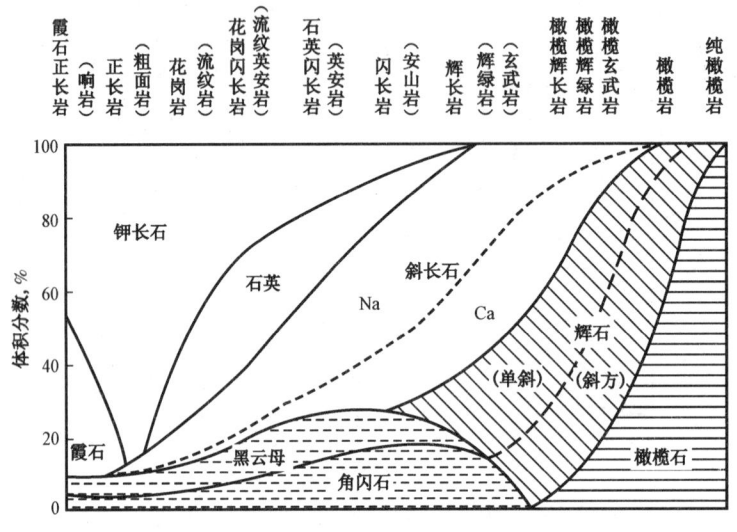

图4-9　各类侵入岩矿物成分组合的变化规律

根据矿物在岩浆岩中含量多少，可分为主要矿物、次要矿物、副矿物。

主要矿物：含量大于15%，是划分岩浆岩大类的依据，如花岗岩中，正长石和石英含量均大于15%，缺一不可。

次要矿物：含量小于15%。对划分大类不起作用，只作确定种属的依据，如花岗岩中的少量黑云母或角闪石，可进一步命名为黑云母花岗岩或角闪石花岗岩。

副矿物：很少，含量小于1%，对分类命名不起作用。

三、岩浆岩的结构和构造

岩浆岩的结构、构造可用来判断岩浆岩的成因、形成环境及形成时的物理化学条件，还可以作为鉴别各类岩浆岩的重要依据。

（一）岩浆岩的结构

岩浆岩的结构指岩石中矿物的结晶程度、颗粒大小、形状及矿物颗粒间的相互关系所表现出来的岩石特征。

按结晶程度，岩浆岩的结构可分为：

（1）全晶质结构：岩石全部由结晶的矿物组成，是岩浆在地下温度缓慢下降的条件下，从容结晶形成的，多见于深成侵入岩，如花岗岩。

（2）半晶质结构：岩石由结晶质和玻璃质两部分组成，多见于喷出岩及浅成侵入岩边部，如安山岩。

（3）玻璃质结构：岩石全部由玻璃质组成，是岩浆在喷出地表温度骤然降低的条件下，快速冷凝，来不及结晶形成的，多见于酸性喷出岩，如黑曜岩。玻璃质极不稳定，易产生脱玻化作用，逐渐转化为结晶物质。

按颗粒绝对大小，岩浆岩的结构可分为显晶质结构和隐晶质结构。显晶质结构是肉眼或借助放大镜能分辨出矿物颗粒者，依矿物颗粒的绝对大小，可分为伟晶结构（矿物结晶颗粒>10mm）、粗粒结构（>5mm）、中粒结构（2~5mm）、细粒结构（0.2~2mm）和微粒结构（<0.2mm）。隐晶质结构是岩石中矿物颗粒细小，肉眼或放大镜也无法分辨晶体的矿物组成结构。这种结构外貌呈致密状，常以断口粗糙、无玻璃光泽、脆性程度低与玻璃质相区别。

按颗粒相对大小，岩浆岩的结构可分为等粒结构、不等粒结构及斑状结构、似斑状结构。等粒结构指岩石中同种主要矿物颗粒大小大致相等。不等粒结构则指同种主要矿物大小不等，但变化是连续的。若组成岩石的矿物颗粒大小相差悬殊，截然分成两群，大颗粒分布于小颗粒之中，大者称斑晶，小者称基质。若基质为隐晶质者称为斑状结构，基质为显晶质者称为似斑状结构。斑状结构中的斑晶结晶早于基质，成分也有差别。似斑状结构中的斑晶和基质几乎同时结晶，成分差别不大。

按矿物晶体发育完善程度，岩浆岩中矿物的自形程度是指矿物从岩浆中结晶出时按自身结晶习性形成晶体外形的完整程度。在全晶质岩石中，按矿物晶体外形轮廓的完整程度，可分为自形、半自形、他形三种结构类型（图4-10）。

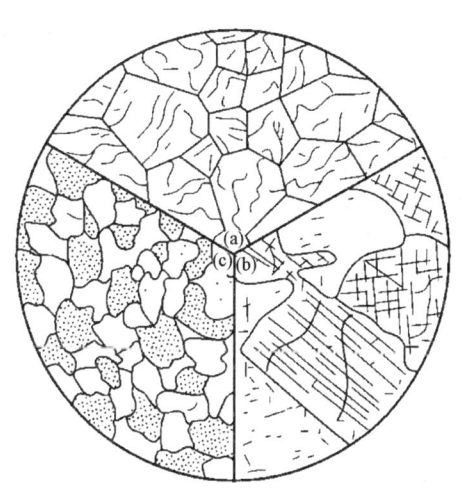

图4-10 矿物晶体外形的完整程度
（a）自形；（b）半自形；（c）他形

（1）自形粒状结构：岩石全部由自形矿物晶体所组成的结构。在岩石中矿物颗粒能按照自己的结晶习性发育，有较完整的晶面。薄片中矿物颗粒多呈规则的多边形。自形晶体表明，矿物结晶时，岩浆处于地下深处，冷却缓慢，晶体有充足的时间和空间结晶。这种结构较为少见，多出现于许多单矿岩，如橄榄岩和辉石岩中，它们多是岩浆结晶分异产生的自形晶下沉形成的。

（2）半自形粒状结构：主要由半自形矿物晶体组成的结构。岩石中矿物晶体的晶面发育不完整，部分晶面完全，部分晶面不规则，或岩石中矿物晶体自形程度不一致，有些是晶体轮廓规则的自形颗粒，有些是形状不规则的他形颗粒，但大部分为半自形晶体。这种结构的形成是由于晶体结晶时受到已析出的其他晶体的限制，或同时结晶的矿物较多，互相干扰，没有足够的自由空间按结晶习性自由生长。此结构在深成岩及浅成岩中分布较广。

（3）他形粒状结构：岩石主要由他形粒状矿物组成的结构。岩石中矿物晶体没有发育完整的晶面,颗粒外形不规则。其形成是由于岩浆在地壳浅处,冷却较快,矿物晶体几乎同时结晶、彼此互相干扰而不能形成完整的晶体轮廓。此类结构多出现于浅成岩。此结构在由他形石英、长石组成的细晶岩中最常见,故又常称为细晶结构。

在观察描述岩浆岩结构时,组成矿物的结晶程度、颗粒大小、形状特征都要描述,如花岗岩多为全晶质半自形粗粒状结构。

(二)岩浆岩的构造

岩浆岩的构造是指岩石组成部分(矿物)的排列方式及充填方式所表现出的岩石特征。常见的有:

(1)块状构造:组成岩石的各矿物成分均匀分布,无定向排列,故也称均一构造,是岩浆岩中最常见的。

(2)斑杂构造:由矿物成分或结构差异所显示的边界不清晰、分布不均匀的斑块者,称斑杂构造,是由岩浆对围岩不均匀的同化混染作用形成。

(3)带状构造:由颜色、成分或结构不同的条带交替、平行排列形成的构造。

(4)气孔、杏仁构造:岩浆喷溢地表、部分挥发分因岩石快速冷凝而保留其中,形成气孔构造,后期被充填后,形成杏仁构造。它们只在喷出岩中出现。

(5)流纹构造:不同颜色的条纹和拉长的气孔显示出来的流动构造,是岩浆在地表流动过程中形成的,酸性火山岩中常见,流纹岩因此而得名。

(6)原生节理:岩浆侵入地壳表层或喷出地表冷凝时,因体积收缩岩石产生裂缝,称为原生节理,玄武岩中常见。

(7)枕状构造:水下喷发,快速冷凝形成硬壳,内部熔浆沿缝冲出硬壳流动,再冷凝而成,底平上凸,常见于基性喷出岩。

第三节 岩浆岩的分类与常见岩浆岩

一、岩浆岩的分类

自然界中岩浆岩大量存在,种类繁多,其物质成分、结构、构造、产状等各有差异,但它们都是岩浆活动的产物,其间必然存在内部联系和遵循一定的变化规律。对各类岩浆岩进行系统的归纳和科学的分类,目的就在于正确认识各类岩浆岩的共性和特性,掌握其内在联系和变化规律,以便于岩浆岩的鉴别和描述。

本节所列的岩浆岩分类是考虑了岩浆岩的化学成分、矿物成分、产状及结构构造所做的综合分类(表4-3)。

表 4-3 岩浆岩综合分类表

基本特征 \ 岩石类型		超基性岩	基性岩	中性岩		酸性岩
		橄榄岩—苦橄岩类	辉长岩—玄武岩类	闪长岩—安山岩类	正长岩—粗面岩类	花岗岩—流纹岩类
SiO_2 含量,%		<45	45~32	52~65	52~65	>65
矿物成分	石英含量	不含	不含或微含	<5%	<5%	>20%
	碱性长石含量	不含	不含	少量	大量	量较大
	斜长石含量	不含	以基性斜长石为主	以中性斜长石为主	少量	富含酸性斜长石
	铁镁矿物含量	以橄榄石、辉石为主,角闪石次之	以辉石为主,可含橄榄石、角闪石	以角闪石为主,辉石次之	以角闪石为主,黑云母次之	以黑云母为主,角闪石次之
颜色		黑—绿黑	灰黑—深灰	灰—灰绿	灰红—肉红	灰白—肉红
侵入岩	深成岩(全晶质、中粗粒、似斑状结构)	橄榄岩 辉石岩	辉长岩	闪长岩	正长岩	花岗岩
	浅成岩(全晶质、细中粒、斑状结构)	苦橄玢岩	辉绿岩	闪长玢岩	正长斑岩	花岗斑岩
喷出岩		苦橄岩	玄武岩	安山岩	粗面岩	流纹岩

二、岩浆岩的主要类型

(一)超基性岩类(橄榄岩—苦橄岩类)

超基性岩类 SiO_2 含量小于45%,富含 MgO、FeO,反映在矿物成分上,铁镁矿物占绝对优势,主要是橄榄石、辉石、角闪石;硅铝矿物少(长石含量小于10%),岩石颜色深,密度大。超基性岩在地表分布面积小,占岩浆岩的4%,侵入岩规模小,喷出岩罕见。

超基性岩类深成侵入岩,如橄榄岩,主要矿物成分为橄榄石、辉石;次要矿物为角闪石、黑云母、基性斜长石;副矿物有磁铁矿、铬铁矿、钛铁矿等。多呈全晶质粒状结构,块状构造,蚀变后为蛇纹石。

超基性岩类浅成侵入岩,如金伯利岩,为原生金刚石的母岩,因最初发现于南非的金伯利镇而得名。金伯利岩的主要矿物成分为橄榄石、金云母等,岩石颜色呈绿色、灰绿色,具细粒结构、斑状结构、角砾状结构等。金伯利岩可见球状构造,其核心为已蛇纹石化的橄榄石,被细粒基质包围,分布于金伯利岩体附近,俗称"凤凰蛋",是金刚石的找矿标志。我国辽宁、山东都发现具工业价值金刚石的金伯利岩体。

超基性岩类喷出岩,如苦橄岩,绿黑色,隐晶结构,块状构造,有时见气孔、杏仁构造,若具斑状结构,则称苦橄玢岩。超基性喷出岩分布较少,常与玄武岩共生,产于玄武岩底部。

(二)基性岩类(辉长岩—玄武岩类)

基性岩类 SiO_2 含量为 45%~52%，FeO、MgO 含量低于超基性岩类，Al_2O_3、CaO 含量高于超基性岩类。反映在矿物成分上铁镁矿物显著减少，浅色矿物约占 50%，主要矿物为辉石和基性斜长石。次要矿物为橄榄石、角闪石、黑云母等，不含或少含石英，颜色较深。

基性岩的侵入岩少，而喷出岩多，如玄武岩，是喷出岩中分布最广的岩石。

基性岩类深成侵入岩是辉长岩，岩石呈黑色，中—粗粒结构，块状构造，由辉石和斜长石组成的深浅相间的条带构造也常见。

基性岩类浅成侵入岩是辉绿岩，暗绿色—黑色，细粒结构和辉绿结构。所谓辉绿结构，是指自形—半自形的长条形斜长石组成网络，自形程度差的辉石充填其间。常见辉石等的绿泥石化现象。

基性岩类喷出岩为玄武岩，黑色—暗紫色，具细粒—隐晶结构，斑状构造，斑晶为辉石、斜长石，有时见有橄榄石，基质为隐晶质，微晶结构，气孔、杏仁构造发育，风化后呈黄褐—红褐色。玄武岩分布广泛，陆地上常形成大面积巨厚的熔岩被，海底地壳基本由玄武岩组成，因在水底喷发，常见枕状构造。玄武岩与铜、钴等矿床关系密切，如我国西南地区峨眉山玄武岩。

(三)中性岩类(闪长岩—安山岩类)

中性岩类 SiO_2 含量为 52%~65%，FeO、MgO、CaO 含量进一步降低，Na_2O、K_2O 含量增加，反映在矿物成分上，铁镁矿物减少，含量约 30%，以角闪石为主。浅色矿物增多，含量约 70%，主要为中性斜长石，并出现钾长石及少量石英，颜色变浅。

中性岩类深成侵入岩是闪长岩，岩石呈灰白色、浅绿色，全晶质中—粗粒结构或似斑状结构，块状构造。若石英、钾长石含量增加，则为石英闪长岩及花岗闪长岩。

中性岩类浅成侵入岩是闪长玢岩，岩石呈灰白色—灰色，有次生变化时为灰绿色，斑状结构，块状构造。

中性岩类喷出岩是安山岩，岩石呈灰紫色、紫褐色，常具斑状结构、气孔及杏仁构造及块状构造。安山岩产状与玄武岩相似，呈较大面积的岩被或小岩流，常与玄武岩、流纹岩共生形成复杂的火山岩系。安山岩广泛分布于环太平洋的岛弧地带及大陆边缘，构成"安山岩线"。

(四)酸性岩类(花岗岩—流纹岩类)

酸性岩类 SiO_2 含量大于 65%，属 SiO_2 过饱和岩石，FeO、MgO、CaO 含量很低，K_2O、Na_2O 含量较高，反映在矿物成分上，暗色矿物含量小于 10%，浅色矿物含量大于 90%，且以石英为主，颜色浅。本类岩石分布广，以侵入岩最多，且多呈大型的岩基及岩株。

酸性岩类深成侵入岩是花岗岩，岩石呈浅灰色、浅灰红色、肉红色，等粒结构，块状构造，主要矿物成分为石英、钾长石、酸性斜长石，且钾长石多于斜长石；次要矿物为黑云母、角闪石，亦见少量辉石。可根据暗色矿物进一步命名，如黑云母花岗岩、角闪石花岗岩等；若几乎不含暗色矿物者，称为白岗岩。

酸性岩类浅成侵入岩是花岗斑岩，岩石呈灰白色、肉红色，成分与花岗岩相当，全晶质或斑状结构。斑晶主要是石英、钾长石,有时也可见黑云母、角闪石、辉石;基质为微晶—隐晶结构;若基质为细—粗粒结构时,称为似斑状结构,岩石为似斑状花岗岩。若斑晶主要为石英,基质为隐晶结构时,岩石称为石英斑岩。

  酸性岩类喷出岩是流纹岩,岩石呈灰红、粉红、灰白色,少数为深灰色、砖红色,具斑状结构,含少量石英、透长石斑晶;基质为隐晶质或玻璃质,多具流纹构造,并常与火山碎屑物质相伴生。流纹岩可按结构分为斑状流纹岩和玻璃流纹岩。玻璃流纹岩成分以酸性玻璃质为主,结晶矿物极少,具玻璃质结构,常见的有多为黑色的黑曜岩、具松脂光泽的松脂岩、浅色具玻璃光泽和珍珠状裂隙的珍珠岩及浅色气孔构造特别发育的浮岩。浮岩因气孔多,密度小,可浮于水面而得名。浮岩常呈皮壳状覆于熔岩顶部,除酸性岩外,基性岩中也可见有浮岩覆于玄武岩流的顶部。

思 考 题

1. 什么是岩浆和岩浆作用?
2. 火山喷发的方式有哪几种?
3. 解释世界活火山分布的规律。
4. 鲍温反应系列中连续反应系列与不连续反应系列各包含哪些依次晶出的矿物?鲍温反应系列有何用处?
5. 什么是岩浆岩的结构?可从哪些方面去研究岩浆岩的结构?
6. 什么是岩浆岩的构造?常见的岩浆岩构造有哪些?
7. 岩浆岩是如何分类命名的?

第五章 变质作用与变质岩

变质作用是内动力地质作用的基本类型之一,而变质岩是变质作用的产物,是三大岩类之一。变质岩可形成于不同的地质时期,地球上形成于前寒武纪的岩石目前多已发生变质,前寒武纪变质岩的出露面积约占地表的18%,研究变质作用与变质岩可以研究地球早期的演化历史。变质岩约占地壳体积的27.4%,其中蕴藏着丰富的矿产资源,研究变质作用与变质岩具有重要的实际意义。

第一节 变质作用

一、变质作用的概念

变质作用是在地壳一定深度内,由于温度、压力、应力等因素的综合影响,原来的岩石在基本保持固态的情况下发生矿物成分、结构、构造变化的地质作用。

这里要特别强调,在变质岩的形成过程中原岩是在基本保持固态条件下发生的,没有大量H_2O和CO_2等流体的参与,物质不发生大规模的迁移。因此,与原岩相比,变质岩的化学成分总体变化不大,这对于恢复原岩是很有意义的。变质作用过程中岩石基本没有发生明显的熔融,因此变质作用与岩浆作用的界限是清楚的。引起变质作用发生的温度、压力等因素主要来自地球的内部,而形成沉积岩的各种作用主要发生在地表常温、常压环境,因此变质作用与沉积岩形成作用的界限也是明显的。

二、引起变质作用的因素

引起变质作用的因素是多方面的,一般可分为外因和内因。内因主要指母岩的岩性,而外因指能使变质作用发生的温压条件等。由于母岩类型多样,内因对变质作用的影响异常复杂,本书暂不介绍。外因一般包括温度、压力、化学活动性流体和时间。

(一)温度

温度是引起岩石变质的主导因素,变质作用的温度范围一般是150~700℃。温度可以提供变质作用所需要的能量,使岩石中矿物的原子、离子或分子具有较强的活动性,促使一系列化学反应和结晶作用的发生;同时温度增高还可使矿物的溶解度加大,使更多的矿物成分进入岩石孔隙中的流体内,增强了流体的渗透性、扩散性及化学活动性,促进了变质作用的过程。

引起变质作用的温度的能量主要来源于地下放射性元素衰变释放的热能、岩浆热能或地下断裂错动产生的热能。

(二)压力

压力也是引起变质作用的重要因素,主要包括静压力、动压力和流体压力。

静压力是由上覆岩石的重量引起的压力,各向均等,随深度增加而增大,深度每增加1km,静压力大致增加 $275 \times 10^5 Pa$。变质作用的静压力范围,一般认为在 $(1 \sim 2) \times 10^8 Pa$ 到 $(7 \sim 8) \times 10^{12} Pa$ 之间,相当于地下 5~30km 的区间。静压力的作用在于使岩石被压缩,导致矿物中原子、分子或离子间的距离缩小,促使矿物内部结构改变,形成密度大、体积小的新矿物。如红柱石(Al_2SiO_5)是在压力较低的环境下形成的,相对密度为 $3.1 \sim 3.2 g/cm^3$,当静压力增大时,它可以转变为化学成分相同但分子体积较小的蓝晶石(Al_2SiO_5),其相对密度为 $3.56 \sim 3.68 g/cm^3$。

动压力是由构造运动所产生的定向压力,又称为应力,主要发生在断裂带附近。这种压力在变质作用中有着十分重要的意义,它可以引起矿物在平行动压力方向上溶解较强,然后迁移到垂直应力方向上沉淀,导致原岩发生矿物的重新分异与聚集,造成矿物定向排列。

流体压力实际上是静压力通过岩石孔隙中的流体发生传递而形成。流体的成分及其压力的大小控制着许多化学反应的进程,对于岩石的变质作用也有重要影响。

(三)化学活动性流体

化学活动性流体是指在变质作用过程中存在于岩石孔隙中的具有很大挥发性和活动性的流体,以 H_2O 及 CO_2 为主,并包含有多种其他易挥发物质及其溶解的矿物成分。化学活动性流体可以促使矿物组分的溶解和迁移,引起原岩物质成分的变化。流体作为固体与固体之间发生化学反应的媒介具有极重要的意义,因为固体之间的化学反应涉及物质组分的交换,如果没有流体媒介,这种反应是极其缓慢的。同时,流体本身也参与了变质作用的各种化学反应。此外,流体的存在还会大大降低岩石的重熔温度,使变质作用的高温界限变低。从某种程度上说,流体是变质作用的催化剂。

(四)时间

时间指变质作用的持续时间,也是发生变质作用的重要因素。有些变质作用看似很难发生,但在长时间持续作用下却可以发生。在温度、压力和化学活动性流体基本相似的情况下,随着时间的增长,变质作用程度是逐渐增大的。

引起变质作用的这些外部因素在变质作用过程中都不是孤立存在的,而是经常同时出现,互相配合又互相制约,共同改造着岩石。

三、变质作用的方式

变质作用的方式复杂多样,主要表现在以下几个方面。

(一)碎裂变形作用

碎裂变形作用主要发生在断裂带附近。在地壳浅部,当岩石和矿物所受的应力超过一定限度时,岩石和矿物发生破裂、碎裂的变质作用方式称为碎裂作用。而在地壳深部,岩石或矿物所受的应力超过其弹性限度时产生的塑性变形称为变形作用。

(二) 重结晶作用

重结晶作用是指岩石在固态情况下,同种矿物经过有限的颗粒溶解、组分迁移,然后又重新结晶成粗大颗粒的作用,在这一过程中并未形成新矿物(图5-1)。最典型的例子是泥晶灰岩经重结晶作用后变成颗粒粗大的大理岩,主要矿物成分均为方解石。

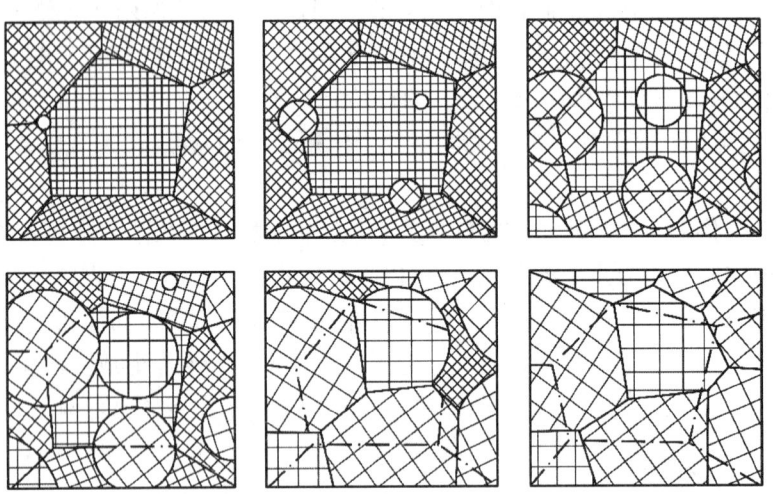

图 5-1　重结晶作用示意图
图中从左往右、从上往下重结晶程度逐渐增强

(三) 变质结晶作用

变质结晶作用又称变质反应,指岩石在基本保持固态条件下,化学成分重新组合,原有矿物消失,形成新矿物的过程,但总体化学成分不变。变质结晶作用是变质作用方式最为重要的类型之一,主要表现在以下几个方面。

1. 脱水或水合作用

由于挥发性组分的逃逸或获取,岩石中化学组分重新组合,形成新矿物。如沉积岩中常见的黏土矿物高岭石脱水后可变成红柱石和石英,化学反应式如下:

$$Al_4[Si_4O_{10}](OH)_8 \underset{放热}{\overset{吸热}{\rightleftharpoons}} 2Al_2[SiO_4]O + 2SiO_2 + 4H_2O$$

(高岭石)　　　　　　　　(红柱石)　(石英)

此过程一般在500℃左右的温度下发生,若黏土矿物脱水反应不彻底,还会形成白云母、绿泥石、叶蜡石等含有 OH^- 的矿物。相反,当温度降低时,矿物吸水发生水合作用,如橄榄石可变为蛇纹石,辉石可变为角闪石或绿泥石,钾长石变为绢云母或白云母。

2. 脱碳酸或碳酸化作用

方解石受热可释放 CO_2,称为脱碳酸作用,剩下的 CaO 可与岩石中的 SiO_2 结合形成新矿物硅灰石,化学反应式如下:

$$CaCO_3 + 2SiO_2 \underset{\text{放热}}{\overset{\text{吸热}}{\rightleftharpoons}} CaSiO_3 + CO_2$$

（方解石）（石英）　　　（硅灰石）

此过程一般在600℃左右的温度下发生，如石灰岩受热后会变成含碳或硅灰石的大理岩。相反，温度降低，矿物吸收CO_2的作用称为碳酸化作用，如中基性斜长石可变为方解石。

3. 由体积大、密度小的矿物转变为体积小、密度大的矿物

在静压力下易于发生体积大、密度小的矿物转变为体积小、密度大的矿物。如黏土矿物在压力小于5.5×10^8Pa条件下，可转变为密度稍大的红柱石，而压力大于5.5×10^8Pa条件下，可转变为密度更大的蓝晶石。

此外，在较高的静压力作用下，体积大、密度小的不同矿物也可结合为体积小、密度大的新矿物。如镁橄榄石与钙长石，在高压下可转变为石榴子石，密度增大，体积减小，化学反应式如下：

$$Mg_2[SiO_4] + Ca[Al_2Si_2O_8] \longrightarrow CaMg_2Al_2[SiO_4]_3$$

（镁橄榄石）　　（钙长石）　　　　（石榴子石）

（四）交代作用

交代作用是指变质过程中，化学活动性流体与固体岩石之间发生的物质置换或交换作用，其结果不仅形成新矿物，而且岩石的总体化学成分发生改变，但岩石体积保持不变。例如，含Na^+的流体与钾长石发生交代作用而置换出K^+，形成新矿物钠长石，化学反应式如下：

$$K[AlSi_3O_8] + Na^+ \longrightarrow Na[AlSi_3O_8] + K^+$$

（钾长石）　　　　　（钠长石）

（五）变质分异作用

变质分异作用指岩石在不发生熔融和交代的情况下，某些组分经扩散产生不均匀聚集，使成分均匀的原岩变成矿物成分不均匀的变质岩的作用，通常形成变斑晶、透镜体、条带等。

四、变质作用的类型

变质作用发生的地质条件是极其复杂多样的，一般根据变质作用发生的规模、地质背景和物理化学条件，将变质作用分为动力变质作用、接触变质作用、区域变质作用和混合岩化作用四种主要类型。

（一）动力变质作用

动力变质作用是指在构造运动所产生的定向压力作用下，岩石发生的破碎、变形以及重结晶等的作用。动力变质作用主要发生在断裂带，在地壳浅部岩石通常发生脆性变形，表现为机械破碎，一般不发生物质成分的重组，不形成新矿物，主要形成碎裂岩、碎粒岩、压碎角砾岩等；而在深度大于10km、温度在300℃以上的地下深部通常发生韧性变形，形成糜棱岩，这种岩石的矿物多被粉碎成隐晶质或细晶质粉末、具明显的带状或眼球状构造。

（二）接触变质作用

接触变质作用又称热变质作用，主要发生在岩浆侵入体与围岩的接触带上。接触变质作用的主要控制因素是温度及化学活动性流体，压力居次要的地位。根据引发接触变质作用的因素，可将接触变质作用分为热接触变质作用和接触交代变质作用两种类型。

热接触变质作用是围岩主要受岩浆散发的大量热量而发生的一种变质作用，主要变质作用方式为重结晶作用，交代作用较弱或没有。在变质前后岩石总的化学成分不变，但通过成分重新组合可以形成新矿物，如不纯的石灰岩变质后形成含透闪石、硅灰石的大理岩。岩浆以传导的方式将热传递给围岩而发生变质，变质作用围绕侵入岩体发生，离侵入体越近，变质作用越强，远离侵入体则减弱直至完全没有变质，形成一个以岩体为中心、变质程度向外减弱的环带状的接触变质带，称为变质晕（图5-2）。

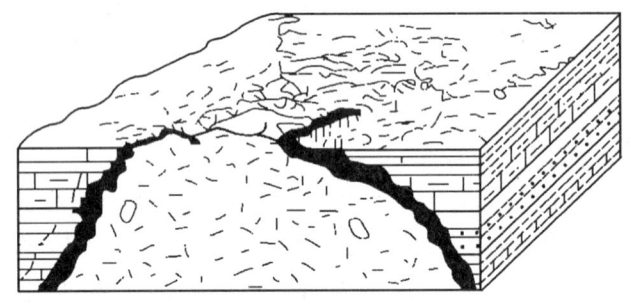

图5-2　岩浆与围岩接触部位的接触变质作用

岩浆中的挥发分使岩浆与围岩发生明显的交代作用，尤其是中酸性岩浆侵入碳酸盐岩时，接触交代变质作用特别强烈，挥发组分将岩浆中的Si、Al带入围岩，又将碳酸盐岩中的Ca、Mg带入岩浆中，使接触带的内外两侧均发生变质，形成以石榴子石和透辉石为主要矿物的岩石，称为矽卡岩（图5-3）。矽卡岩中富产多金属矿产，如铁、铜、钨、锡、钼、铅、锌等。

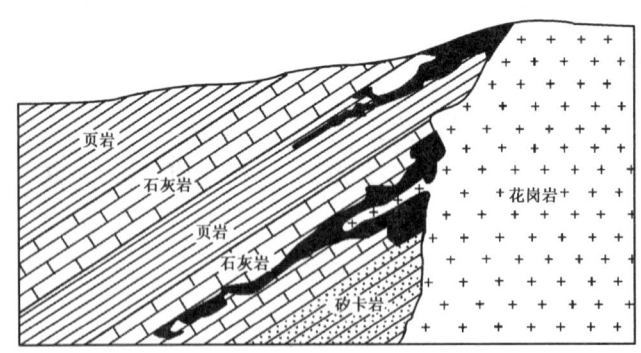

图5-3　岩浆与围岩接触部位的接触交代变质作用与矽卡岩的形成
（据马建良，2009）

（三）区域变质作用

区域变质作用是在广大范围内温度、压力及化学活动性流体等多种因素共同引起的一种变质作用，是变质作用最为常见的类型，其影响范围通常可达数千至数万平方千米，影响深度可达几十千米以上，温度范围150～900℃，压力变化大。区域变质作用的发生通常与构造运动有关，构造运动可以对岩石施加强烈的定向压力，造成岩石变形甚至破裂，可将浅部岩石带入地下，使之遭受较高温压的改造，也可将地下深处的化学活动性流体带至地壳浅部，促进变质作用的发生。

区域变质作用的程度与地下的温度、压力条件密切相关，而地下的温压条件通常与深度有关。根据地下热流的大小和压力的大小，可将区域变质带分为浅带、中带和深带（表5-1）。

表5-1 区域变质作用等级及其常见特征

变质带	变质等级	温度,℃	静压力	应力	常见特征变质矿物	结构、构造特征
浅带	低级	<300	不大	较强	绢云母、绿泥石、硬绿泥石、蛇纹石、滑石、水镁石、白云石、钠长石	细粒变晶结构、变余及碎裂结构、板状、千枚状构造
中带	中级	300~500	较大	明显	白云母、黑云母、阳起石、透闪石、绿帘石、角山石、铁铝榴石、十字石、蓝晶石、酸性斜长石	中粗粒变晶结构；片理极发育，片状、片麻状构造
深带	高级	500~700	很大	几乎不存在	紫苏辉石、透辉石、橄榄石、矽线石、红柱石、尖晶石、碱性长石、基性斜长石、黑云母	中粗粒变晶结构；片理一般不发育，主要呈板状及带状构造，有时为片麻状、眼球状构造

（1）浅带：应力大，温度和静压力低，含水多，变质后形成含OH^-的片状、柱状矿物，如云母、绿泥石、绿帘石等，形成板岩、千枚岩。

（2）中带：应力较大，温度和静压力较高，原岩中的矿物多受到改造，形成含OH^-较少的矿物，如云母、绿泥石、角闪石、长石、石榴子石、蓝晶石、十字石，形成片岩。

（3）深带：应力小，温度和静压力高，水分少，形成在高温高压下稳定的矿物，如长石、辉石、石榴子石、矽线石等，原岩被彻底改造，形成各种片麻岩、混合岩。

从浅带到深带，岩石变质程度由浅变深，在很多大型山脉中常可观察到这种现象。

（四）混合岩化作用

混合岩化作用是由变质作用向岩浆作用过渡的一种超深变质作用，通常是区域变质作用在温度增高条件下进一步发展的结果。随着区域变质程度不断加深、变质温度逐渐升高，原岩中的硅铝质矿物发生重熔并与地下深处来源的热液流体混合，沿原岩的裂隙或片理渗透、扩散、注入或交代而形成类似于岩浆岩的组分，形成脉体，而变质岩残留的组分构成基体，这样原来成分均匀的岩石变为成分不均一变质岩的作用，称为混合岩化作用，形成的变质岩称为混合岩。

第二节 变 质 岩

一、变质岩的概念

变质岩是由变质作用形成的岩石,主要由地壳中已存在的岩石由于温度、压力、化学活动性流体等因素的综合影响,在基本保持固态下发生矿物成分、结构和构造的变化而形成。

变质岩的原岩可以是沉积岩、岩浆岩及变质岩,它们在形成时与当时的物理、化学条件之间处于平衡或稳定状态。但是这种平衡或稳定状态都是相对的和暂时的,一旦它们所处的物理、化学条件发生变化,原有平衡就会遭到破坏,原岩便被改造成为在新的环境中稳定的变质岩。

二、变质岩的物质成分

(一)化学成分

变质岩形成过程中若无明显的交代作用,则岩石在变质前后化学成分变化不大。若在变质过程中发生了明显的交代作用,由于一些组分的带入和带出,则会发生化学成分的变化。

变质岩的化学成分取决于原岩的化学成分,主要是 SiO_2、Al_2O_3、Fe_2O_3、FeO、MgO、CaO、K_2O、Na_2O、TiO_2、P_2O_5、H_2O 和 CO_2,与岩浆岩相似。

变质岩的化学成分可有助于了解原岩类型、变质作用类型和交代作用的特点,对于变质岩的分类、变质岩地区的地层划分与对比、研究变质矿床的形成与分布规律都具有重要意义。

(二)矿物成分

与岩浆岩及沉积岩相比,变质岩的矿物成分要复杂得多,概括起来变质岩中的矿物有两种类型:

(1)母岩残留的矿物。变质岩从母岩继承的矿物,主要包括石英、正长石、斜长石、普通角闪石、普通辉石、方解石等常见的造岩矿物。

(2)变质岩中特有的矿物。变质作用形成的矿物多为纤维状、鳞片状、柱状、针状等形态,如矽线石、红柱石、绢云母、蓝闪石、蛇纹石、滑石、石墨等,常出现密度大、分子体积小的矿物,如石榴子石(表5-2)。这些只在变质岩中存在的矿物,称为特征变质矿物。在变质岩中出现何种矿物是受原岩的化学成分和变质条件两方面的因素控制的,变质岩中的矿物成分一方面能反映原岩的物质组成,另一方面能反映岩石变质的温度压力条件。

表 5-2 常见矿物在三大类岩石中的分布

三大岩类的共有矿物	主要出现在岩浆岩中的矿物	主要出现在沉积岩中的矿物	主要出现在变质岩中的矿物
石英	鳞石英	黏土矿物	红柱石
钾长石	透长石	蛋白石	蓝晶石
白云母	霞石	玉髓	矽线石
黑云母	白榴石	海绿石	十字石
绢云母	方钠石	水铝石	堇青石
斜长石	黝方石	褐铁矿	石榴子石
角闪石	玄武角闪石	石膏	硅灰石
辉石		硬石膏	滑石
橄榄石		盐类矿物	蛇纹石
磁铁矿		有机质	绿帘石
磷灰石			透闪石
榍石			透辉石
锆石			阳起石
金红石			硬绿泥石
			石墨
			刚玉

三、变质岩的结构

变质岩的结构指变质岩中矿物组分的形状、大小和相互关系反映出的岩石特征,主要有变余结构、变晶结构、碎裂结构和交代结构,最为常见的结构是变余结构和变晶结构。

(一)变余结构

变余结构指由于变质不彻底,变质后残留有原岩的结构特点,描述时在原岩结构前加变余,如变余泥质结构(保留有泥岩的泥质结构)。

(二)变晶结构

在变质作用中形成的晶粒称为变晶。变晶结构指岩石在固态条件下经变质重结晶和变质结晶作用形成的结构,主要从变晶矿物的形态、大小等方面进行描述。

根据变晶矿物的形态,可将变晶结构分为粒状变晶结构、片状变晶结构、鳞片状变晶结构等。

根据矿物颗粒相对大小,可将变晶结构分为等粒变晶结构、不等粒变晶结构和斑状变晶结构(图 5-4)。

根据矿物颗粒绝对大小,可将变晶结构分为:粗粒变晶结构(>3mm);中粒变晶结构(3~1mm);细粒变晶结构(1~0.1mm);显微变晶结构(<0.1mm)。

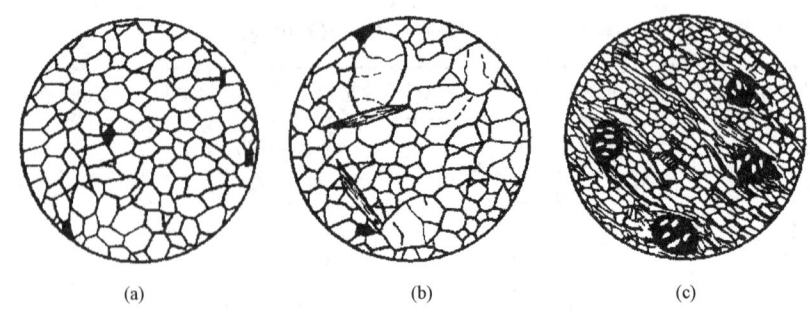

图 5-4　根据变晶颗粒的相对大小对变晶结构的分类
（据 Raymond,1995；转引自路凤香,2001）
（a）等粒变晶结构；（b）不等粒变晶结构；（c）斑状变晶结构

四、变质岩的构造

变质岩的构造指变质岩岩石组分在空间上的排列和分布方式,按成因可分为三类:变余构造、变成构造和混合构造。

（一）变余构造

变余构造指变质岩变质程度低、变质后仍残留部分原岩的构造特征,如变余层理构造、变余气孔构造等,可根据变余构造恢复变质岩的原岩。

（二）变成构造

变成构造是由变质作用形成的构造,常见的有板状构造、千枚状构造、片状构造和片麻状构造。

（1）板状构造:泥页岩在应力作用下产生的一组相互平行、平整光滑而密集的破裂面,沿此面易于分解为薄板,岩石基本没有重结晶,肉眼分辨不出矿物颗粒。

（2）千枚状构造:比板状构造变质程度高,有稍强的重结晶,片状矿物初具平行排列,片理面上呈现丝绢光泽,但矿物颗粒肉眼仍然难辨。

（3）片状构造:主要由片状矿物、柱状矿物和少量粒状矿物组成,片状矿物、柱状矿物连续定向排列（图 5-5）。矿物定向排列的面,称为片理面,矿物颗粒肉眼可辨。

（4）片麻状构造:以粒状矿物为主,含一定的片状矿物、柱状矿物,两者相间定向排列,片状矿物、柱状矿物被粒状矿物隔开,呈断续分布（图 5-6）。

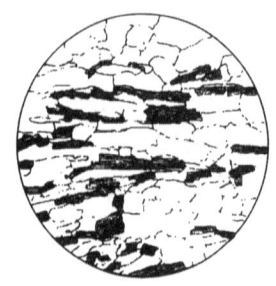

图 5-5　片状构造（×10）
（据陆廷清,2009）

图 5-6　片麻状构造（×80）
（据管守锐等,1991）

(三)混合构造

混合构造是混合岩特有的构造,由基体和脉体相间混合而成,其中基体由暗色矿物条带形成,而脉体由长英质矿物条带形成,是较高温度下,不同矿物由于熔点不同发生变质分异作用而形成。根据基体和脉体形态及其相互关系,可进一步将混合构造分为条带状构造、脉状构造和眼球状构造(图5-7)。

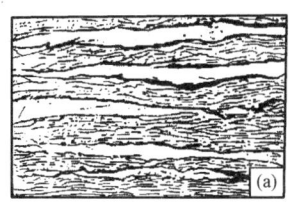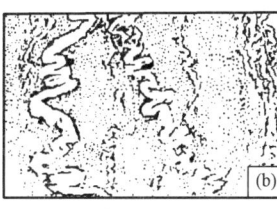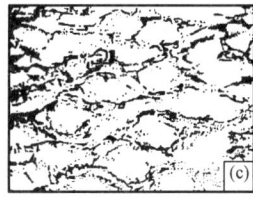

图5-7 常见的混合构造(据杨伦等,1998)
(a)条带状构造;(b)脉状构造;(c)眼球状构造

第三节 变质岩的分类与常见变质岩

一、变质岩的分类

变质岩的分类方法主要有两种,概况如下。

(一)根据原岩类型

一般将原岩为岩浆岩的变质岩称为正变质岩,而原岩为沉积岩的变质岩称为副变质岩。变质程度低的变质岩易于恢复原岩类型,而变质程度较高的变质岩则不易恢复原岩类型。

为研究方便,通常将变质岩的原岩分为5个系列:

(1)黏土质沉积岩类或富铝系列。原岩主要为泥岩、页岩,以富含铝为特征,经历变质作用后可形成各种板岩、千枚岩、片岩。

(2)石英长石质岩类或长英质系列。原岩主要为碎屑岩、中酸性岩浆岩,经历变质作用后可形成片麻岩、变粒岩、石英岩、麻粒岩、榴辉岩等。

(3)钙质岩类或碳酸盐岩系列。原岩主要为石灰岩、白云岩,经历变质作用后可形成大理岩。

(4)基性岩浆岩类或基性系列。原岩主要为基性岩浆岩及铁质、白云质泥灰岩,经历变质作用后可形成斜长角闪岩。

(5)镁质岩类或超基性系列。原岩主要为超基性岩浆岩和富铁镁的沉积岩,经历变质作用后可形成蛇纹岩。

(二)根据变质作用类型

根据变质作用特点,将常见的变质岩分为动力变质岩、接触变质岩、交代变质岩、区域变质岩和混合岩五大类。

二、常见的变质岩

(一)动力变质岩

动力变质岩由动力变质作用形成,以岩石机械破碎和变形为主要特征,又称为碎裂变质岩。根据碎裂特征,动力变质岩又可分为构造角砾岩、碎裂岩和糜棱岩(表5-3)。

表5-3 动力变质岩的分类特征

碎裂特征			岩石类型
碎裂的	具破碎角砾结构		构造角砾岩(破碎角砾岩)
	碎裂结构或碎斑结构	碎基含量<50%	碎裂××岩
		碎基含量>50%	碎裂岩
糜棱的	重结晶物质的含量	<10%	糜棱岩、超糜棱岩
		10%~50%	千枚糜棱岩或千糜岩
		50%~90%	糜棱千枚岩
		>90%	糜棱片岩或片岩
玻状的或玻化的			玻状岩或假熔岩

构造角砾岩指断裂带中由于应力作用,原岩破碎成角砾状,被破碎的碎块和部分外来胶结物胶结而形成,通常无新矿物的生成。构造角砾岩在动力变质岩中是破碎程度最低的,具破碎角砾结构,角砾大小不一,排列杂乱无章,有时由于挤压、滚动而稍有圆化和定向排列,还可能出现裂隙和压扁现象,不过仍保留原岩的岩性特征。构造角砾岩对于研究断裂带具有重要的理论与现实意义。

碎裂岩指具有碎裂结构或碎斑结构的动力变质岩(图5-8),原岩在较强的应力下挤压破碎形成,主要发育在刚性岩石中,如花岗岩、石英岩中常见。碎裂岩中极细的矿物颗粒,称为碎基,可根据碎基的含量对碎裂岩进一步分类命名(表5-3)。

糜棱岩通常由断裂带附近原岩经强压扭应力错动、研磨、粉碎而成,矿物颗粒通常小于0.5mm,矿物被强烈剪切拉长、定向排列形成拉伸线理和面理,有时能在断面上见到透镜状或呈定向排列的碎斑(图5-9)。糜棱岩的原岩多为化学性质稳定的岩石,如花岗岩、石英砂岩等。具有明显千枚状构造的糜棱岩称为千糜岩。

图5-8 断层角砾岩(据叶俊林,1996)

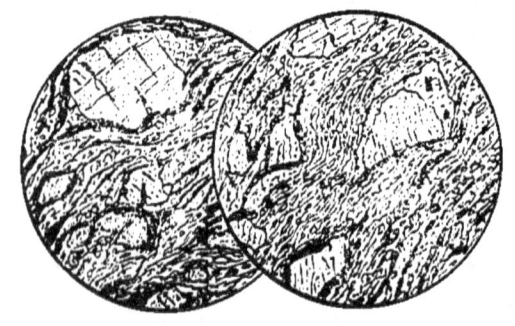

图5-9 糜棱岩(据张家环,1986)

还有一种特殊的动力变质岩——玻化岩,是在变质作用中由摩擦产生的高温使岩石局部熔融后迅速冷凝形成,具有隐晶质—玻璃质结构。

(二)接触变质岩

与接触变质作用相对应,接触变质岩主要包括热接触变质岩和接触交代变质岩两类。本书所讲的接触变质岩指热接触变质岩,而将接触交代变质岩归为交代变质岩。

接触变质岩一般由黏土岩、碳酸盐岩、砂岩、长英质岩类及岩浆岩类受热后发生矿物的重结晶、脱水、脱碳以及物质成分的重新组合,形成新矿物和变晶结构。常见的接触变质岩类型及特征介绍如下:

(1)黏土岩的低级热接触变质岩:基本保留了原岩的特征,常见碳质及铁质的斑点,形成斑点状构造,如石墨斑点板岩。

(2)黏土岩的中级热接触变质岩:原岩特征消失,各组分重新组合,岩石呈暗色,致密,常具有斑状变晶结构,变斑晶为红柱石、堇青石等,如红柱石角岩。角岩是具细粒粒状变晶结构和块状构造的中高温热接触变质岩的统称,原岩主要为黏土岩、粉砂岩、火成岩和各种火山碎屑岩,重结晶明显,主要由长石、云母、角闪石、石英、辉石等矿物组成,还含少量矽线石、堇青石、红柱石和石榴子石等特征变质矿物。

(3)黏土岩的高级热接触变质岩:主要是片麻岩,如矽线石片麻岩、堇青石片麻岩。

(4)碳酸盐岩的热接触变质岩:主要是各种大理岩。

(5)石英砂岩的高级热接触变质岩:主要是石英岩。

(6)岩浆岩的热接触变质岩:岩浆岩中的矿物因形成于高温下,对热力作用不敏感,经热接触变质后通常变化不大,但对喷出岩,却有明显的变化,可形成角岩。

这里需要特别指出的是热接触变质岩的代表岩石为角岩,而板岩、片麻岩、大理岩、石英岩虽可经热接触变质作用形成,但这些变质岩更多形成于区域变质作用,因此将在区域变质岩部分详述。

(三)交代变质岩

接触交代变质作用是伴随岩浆侵入,岩浆中富含挥发组分的热水溶液与围岩之间发生交代作用,有物质的带入带出,形成与原岩不同的变质岩,即为交代变质岩。根据原岩成分,可将交代变质岩分为六类:矽卡岩、蛇纹岩、青盘岩、石英岩、云英岩及黄铁绢英岩。

矽卡岩形成于中酸性岩浆侵入碳酸盐岩的接触带上,由接触交代变质作用形成,常呈现暗绿色、暗棕色或浅灰色,主要矿物为石榴子石、绿帘石、透闪石、透辉石、阳起石、硅灰石、方解石等,具粒状变晶结构,块状或斑杂构造。矽卡岩通常富含多金属矿产,如磁铁矿、黄铜矿、辉铜矿、闪锌矿、钨矿、锡矿等,这些金属矿物是挥发性物质以各种形式搬运金属元素并再沉淀的结果。

蛇纹岩由超基性岩经接触交代变质作用,由橄榄石、辉石转变为蛇纹石,这一过程又称为蛇纹石化。蛇纹岩通常呈暗绿—黄绿色,新鲜面呈蜡状光泽,硬度小,有滑感,主要矿物为蛇纹石,可有少量滑石、菱镁矿、磁铁矿、铬铁矿、钛铁矿等,橄榄石和普通辉石通常作为残留矿物出现,多为隐晶质结构,也可见纤维状或鳞片变晶结构,块状、带状或角砾状构造。蛇纹岩中含有丰富的矿产资源,如铬、镍、钴、铂及滑石、石棉等。

青盘岩主要由安山岩经接触交代变质作用形成,又称为变安山岩,绿色,主要矿物为绿帘石、绿泥石、阳起石、钠长石、黄铁矿等,多为隐晶质—中细粒变晶结构,块状构造,其中含有铅、锌、铜、金、银等金属矿产。

在地表浅处受火山喷出的含硫热气及热液的接触交代变质作用下,中酸性火山岩或火山碎屑岩可变为石英岩,岩石通常呈灰—灰绿色,细粒或斑状变晶结构,块状构造,有时见变余流纹构造,可形成明矾石、高岭石、水铝石、刚玉、红柱石等矿产。

经气—液变质作用,酸性侵入岩可形成云英岩,原岩中的黑云母、斜长石、正长石转变为石英、白云母等矿物。岩石呈灰色,以石英和白云母为主要矿物成分,常含有萤石、黄玉、绿柱石、电气石等矿物,具变晶结构,块状构造,常形成钨、锡、铋、钼及稀土元素矿床。

酸性岩脉,如花岗斑岩或细晶花岗岩受气—液变质作用会形成黄铁绢英岩,原岩中的长石被绢云母、石英交代,形成由绢云母、石英、铁白云石及黄铁矿组成的岩石,呈灰白色或黄绿色,常具有变余结构、块状构造,黄铁绢英岩常与含金石英脉伴生。

(四)区域变质岩

区域变质岩是由区域变质作用形成的变质岩,是变质岩最为重要的类型。区域变质岩的分类与命名主要依据矿物成分、结构与构造,其最为重要的宏观特征是具有定向构造,依此可分出板岩、千枚岩、片岩、片麻岩;如定向构造不明显,可根据结构特征及矿物成分定名。常见的区域变质岩可分为十类:板岩、千枚岩、片岩、片麻岩、变粒岩、斜长角闪岩、麻粒岩、榴辉岩、石英岩和大理岩。

(1)板岩:低级变质岩,具显微鳞片变晶结构、变余泥质结构或变余粉砂结构,板状构造,性脆,板理面光滑,可见绢云母化,原岩主要是泥岩、粉砂岩或中酸性凝灰岩。

(2)千枚岩:低级变质岩,具细粒鳞片变晶结构,千枚状构造,矿物重结晶明显,呈丝绢光泽,常见矿物有绢云母、绿泥石和石英,原岩与板岩类似,但变质程度稍高。

(3)片岩:中级变质岩,矿物全部重结晶,具鳞片或片状变晶结构,片状构造,片(柱)状矿物含量通常大于30%,连续定向排列,粒状矿物以石英和斜长石为主。根据主要矿物或特征矿物对片岩进行命名,如石英片岩、云母片岩等;若含有两种以上的主要矿物或特征矿物,命名时进行复合命名法,将含量少的放在前面,含量多的放在后面,如云母石英片岩。

(4)片麻岩:高级变质岩,具粒状变晶结构,片麻状构造,晶粒粗,片(柱)状矿物含量通常小于30%,而长英质粒状矿物含量大于50%,片(柱)状矿物以云母、角闪石为主,而粒状矿物以长石、石英为主,片麻岩中片(柱)状矿物与粒状矿物相间排列,矿物定向排列明显。常根据长石成分对片麻岩进行进一步的命名,如以钾长石为主者,称为钾长片麻岩,以斜长石为主的,称为斜长片麻岩。

（5）变粒岩：主要由长石和石英组成，但不具有片麻状构造，长石和石英含量在70%以上，且长石含量大于25%，片状、柱状矿物占10%～30%，主要为粒状变晶结构，块状构造。变粒岩的原岩主要是粉砂岩、砂岩、硅质岩等。可根据其中片状矿物或柱状矿物进一步命名，如黑云母变粒岩、角闪石变粒岩等。

（6）斜长角闪岩：主要由斜长石和普通角闪石构成，具有粒状变晶结构，块状构造，主要由中基性火成岩或富含钙镁成分的沉积岩在中高温条件下形成。

（7）麻粒岩：深变质作用下形成的高级变质岩，是地壳深部高温高压环境下的产物，矿物成分以斜长石、紫苏辉石为主，有时含少量石英、石榴子石，具粒状变晶结构，块状构造。

（8）榴辉岩：高级变质岩，由绿辉石和富镁石榴子石组成，不含长石，可含少量橄榄石、蓝晶石、角闪石，具粗粒不等粒变晶结构，块状构造（图5-10），通常在地壳深处高压变质作用下形成，多出现在板块聚合带，有时含有金刚石或柯石英这些超高压变质矿物，是变质岩中密度最大的岩石。

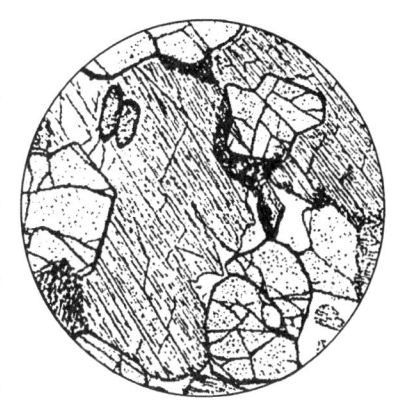

图5-10 榴辉岩（单偏光×25）
（据A.哈克尔，1956；转引自陈世悦，2002）

（9）石英岩：主要由石英构成（>75%），具有粒状变晶结构，块状构造，岩石中矿物成分和颗粒大小在空间上均匀分布，不具定向性，岩石极为坚硬，原岩为石英砂岩或硅质岩。

（10）大理岩：主要由方解石、白云石构成，具有粒状变晶结构，块状构造，有时具变余层状构造，原岩为石灰岩或白云岩。纯净的大理岩，洁白如玉，称为汉白玉。多数大理岩因含有杂质，通常呈现不同颜色的色带，如蛇纹石大理岩因含有蛇纹石而呈现绿色色带。

（五）混合岩

混合岩是由混合岩化作用形成，由基体和脉体两部分组成。根据基体和脉体的相对含量以及岩石结构与构造的特征，可将混合岩分为注入混合岩、混合片麻岩和混合花岗岩三大类。注入混合岩中脉体含量为15%～50%，基体、脉体界限清楚，交代作用弱。混合片麻岩中基体含量小于50%，基体、脉体界限不清，交代作用强，具片麻状构造。混合花岗岩中交代作用强烈，无法区分基体和脉体，是混合岩化程度最高的变质岩，也是花岗岩形成的一种重要途径。

混合岩化过程中，流体的活动为一些元素的迁移和富集创造了条件，从而形成矿床。当前已发现的与混合岩有关的矿产资源主要有白云母、绿柱石、刚玉、石墨、磷灰石、金、铀和一些稀有元素及稀土元素等。

思 考 题

1. 什么是变质作用?
2. 引起岩石发生变质作用的主要外部因素有哪些? 其作用如何?
3. 常见的变质岩的结构有哪些种?
4. 特征性的变质岩的构造类型有哪些种? 如何理解?
5. 变质作用有哪几种类型? 代表性岩石分别有哪些?
6. 常见的变质岩在矿物成分、结构、构造等方面具有哪些特征?

第六章　外动力地质作用

地质作用是指由自然动力引起地球的物质组成、内部结构、构造和地表形态变化与发展的作用。地质作用一方面对已有矿物、岩石、地质构造和地表形态等进行破坏，另一方面又不断形成新的矿物、岩石、地质构造和新的地表形态。

主要由地球内能引起的地质作用称内动力地质作用，包括地壳运动、地震、岩浆作用与变质作用。主要由外能引起地壳表层形态、物质成分变化的作用，称为外动力地质作用，包括风化作用、剥蚀作用、搬运作用、沉积作用、成岩作用等。外动力地质作用的总趋势是削高填洼的作用，削平大山和高原，将破坏产物搬到低洼处堆积起来，即平原化。

第一节　风化作用

风化作用是指在地表或地表附近的条件下，坚硬的岩石、矿物在原地发生物理的或化学的变化，从而形成松散堆积物的作用。影响风化作用的因素有岩石的释重、温度的变化、大气和水溶液以及生物的生命活动等因素。

风化作用不仅发生在大陆上，也可以发生在一定水深的海底。风化作用的强度随着到地表距离的逐渐增加而逐渐减弱。根据影响风化作用的因素、方式及其产物的特点，风化作用可分为物理风化作用、化学风化作用和生物风化作用三种类型。

一、物理风化作用

物理风化作用是指地壳表层的岩石、矿物在原地仅发生机械破碎的风化作用，又称为机械风化作用。物理风化作用的主要影响因素是岩石的释重和温度的变化等，其主要的作用方式包括崩解作用、剥离作用、冰劈作用、结晶撑裂作用等。物理风化作用的产物是大小不等、棱角显著的机械碎屑，其成分与基岩一致。

（一）岩石释重引起剥落或崩解作用

地下深处的岩石都承受着上覆地质体的巨大静压力，岩石内部质点在围压下呈紧密排列状态；一旦上覆岩层遭受剥蚀而升至地表，岩石因卸荷而释重，使之趋向于向上或向外产生膨胀，形成一系列与地表近于平行的裂隙，从而可使岩石表层产生层状剥落或发生崩解。

（二）岩石、矿物的热胀冷缩发生剥离作用

白天在阳光直射下，地表岩体表层升温很快，因岩石是热的不良导体，热量向内部传递缓慢，造成岩体内外出现温差，导致岩体内外膨胀率的差异，从而产生与表面平行的微裂纹；夜晚岩体表面迅速散热降温，体积收缩，而内部仍受到表面传入的热量的影响，仍处于膨胀

图 6-1 热胀冷缩导致岩石破坏过程示意图(据李叔达,1983)

之中,岩体表层的收缩可形成与表面垂直的微裂纹。这样天长日久,裂纹日益扩大、增多,岩体表面便会出现层层剥落现象,从而使坚硬完整的岩体崩解成为碎块(图6-1)。

对于多种矿物组成的岩石,不同的矿物有不同的膨胀系数(如石英的膨胀系数为$31×10^{-6}$,长石的膨胀系数为$17×10^{-6}$)。当温度变化时,不同矿物会有不同程度的膨胀与收缩,这种作用长期进行,可使矿物颗粒之间彼此分离,从而使完整的岩石崩解。即使是由单种矿物组成的岩石,由于晶体的非均匀性,晶体各方向的线胀系数不同(如石英长轴的线胀系数是短轴的1/2),温度的变化同样能导致矿物晶体的破裂。岩石、矿物的热胀冷缩导致岩石矿物的破坏速度不仅取决于温度的变化幅度,更取决于温度变化的速度,因而这种作用盛行于昼夜温度变化较大的内陆干旱、半干旱地区。

(三)岩石空隙中水的冻结与融化引起冰劈作用

水结冰时,体积可增大1/11。灌入地表岩石空隙中的水在温度降至冰点以下而结冰时,由于体积增大,可对岩壁产生约$9.4×10^{7}$~$5.9×10^{8}$Pa的压力,这种压力可促使岩石空隙扩大和增多;温度上升到冰点以上时,冰融化,加之地表冰融水补充并向下渗透填满空隙;再冻结时,又可使裂隙扩展。如此反复进行,空隙会不断扩大,从而使岩石崩解(图6-2)。冰劈作用盛行于昼夜温度在0℃上下变化的高纬度地区和中低纬度的高寒山区。

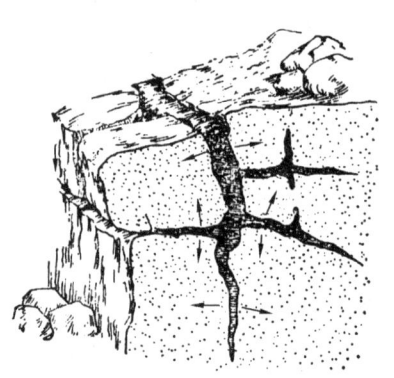

图 6-2 冰劈作用示意图(据 W. K. Hamblin,1980)

(四)岩石空隙中盐的结晶与潮解可出现结晶撑裂作用

在降水量少、蒸发剧烈的干旱、半干旱地区,地壳表层岩石空隙中含盐分较多。白天,烈日烤晒,气温升高,水分蒸发,当盐分浓度增加至过饱和时,会发生结晶,结晶时由于体积膨胀,会使孔隙扩大;夜晚气温降低,盐分从大气中吸收水分而潮解、下渗,同时也将沿途盐分溶解下渗到新产生的空隙中,如此反复进行,同样会导致岩石崩解。

机械风化作用的结果使岩石破碎成大小不一、棱角分明的松散物。

二、化学风化作用

氧和水溶液使地壳表层的岩石、矿物在原地发生化学变化并产生新矿物的过程叫化学风化作用。化学风化作用的主要影响因素是氧和水溶液等,其主要的作用方式包括氧化作用、溶解作用、水合作用、水解作用、碳酸化作用等。化学风化作用改变了母岩的结构、构造,降低了母岩的强度,有利于机械风化作用的进行。

(一)氧化作用

氧化是一种极为普遍的自然现象,特别是潮湿空气中氧的化学活动性非常活跃。地壳表层氧化作用发生的范围称为氧化带。自然界中的有机物、低价氧化物及硫化物容易发生氧化作用,如黄铁矿在表生条件下,极易风化为褐铁矿,化学反应式如下:

$$FeS_2 + H_2O + O_2 \longrightarrow Fe(OH)_3 + H_2SO_4$$
(黄铁矿) (褐铁矿)

风化产物中的褐铁矿与黄铁矿相比较,不仅成分改变了,硬度、相对密度也相应变小,而且通过这种变化,还能生成腐蚀性极强的硫酸,促使岩石中某些矿物分解形成一些孔洞与斑点,降低了原岩强度,更易使岩石发生机械破坏。

许多金属硫化物矿床常伴生有黄铁矿,其露头经风化后常呈红褐色或黑褐色,主要由疏松的褐铁矿及其他混合物组成,覆盖在原生矿床之上,称为"铁帽"。这是寻找原生硫化物矿床的标志之一。

(二)溶解作用

自然界的水中溶解有多种气体(如 O_2、N_2、CO_2 和 NO_2 等)和酸、碱、盐等化合物,因而成为一种溶液。水溶液除具有溶解、水化和水解等性能外,还具有碳酸化能力。水是化学风化必不可少的要素。

任何矿物都能溶解于水中,只是溶解度大小不同。矿物的溶解度取决于矿物的化学性质、内部结构和外界条件等。常见矿物溶解度从大到小顺序为:石盐→石膏→方解石→橄榄石→辉石→角闪石→滑石→蛇纹石→绿帘石→正长石→黑云母→白云母→石英。

岩石中易溶矿物成分越多,越易化学风化。溶解作用使岩石中易溶的矿物或组分被溶蚀并随水流失,留下很多溶孔,大大降低了岩石的强度,更有利于进一步风化作用的进行。

(三)水合作用

水合作用是指矿物与水作用吸收一定量的水到矿物中形成新的含水矿物的作用,又称水化作用。水合作用形成的含水矿物改变了矿物的原有结构,硬度也相应降低,溶解度增大,减弱了岩石抗风化的能力。水合作用的一个典型例子是硬石膏遇水后吸收水分子到其晶格之间,形成含水的石膏,化学反应式如下:

$$CaSO_4 + 2H_2O \longrightarrow CaSO_4 \cdot 2H_2O$$
(硬石膏) (石膏)

水合作用常使矿物体积膨胀,如硬石膏变成石膏体积增加约60%。体积增大将对围岩产生挤压力,导致岩石松动,降低岩石的坚固性,有利于岩石进一步被破坏。

(四)水解作用

水解作用是指矿物遇水后引起分解,形成含 OH^- 新矿物的作用。地壳中广泛分布的钾长石水解后形成高岭石、氢氧化钾和二氧化硅。其中,氢氧化钾呈真溶液、二氧化硅呈溶胶状态随水流失,只有松散的高岭石残留原地,化学反应式如下:

$$4KAlSi_3O_8 + 6H_2O \longrightarrow Al_4(Si_4O_{10})(OH)_8 + 8SiO_2 + 4KOH$$
　　(正长石)　　　　　　　　(高岭土)

在湿热气候条件下,高岭土仍不稳定,它还会继续水解,最后形成铝土矿和二氧化硅,二氧化硅呈胶体溶液随水淋失,残留下铝土矿,化学反应式如下:

$$Al_4(Si_4O_{10})(OH)_8 + mH_2O \longrightarrow 2Al_2O_3 \cdot nH_2O + 4SiO_2 + 4H_2O$$
　　(高岭土)　　　　　　　(铝土矿)

(五)碳酸化作用

碳酸化作用是指当水中溶有 CO_2 时,水溶液中除了含有 H^+ 和 OH^- 外,还含有 CO_3^{2-} 和 HCO_3^-,它们遇碱金属及碱土金属后发生反应形成碳酸盐的作用。硅酸盐矿物发生碳酸化作用时,其中的碱金属(K、Na、Ca、Mg等)也形成易溶于水的碳酸盐随水流失,使原有矿物分解并形成新矿物。如长石在地表条件下,也容易发生碳酸化作用形成高岭石、碳酸钾和二氧化硅,化学反应式如下:

$$4KAlSi_3O_8 + 2CO_2 + 4H_2O \longrightarrow Al_4(Si_4O_{10})(OH)_8 + 8SiO_2 + 2K_2CO_3$$
　　(正长石)　　　　　　　　　(高岭土)

三、生物风化作用

生物风化作用是指生物的生命活动及其分泌物质和遗体腐烂分解物对岩石、矿物的破坏作用。生物风化作用可以分生物物理风化和生物化学风化两种方式。由于生物广泛分布,因此,生物风化作用十分普遍。

生物物理风化作用是指在生物的生长或活动过程中对地表岩石产生的机械破坏作用。例如在岩石裂隙中生长的植物,其根系插入到岩石内部,随着植物的成长,根系增长增粗增多迫使岩石裂隙不断扩大而崩解,这个过程叫根劈作用(图6-3);穴居的动物,如田鼠、蚂蚁和蚯蚓等,不停息地挖洞掘穴,以及有蹄类动物对地表岩石的踢踏等,对地表岩石产生破坏

图6-3　根劈作用

都是生物物理风化作用的表现。

生物化学风化作用是指通过生物的新陈代谢物和尸体的腐烂分解物对地表岩石的破坏作用。生物在其新陈代谢过程中，一方面从土壤和岩石中吸取养分，同时也分泌各种酸类物质以分解矿物，促使矿物中一些活泼的金属阳离子游离出来，一部分供其吸收，一部分随水流失。生物死亡后，尸体腐烂分解，形成暗色或黑色的胶状物质，一般叫腐殖质。它一方面供给植物生长所必需的养料，如钾盐、磷盐、氮的化合物和各种碳水化合物；另一方面它所含的有机酸对岩石、矿物产生腐蚀作用。菌类、藻类及其他微生物因为数量极大、分布极广，其化学风化作用是很强烈的。据统计，每克土壤中所含细菌可达数百万个。

地表岩石、矿物经过物理风化作用、化学风化作用之后，再经过生物化学风化作用就可形成富含植物生长必不可少的有机质——腐殖质的土壤。因此土壤是三种风化作用的综合产物，其中生物化学风化起主导作用。

一般来说，物理风化作用、化学风化作用和生物风化作用三者是相伴而存的，并相互影响、相互促进共同改造着地表的岩石。例如物理风化作用能扩大岩石的空隙，使大块的岩石破碎，增加其表面积，有利于空气、水溶液以及生物的侵入，加速岩石的化学风化作用；而化学风化作用改变了岩石的性质，破坏了岩石的完整性与坚固性，为进一步的物理风化作用深入提供了有利的条件。

四、影响风化作用的因素

在遭受风化过程中，地表岩石的性质是影响风化作用的主要内在因素，它决定了风化产物的性质；气候条件是影响风化作用的主要外部因素，它决定了风化作用的方式和强度。

（一）气候因素

影响风化作用的气候因素主要包括降水量和温度。水是化学风化作用中最活跃的因素，没有水就不能进行有效的化学风化，而降水量则控制着水的多少。在降水量丰富且水循环较快的地区，有利于化学风化作用的进行；干旱半干旱地区，降水量少，化学风化作用微弱。温度的升高可加快各种化学反应的速度（温度升高10℃，化学反应可加快一倍），有利于化学风化作用的进行。温度的变化速度控制了物理风化作用进行的速度。降水量和温度的综合影响则控制了生物尤其是植物的类型和数量，影响着生物风化作用。

降水量和温度从极地到赤道呈上升的趋势，植被主要分布于温带和赤道热带地区（图6-4）。地表上的气候具有明显的分带性，从而决定了地表上的风化作用的速度、风化作用的方式以及风化的产物也具有明显的分带性。

（二）地形因素

地形起伏一方面影响水土的保持情况及植被的生长条件，另一方面还可造成局部气候的分带以及阴坡、阳坡的气候变化等。在陡坡处因风化产物易被移走，基岩裸露，有利于物理风化作用的进行；在缓坡处则因易于保留残积物及水分，因而植被发育，对化学风化十分有利。另外，地形的高低也可控制风化作用类型，例如雪线以上的高山区多发生冰劈作用，而低山地区则以生物风化和化学风化为主等。

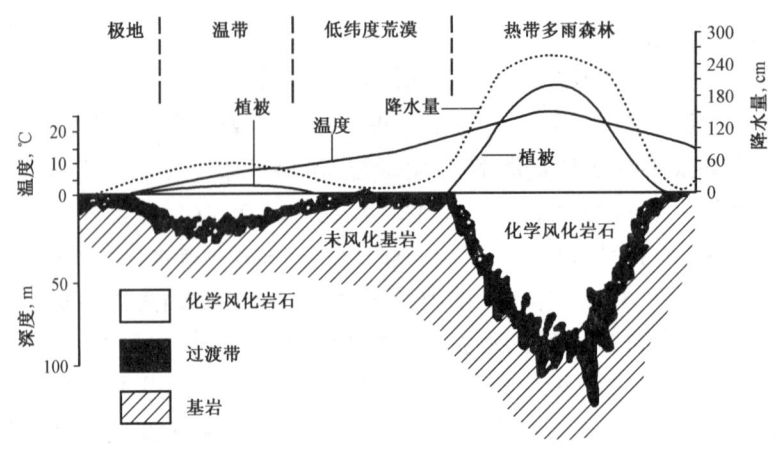

图 6-4　地表气候带与风化作用关系示意图（据 W. K. Hamblin，1980）

（三）地质因素

岩石类型和矿物成分对风化作用的影响显著。常见矿物抗风化能力由弱到强的排序与鲍温反应系列中的矿物有着对应的关系：岩浆岩中先晶出（结晶温度高）的矿物，更容易风化一些，后晶出（结晶温度低）的矿物难风化一些；石英是自然界中抗风化能力最强的矿物。不同的岩石抗风化能力也不相同，一般来说，沉积岩比岩浆岩和变质岩更难风化一些。不同的沉积岩抗风化的能力也不相同，如在野外常可看到有石灰岩组成山脊或陡坡，黏土岩常构成洼地与缓坡的现象，表明石灰岩比黏土岩更抗风化一些。

同一种岩石其结构不同抗风化能力也会存在着差异。一般而言，细粒、等粒的岩石较粗粒、不等粒岩石抵抗物理风化的能力强些；胶结疏松的岩石更容易风化一些，因为更有利于水溶液的渗透和生物活动。

断裂构造发育的岩石更容易风化。因为地下水更容易沿着断层破碎带或节理往下渗流并发生化学风化作用，所以沿着地表出露的断裂带常发育成沟谷或洼地。

在节理发育的厚层砂岩或火成岩地区，两组以上的节理可将岩体分割成大小不等的岩块。地下水沿着这些裂缝渗入对岩体产生风化，并向岩体中心推进。在节理交叉的岩块的棱角部位风化作用进行得比其他部位要较快，在长期的风化作用下，可使棱角逐渐圆化。不论岩块原来的形状如何，风化作用的结果是越往岩块核心越趋向于使岩块变圆。当岩块暴露于地表时，在物理风化作用下，岩块像卷心菜一样的呈圈层状脱落，这种现象叫球状风化（图 6-5）。球状风化产生的条件：（1）发育纵横交错的节理；（2）厚层状或块状的岩石；（3）岩石主要为等粒结构；（4）难于溶解的岩石类型。

 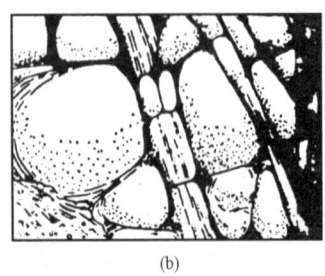 

(a)　　　　　　　　　　　　(b)　　　　　　　　　　　　(c)

图 6-5　球状风化过程示意图（据 W. K. Hamblin，1980）
（a）岩石被节理切割；（b）球状风化初期；（c）球状风化晚期

(四)构造运动

构造运动较稳定或相对下降的地区,地形平缓,各种风化作用产物易于在原地保留,风化作用持续缓慢地进行,风化的深度比较大,可形成很厚的风化层。随着风化层的形成与增厚,下伏的基岩逐渐免于风化,限制了风化作用向纵深方向发展。相反,在构造运动上升地区,剥蚀作用强烈,地面切割破碎,地形陡峭,风化产物易于被搬运到别处,因而风化层较薄,甚至基岩裸露而不断接受风化作用。

地表附近的岩石经过长期的风化作用形成的残积物和土壤残留于原地,构成了覆盖在陆地地表上的一个不连续的薄层,叫风化壳。

地表岩石遭受风化作用的程度由地面向下逐渐减弱,逐渐过渡为未风化的岩石(图6-6)。风化壳的厚度一般为数十厘米至数米,甚至可达数十米以上,有些地区厚些,有些地区很薄或缺失。风化壳按照风化的性质和程度,从下往上可以分为三层。底部为未风化的岩石,习惯上称为基岩。基岩往上为半风化的岩石层,该层主要是物理风化的产物;再往上为残积层,该层是在物理风化的基础上叠加了化学风化的产物;最顶层为土壤层,该层是在残积层的基础上,叠加了生物风化作用的产物。剖面上,风化壳具有一定的层次,但层次之间没有截然的界线。在缺乏生物风化的地区,风化壳缺失土壤层;在化学风化弱的地区可缺失残积层,仅有一薄层半风化的岩石层;在陡坡上基岩裸露,缺乏风化壳。

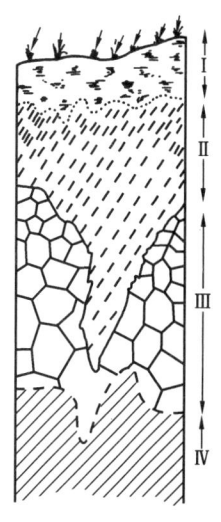

图6-6 风化壳剖面示意图
(据徐成彦,1988)
Ⅰ—土壤层;Ⅱ—残积层(亚土壤层);
Ⅲ—半风化岩石;Ⅳ—基岩

风化壳若被后来的沉积物所覆盖可得以保存下来。地史时期形成的风化壳称古风化壳。古风化壳常分布于不整合面之下,如华北地台奥陶系与石炭系之间广泛发育有厚数厘米的古风化壳。古风化壳是上、下两套地层之间发生过沉积间断的最好标志。

残积物是岩石物理风化、化学风化的产物,包括大小不一的碎屑和新生的矿物等。残积物结构松散,大小不一,棱角清晰,一般不显层理,剖面上粒度向下变大,逐渐过渡为基岩。残积物多分布于山顶或平缓的山坡上。残积物中若含有密度大、性质稳定的矿物,相对富集可形成残积沙矿床,如残积沙金矿、残积锡石矿等。残积物若再经历生物化学风化作用,其中就含有了植物生长必不可少的腐殖质而成为土壤。土壤的定义是含有腐殖质、矿物质、水和空气的松散堆积物。

第二节 剥蚀作用

剥蚀作用是指各种运动的介质在其运动过程中,破坏地表岩石并将其产物剥离原地的作用。剥蚀作用是陆地上的一种常见的、重要的地质作用,它塑造了地表千姿百态的地貌形态,同时又是地表物质迁移的重要动力。由于产生剥蚀作用的营力特点不同,剥蚀作用又可进一步划分为河流、海洋、冰川、地下水、风等的剥蚀作用。剥蚀作用按方式划分有机械、化学和生物剥蚀作用三种。下面介绍代表性强的几种剥蚀作用。

一、河流的剥蚀作用

(一)河流概况

受降水、冰雪融水及地下水所补给,沿地表狭长谷地经常或周期性流动的天然水流称河流。河谷是由流水切割形成的谷地,它包括谷坡和谷底两大部分。河谷两侧的斜坡称谷坡,谷坡之间的平坦部分为谷底。谷底经常被流水占据的部位为河床(或河槽),平水期露出水面的部位为河漫滩。已形成河漫滩的河流因去均夷化而重新下蚀时,原来的谷底呈阶梯状残留在新的谷坡上,成为阶梯状地形,称为河流阶地。

通常把谷坡、谷底和河床称为河谷的形态要素(图6-7)。

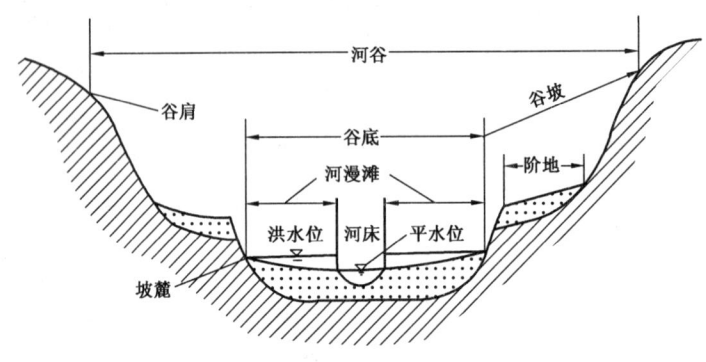

图6-7 河谷的形态要素

按谷坡的斜度、高度以及谷坡高度和谷底宽度之间的比例,河谷大体可分为"V"形谷、"U"形谷和碟形谷三种。一条很长的河谷,通常可分上游、中游及下游。谷底很窄的"V"形谷和"U"形谷是上游河谷特征;谷底较宽的"V"形谷和"U"形谷是中游河谷特征;碟形谷是下游河谷的典型特征。

流速和流量是河流的两个重要水文指数。流速无论在横断面的每一点或在不同河段的某一点都是不同的。在河床底部及两侧,摩擦阻力最大,因而流速最慢。在河床中央附近的水面水流最快,通常将其称为主流线。主流线随着河道的弯曲可以向某一岸侧偏移。由主流线水面向下约在深度的1/3处是水流流速最大点的位置。通常我们所说的河流流速指的是平均流速。精确测量平均流速是很困难的,平常使用的方法是将最大流速的6/10作为平均流速。

流量是指单位时间内通过河床断面的水量。一条河流的流量,在一定的期间是一个常数,当其流经窄河床时,必然水层加厚、流速增大;当其流经宽河床时,水层减薄、流速减小。

河流的动能大小与流量及流速有关,可以用下式表示:

$$E=\frac{1}{2}Mv^2$$

式中　E——流水的动能;

　　　M——流量;

　　　v——流速。

（二）河流侵蚀作用的方式

河流对地面的侵蚀作用有冲蚀、磨蚀、溶蚀三种方式。

1. 冲蚀作用

流水本身的能量冲击河床及两岸的岩石，使河床遭到破坏，这种作用称为冲蚀作用。在水流湍急的上游地段及松软岩石、松散物质分布的地区，冲蚀作用显著。

2. 磨蚀作用

流水携带着泥砂和大小不同的砾石，在流动过程中磨损河床及两岸岩石的作用，称为磨蚀作用。磨蚀作用还可使河流中的砾石及碎屑的棱角被磨去而逐渐变圆、变细。在暴雨及洪水季节，河流的中上游地区磨蚀作用明显。

3. 溶蚀作用

河水溶解河床两岸及底部的易溶岩石，这种作用称为溶蚀作用。在石灰岩、石膏等易溶岩石分布地区，溶蚀作用较为显著。

河流侵蚀作用的宏观效果是使河谷不断加深和扩宽。河流侵蚀河床，使其不断加深的作用，称下蚀作用；河流侵蚀谷坡使河谷不断扩宽的作用，称侧蚀作用。

（三）河流的下蚀作用

下蚀作用的原因主要有如下几点：

（1）顺坡而下的流水在重力作用下产生一个垂直向下的分量，作用于河床的底部，一般坡度越陡，下蚀作用越强。

（2）河流挟带的碎屑物运动过程中对河床底部具有撞击和磨蚀作用，尤其是山区河流，在洪水期尤为明显。

（3）涡穴作用是由流水中急速旋转的涡流所引起的，它促使砾石像钻具一样作用于河底。河底上被其所钻出的坑称为涡穴。

河流下蚀作用能够切割出"V"形的河谷。在河流的上游以及山区河流，由于河床的纵比降和流水速度大，河流的动力在垂直方向上的分量也大，从而产生较强的下蚀能力，这样使河谷的加深速度快于拓宽速度，从而形成在横断面上呈"V"形的河谷，也称"V"形谷。如我国著名的金沙江虎跳峡的江面最窄处仅40～60m，最陡的谷坡达70°，峡谷深达3000m。

瀑布的形成也与河流的下蚀作用有关。由于不同河段的岩性差异，其抵抗剥蚀的能力也不同。由坚硬岩石组成的河床，抗剥蚀能力强，下蚀作用的速度较慢，河床相对较高；而由较软岩石组成的河床，抗剥蚀能力弱，下蚀作用的速度较快，河床相对较低，从而在河床的纵剖面上形成缓坡、陡坡交替出现的现象。在较陡的河床上，流水急，出现水花，形成急流，急流常具有更强的剥蚀能力。在长期的下蚀作用下，在河床的陡坡、缓坡交界处，陡坡下部岩石被剥蚀较快，而上部缓坡的坚硬岩石被剥蚀较慢，从而可使河床在纵剖面上出现直立的陡坡。河水从陡坎处直泻而下就形成了瀑布。如我国贵州的黄果树瀑布，河水从58m高的悬崖上倾泻而下，极为壮观。瀑布一般在河流的上游发育。

河水从陡坎直泻而下,具有很强的下蚀能力,除水落差产生极大的冲击力破坏河床外,还以挟带的沙石磨蚀、撞击河床,跌落后翻起的河水或沙石不断破坏陡坎的基部岩石,使陡坎下部的岩石被掏空,形成壁龛。当壁龛不断扩大,壁龛上部的岩石由于失去支撑力而很易于崩塌,便形成新的陡坎,于是陡坎的位置便不断向上游移动。美国尼亚加拉瀑布以 1.3m/a 的速度向上游移动(图 6-8)。

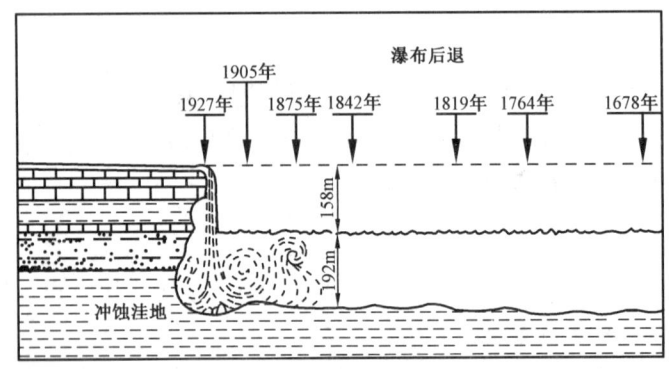

图 6-8 美国尼亚加拉瀑布后退示意图(据 W. H. Emmons 等)

下蚀作用在加深河谷的同时,还使河流向源头发展,加长河谷。把河流向源头发展的侵蚀作用称为向源侵蚀作用。不同地区的河流下蚀作用强度和速度是不一样的。位于同一分水岭两侧的两条河流,如果其中一侧的河流下蚀作用较强、下蚀速度快于另一侧的河流时,其河谷可优先向源发展,迫使分水岭不断向下蚀作用弱的河流靠近。最后,下蚀能力较强的河流侵蚀到下蚀作用较慢的河流,并夺取了它上游的河水,使其流入自己的河流中,这种现象称为河流的袭夺现象(图 6-9)。河流袭夺现象发生后,被袭夺河的上游或支流以急转弯的形式流入新的水系,袭夺处的这个急转弯称袭夺弯。被袭夺的河流称为断头河,它的水量大减,甚至会出现干谷河段。

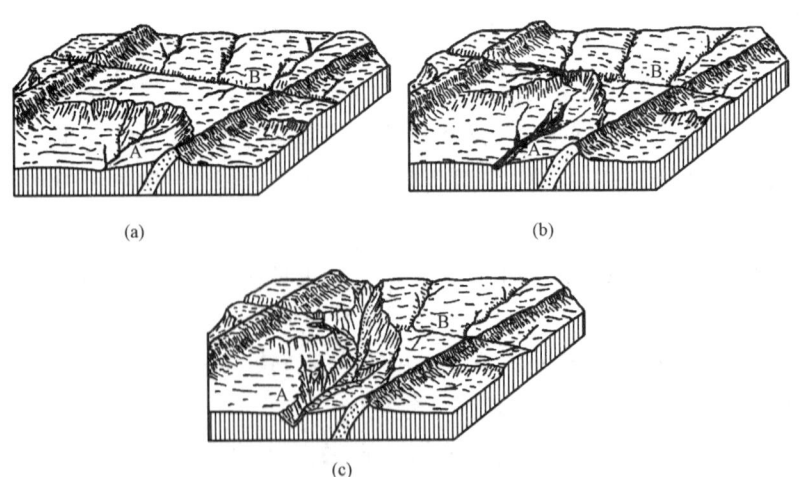

图 6-9 河流的袭夺原理(据 W. M. Davis,1983)
(a)支流 A 向源侵蚀;(b)B 河被袭夺;(c)A 河河谷加深、延长

河流的下蚀作用不可能无休止进行下去,而是有一个极限,把这个称为侵蚀基准面。有入海口的河流通常以河流入海口的海平面作为该河的侵蚀基准面。河流的侵蚀基准面可分为最终侵蚀基准面和局部侵蚀基准面。陆地上大多数河流最终都注入海洋,所以海平面应是河流的最终侵蚀基准面。局部侵蚀基准面很多,如一些支流汇入主流或湖泊,则主流水面或湖泊水面即为其局部侵蚀基准面。

(四)河流的侧蚀作用

河流侧蚀作用不断掏挖河床两侧的谷坡,其结果是使谷坡侧向扩展,谷底加宽,并引起河床的左、右迁徙。引起侧蚀作用的主要原因是河流弯曲,科里奥利力的作用可使河流的某一侧侵蚀能力加强。

河道在转弯处,因惯性主流线偏向凹岸,使凹岸一侧水体壅塞,水面高于凸岸,迫使凹岸的水体下沉形成底流,并沿河底返回凸岸一侧。上述过程是在河水流动中完成的,在三度空间上是一种螺旋流,称为单向横向环流。螺旋流不断掏蚀和冲蚀凹岸,使凹岸逐渐向外迁移。垮落下来的碎屑或岩块被底流带向凸岸,并因水流分散、流速降低而发生沉积。

河流侧向侵蚀和侧向沉积作用使河谷谷底不断拓宽,使河床的曲度不断增加,使相邻两个凹岸逐渐靠近。当相邻凹岸靠近到一定程度,便很容易使河道发生截弯取直作用,部分河段被废弃,被废弃河段可进一步演变为牛轭湖(图6-10)。

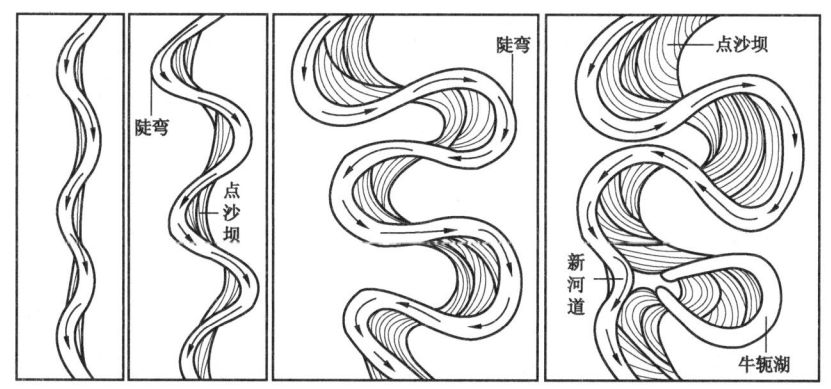

图6-10 侧向侵蚀作用使河谷加宽和形成河曲、牛轭湖的过程

(五)河谷阶地的发育及其意义

发育在谷坡上的阶梯状地形,称河谷阶地(简称阶地)。阶地是地壳稳定时期的侧蚀与地壳上升时期的下蚀交替发生而成的(图6-11)。阶地数目可代表该地区阶段性下蚀能力加强的变化次数。阶地是河流所在地区构造运动历程和性质的记录,阶地发育状况的研究对分析地质历史以及地形的演化等具有极为重要的意义。

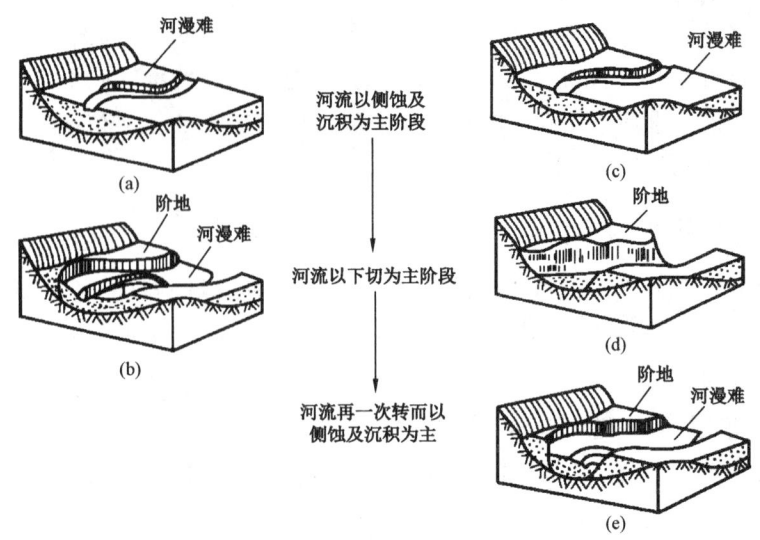

图 6-11 河谷阶地形成过程示意图

二、海洋的剥蚀作用

海洋既是陆地上水的主要供给者,也是地面流水和地下水最终汇聚的场所。海洋地质作用的主要动力是海水的运动。

(一)海水的运动

引起海水运动的因素很多,风、气压、日月引力、地球自转、海底地震、海底火山爆发,以及不同深度海水的温度、密度和盐度的差异及其在区域上的变化等,都可以引起海水运动。海水运动的主要形式有波浪、潮汐、海流和浊流。

1. 波浪

海水有规律的波状运动称为波浪,也称海浪。用波峰、波谷、波长、波高、波速和周期等描述波浪的形态与运动特点。

海洋中的波浪主要是风引起的。当风触及平静的海面,由于摩擦力和压力不均产生切应力导致海面出现周期性的波动形成波浪。波浪的大小主要与风力大小有关,风大浪大,风小浪小,一般波高达 2～5m,风暴引起的大浪波长可达数百米至千米,波高达 30～40m。波浪大小也与风的持续时间、海面的开阔程度有关,水面越开阔,波浪越大,4 级风在大洋中部可形成波高 3.1m、波长 102m 的大浪。海底大地震和火山爆发可引起非常大的巨浪——海啸。传到无风区的波浪称为涌浪,巨大的涌浪波长可达 1000m,波高可超过 10m。

波浪传播的方向有二:一是向下传播;一是向岸传播。在不同深度的海水中有着不同的特点。

波浪在深海中传播速度每小时达数十千米,但是,海水质点并没有发生显著的水平位移。波的传播只是海水质点在平衡位置上作有规律的往复圆周运动,当相邻水质点依次运动到波峰时,波峰则随之向前移动 [图 6-12(a)];在风不断吹动下,波浪中的水质点每完成一个圆周运动之后波峰便前进一段距离,成为往复螺旋式的前进运动 [图 6-12(b)]。由于水体中存在内摩擦力,波浪向下传播需要克服水中的内摩擦力,水质点的圆周运动半径随水深增加而减小,当达到一定深度后水质点即处于静止状态。水质点开始处于静止状态的临界面,称波基面。一般情况下,波基面深度为 1/2 波长。

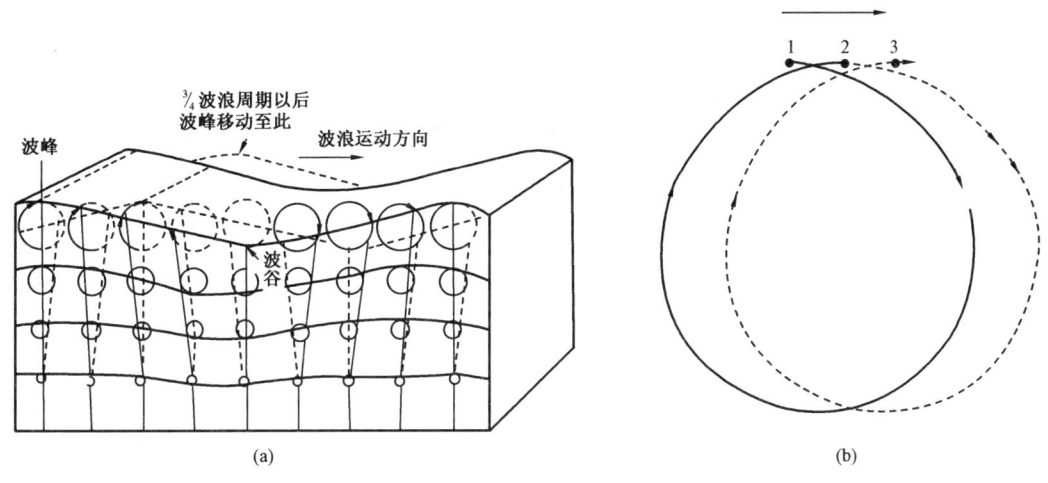

图 6-12　深海中波浪传播示意图(据徐成彦,1988)

当波浪向海岸方向传播到达浅水区,水面波形的对称性会遭破坏,表层水质点运动轨迹变成椭圆形,从水面向下随着深度的增大椭圆扁率也逐渐增大,在水底则变成水平的往复运动(图 6-13)。随着海水深度的变浅,摩擦阻力增大,水质点运动的椭圆形扁率增大,表面水质点向岸移动速度大于底层水质点,导致波长缩短、波高加大及周期加快。当波峰水质点速度超过波速时,波峰破碎出现白色的浪花。波浪进入浅滩,波峰明显超前,涌上海滩拍打海岸形成拍岸浪。拍岸浪涌到海岸后,可使海岸水面增高数米,拍岸浪过后,海水在重力作用下,顺着海底斜坡形成底流流回海中。

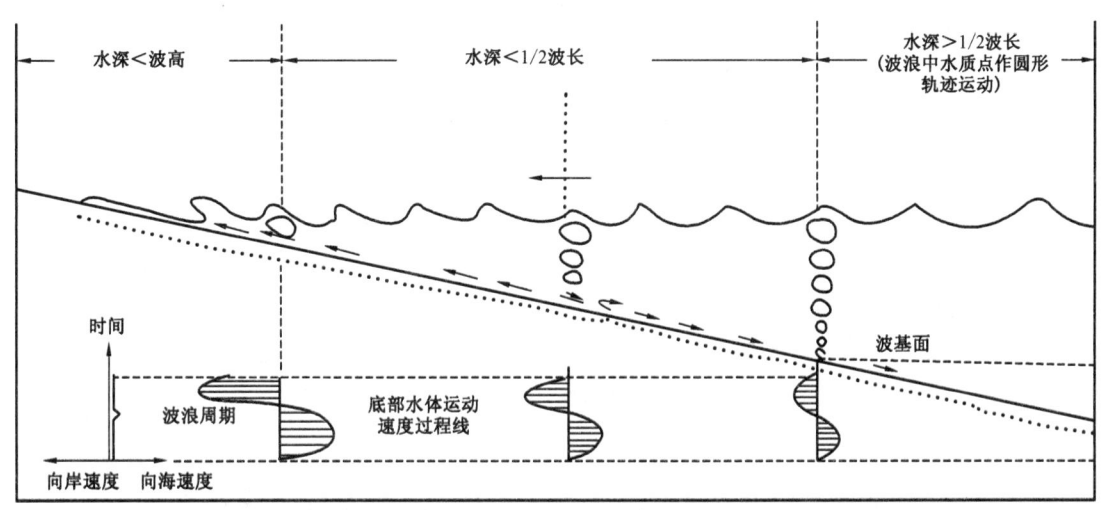

图 6-13　波浪向岸传播示意图

2. 潮汐

全球性海水周期性涨落的现象,称潮汐。由潮汐引起的海水周期性的水平运动,称为潮流。在月球绕地球旋转过程中,月地引力及月地系统旋转所产生的离心力之和形成引潮力。在地球的向月一面,引力大于离心力,合力指向月球,使海水涌向月球一面,发生涨潮。同时,在地球的背月一面,离心力大于引力,合力指向背月一面,也使海面涌起发生涨潮。因为有涨潮,必然有落潮。由于地球的自转使涨潮、落潮的位置不停地改变着。每天有两次涨潮、落潮。每月初一、十五左右,地球、月球和太阳同在一个方向上,会产生两次大潮。每年的秋分与春分,地球、月球、太阳在一条直线上,引潮力最大,故每年将有两次特大潮。

由于高潮位置在地球表面上不断移动,迫使水团作水平方向的流动,形成潮流。潮流常与海浪、洋流叠加起着推波助澜的作用,但也可以起抵消作用使海水运动减弱。潮流涌入喇叭形的河口湾时,由于空间越来越窄,会使水层厚度加大,形成汹涌的潮浪冲进河口。

3. 洋流

海洋中沿固定方向流动的水体,称海流或洋流。洋流具有相对稳定的流道,宽度为数十到数百千米,涉及水深数百米,流速通常小于 3.6km/h。按其流动的部位分为表层洋流和深部洋流。

表层洋流的生成主要与信风有关,也可能由海水密度差形成。表层洋流按水温分为暖流和寒流两类。当洋流的水温比周围海水的温度高时称暖流,它一般由低纬度流向高纬度或只在低纬度流动;当洋流水温比周围低时称为寒流,它通常源自高纬度流向低纬度。表层洋流的分布与全球性的信风带有密切的关系。从全球看来,在太平洋和大西洋的北部都有顺时针方向的巨型流环,在两个大洋的南部又分别具有逆时针方向的巨型流环。另外,在北半球由于受北美大陆西岸及北欧大陆西岸的阻挡分别形成两个小的逆时针流环。在南极周围海域中,由于没有大陆阻挡,在强劲的西风带作用下形成了一股强大的绕南极环流。当环流经过赤道附近,海水被加温后形成向两极流动的暖流,到达北方后,热量被吸收变成寒流沿表层或深层流向赤道。

深层洋流主要由盐度和温度的差异导致密度不同而引起。在高纬度地区,表层海水的盐度和密度较大,表层海水在重力作用下下沉入洋底,形成深层洋流流向低纬度地区海域;在低纬度地区海域,深层海水上升,通过表层环流流向高纬度地区海域。

4. 浊流

在具有一定坡度的半深海—深海地区,有一种流体,沉积物在其中的搬运是靠重力作用来完成的。在这种流体中,碎屑物质的含量很高,一般在 30%~50%,可高达 80%。因此,它是含有大量泥、砂、砾石等碎屑物质的高密度流,这些物质呈悬浮状态搬运,在密度比它低的水体之下流动,而且流速很快。这是一种非牛顿流体,称为浊流。浊流是高密度流,对地表具有很强的剥蚀作用,表现为强烈的切割作用。

(二)海蚀作用

海洋的剥蚀作用是指由海浪、海水的溶解作用和海洋生物的活动等因素引起的海岸及海底岩石的破坏作用,简称为海蚀作用。海蚀作用的方式可分为机械的、化学的、生物的三种形式。

海水的机械剥蚀作用是由海水运动引起的,其动力以波浪为主。它发生于海岸带及海水运动所能影响到的海底部分,其中海岸带是发生海蚀作用的主要地带。冲蚀作用和磨蚀作用是海水的机械剥蚀作用的两种方式。冲蚀作用是指海水在运动过程中对岩石进行冲击并导致其发生破坏的过程;磨蚀作用则是指运动着的海水所挟带的砂砾对岩石摩擦、碰撞而引起的破坏作用。若海水的动能大,则冲蚀作用强;若海水挟带的砂砾多,则磨蚀作用强。海水的化学剥蚀作用又称溶蚀作用。海水因为含有较多的 CO_2,具有一定的溶蚀能力,可对海岸及部分海底岩石进行溶蚀破坏。生物剥蚀作用是由海洋生物的活动引起的,生活在滨海区的生物多为营钻孔生活的生物,它们可以通过分泌某些溶剂来溶蚀岩石或用壳刺钻凿岩石,形成一些孔道和凹坑,从而破坏滨岸带的岩石。海洋的剥蚀作用以机械剥蚀为主,它对海岸的改造起着决定性作用。

海岸按岩性可分为基岩海岸、砾质海岸、砂质海岸、泥质海岸四类。其中,后三类是由松散碎屑物组成的海岸。以下重点介绍基岩海岸的海蚀现象。

由基岩组成的海岸一般地形比较陡峭。在岸壁基部与海平面的接触处,因受波浪的频频冲击可形成沿水平方向展布的凹穴,称海蚀槽;也可形成洞穴,称海蚀穴(图6-14)。它们是在拍岸浪长期作用下形成的,在拍岸浪对海岸岩石冲击时,可将海水和空气强行挤入裂隙中,造成很大的压力,在冲击间隙海水退出时,又形成强大的负压,这样长期反复作用可导致岩石破碎,裂隙不断扩大,可形成凹槽。波浪所携带的砂、石对岩石的磨蚀作用也是使岩石破坏的原因之一。海蚀槽的深度可自数十厘米至数米。当海蚀槽不断向内扩大时,其上悬空的岩石因失去支撑会发生重力垮落,形成陡峭的崖壁,称海蚀崖。海蚀崖的基部将继续受浪击,形成新的海蚀槽,并发生新的重力塌落,如此反复进行,加上风化作用的联合破坏,会使崖壁节节后退。崖壁后退,在崖前形成一个表面平坦,高度几乎接近海平面,微向海洋方向倾斜的平台,称为波切台。波切台在横剖面上呈微向上凸的形态,宽数米至数十米,甚至可达数百米。浪蚀作用和海蚀崖坍落的岩块、砂粒则由底流带至水下堆积,形成由堆积物构成的平台,称波筑台。在海蚀崖后退和波切台扩展的过程中,因岩性和裂隙发育程度的不同等因素,导致海蚀作用程度的差异,可形成海穹、海蚀柱等海蚀地形。突出的海岬两侧同遭浪击,可同时发育海蚀穴,一旦洞穴彼此相通,即可形成一座海蚀天生桥,称海穹。洞穴增大可致使顶板塌落,则可形成孤立的海蚀柱。

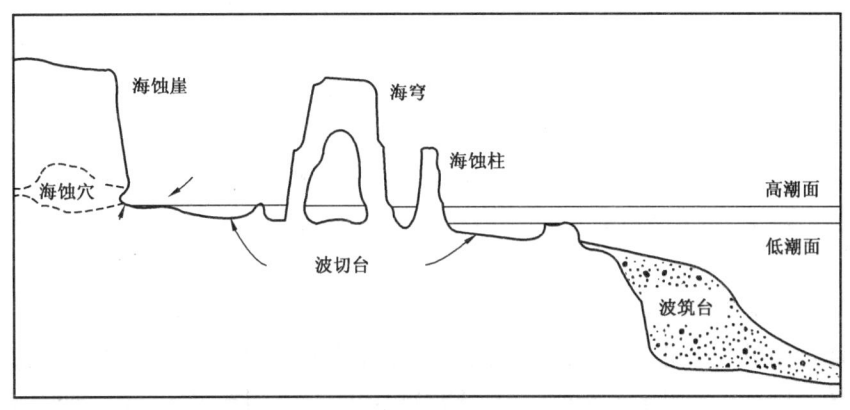

图6-14 海蚀地貌示意图(据K. W. Butxer, 1976)

海蚀平台因海蚀作用而不断展宽,使波浪冲击崖基时要经过越来越长的距离,致使波能的消耗也越来越大。当平台宽度大到使波浪的全部动能消耗殆尽时,海蚀作用即趋于停止。

潮流的剥蚀作用主要发生于大陆架上一些地形狭窄并有强潮流通过的地方以及以潮汐作用为主的潮坪海岸。如我国海南岛与雷州半岛之间的琼州海峡、东南亚巽他群岛各岛屿之间的水道等。潮流的剥蚀作用可形成潮流侵蚀谷。侵蚀谷在形态上呈孤立的槽形,两端变浅,中间较深。潮流侵蚀谷在纵剖面上的这种起伏,反映了潮流经过海峡时流速由小增大、再减小的变化过程。潮流侵蚀谷的谷底常由粗砂砾或基岩组成。在潮汐作用为主的粉砂—泥质海岸上,往复流动的潮流可在浅滩上侵蚀形成细长的潮水沟。其延伸大致与海岸相垂直,它的向陆一端往往呈树枝状分叉。潮水沟中的落潮的流速可达1.5m/s,因而具有较强的侵蚀力,沟底常分布有潮流侵蚀泥滩而形成的泥砾。

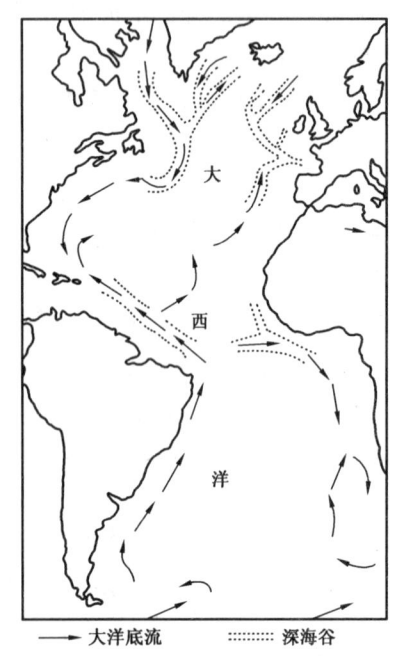

图 6-15 大西洋深层洋流与深海海谷分布示意图
(据谢帕德·列昂节夫等资料综合,1979)

洋流的剥蚀作用主要分布在大洋底流分布区,深海海谷是大洋底流的主要剥蚀地形。在大洋盆地中分布着许多深海海谷。从大西洋的深层海流(底流)及深海海谷的分布图(图6-15)可以看出,两者的分布大致吻合,它们的延伸与大陆海岸线近于平行。在冰岛以南的深海海谷中,通过海底摄影曾发现谷壁遭受剥蚀的痕迹。

三、冰川的剥蚀作用

大陆上缓慢流动着的巨大冰体称为冰川。冰川是降雪量超过融化及蒸发量时形成的。按冰川在大陆上的分布及其本身的特点,将冰川分为大陆冰川和山岳冰川。大陆冰川分布于高纬度及极地地区,分布面积大,呈近圆形,可覆盖几百万平方千米的面积,厚可达数千米,也称冰盖,南极洲和格陵兰就属这类冰川。山岳冰川分布在中、低纬度的高山区,每一条冰川,无论是支冰川还是主冰川都呈窄长形。我国现代冰川为山岳冰川,如喜马拉雅山的绒布冰川。

地球表面常年积雪的区域称雪原,雪原的下部界线称雪线,冰川主要在雪原之内流动。雪线之下称消融带,其年消融量大于年降雪量。冰川的前端称冰前,当冰川的消融量大于冰川流动的补给量时,冰前后退;反之,若冰川的消融量小于冰川流动补给量时,冰前前进。

冰川沿山坡滑动或流动,其流动速度每昼夜以几厘米到1m不等,最快可达20~30m/d。冰川在运动过程中对冰川下面的岩石有很强的刨掘力量,使下面的岩石遭到破坏,这个作用称刨蚀作用。刨蚀以两种方式进行:一种称挖掘作用,是冰川将冰床底部及两侧基岩破碎,并将破碎物掘起带走的作用;另一种称磨蚀作用,是冰川挖掘出的岩石碎块被冻结在冰川底部或两侧,它们像锉刀一样研磨和刻削着谷底及两侧基岩,在基岩上常留下冰川擦痕等。

大陆冰川刨蚀作用会在地面上形成独具特色的地形(图6-16)。在冰川的源头,由于冰劈作用强烈,常形成三面由陡崖包围的圈椅状山坳,称冰斗;被几个冰斗包围的尖锐山峰称为角峰;冰川冰自冰斗向山谷流动,由于冰川的刨蚀作用,形成"U"形冰川谷,称"U"形谷;冰川的主流刨蚀作用强,而支冰川刨蚀作用弱,于是在支冰川流入主冰川谷处,形成冰川崖。位于主冰川之上的支冰川谷,称为悬谷。两条冰川间或冰斗间的山脊,由于刨蚀作用,而变成尖棱状,形如鱼鳍,称刃脊。

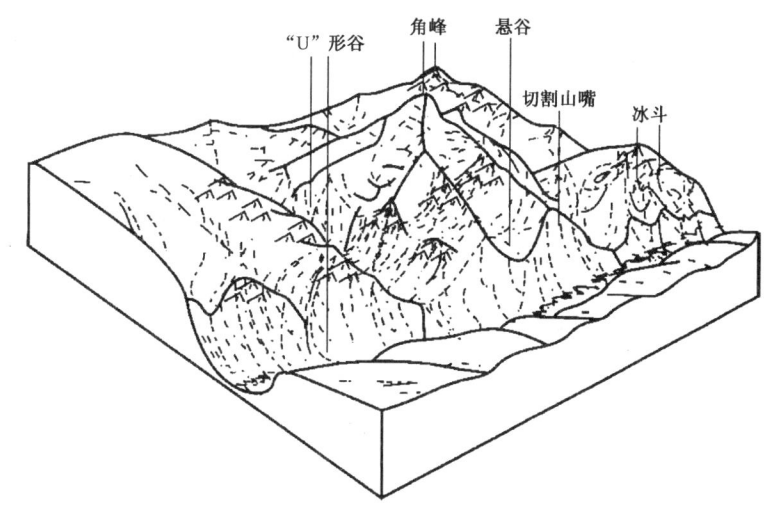

图6-16 山岳冰川刨蚀形成的各种地形(据W. K. Hamblin,1975)

大陆冰川的刨蚀作用常在地面形成洼地。如千湖之国芬兰,其众多的湖泊就是冰蚀洼地。

四、地下水的剥蚀作用

地下水是地表以下的松散堆积物和岩石空隙中的水。地下水在其运动过程中对地壳的改造作用称为地下水的地质作用。这种作用在气候湿热而又具可溶性岩石分布的地区最为显著。地下水主要由大气降雨、冰雪融化、地表流水和湖水通过各种裂缝、孔洞渗入地下聚集而成;少部分为岩浆析离水、古海洋和湖泊的残留水以及岩石中水汽凝结而成的水。

地下水的地质作用包括化学作用和机械作用。但就整个地下水的地质作用而言,则以化学作用为主,机械作用为辅。其主要原因是大部分地下水在裂缝和孔隙中的流动速度缓慢,一昼夜只能流动几米至几十米,所以地下水的动能很小,机械作用弱。然而,也正是地下水的流动缓慢,使岩石或矿物颗粒接触水的时间变长,接触面积加大,加之水中常含有酸类物质(如有机酸、硫酸、碳酸等)和氧气,使地下水具有较强的化学作用。

地下水的剥蚀作用是在地下进行的,因而又称潜蚀作用。它包括机械潜蚀作用和化学潜蚀(即溶蚀)作用两种,以后者为主。

(一)机械潜蚀作用

由于地下水(地下河除外)的冲力一般是比较小的,它仅能冲出松散物中的细小粉砂和黏土。因此,地下水的机械潜蚀作用通常是比较微弱的。位于地下洞穴中的地下河的机械潜蚀作用则是比较强的,类似于地面河,但它们的分布往往是局部的。

地下水的潜蚀作用常常引起滑坡。当地下水以它的冲力冲蚀松散堆积物中的细小颗粒时,常伴随着化学溶蚀,其结果使堆积物孔隙增大、结构变疏松。如果这些疏松堆积物位于斜坡上,当孔隙被地下水充满后,堆积物的重量增加,并且水也使堆积物内部摩擦力以及颗粒间黏结力降低。此时堆积物就可能会在重力作用下,大量地从高处往低处滑动,这种现象即为滑坡。滑坡常发生在雨季或雪融化时,正是大量地下水在这些季节出现所产生的结果。

(二)溶蚀作用

地下水中常含有 CO_2 和大量有机酸,且在岩石中缓慢流动。如果岩石为可溶性岩石,如碳酸盐岩、石膏和岩盐等,则其溶蚀能力极强。

在可溶性碳酸盐岩广泛分布的地区,地下水沿层面及孔隙流动,在流动过程中不断溶蚀岩石,其化学反应式为:

$$CaCO_3 + CO_2 + H_2O \longrightarrow Ca(HCO_3)_2$$

其结果使流动通道扩大,并把溶蚀后生成的重碳酸盐带走。

溶蚀作用为主,再加上地表水的共同作用,使地表和地下形成一些特殊地形,这些地形及其作用过程称岩溶或喀斯特(图 6-17)。

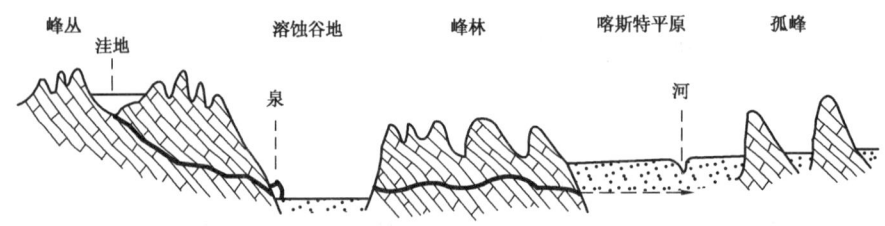

图 6-17 地表岩溶地貌示意图

可溶性岩石分布区喀斯特地貌的形成过程如下:在地表或地表附近,地下水沿岩石裂隙或顺斜坡向下流动过程中,溶蚀岩石使地表形成几厘米至几米的沟槽,称溶沟。溶沟之间的突出的石脊称石芽。溶沟、石芽继续扩大,可形成高耸的石林。若地表水沿两组节理交叉处向下渗流、溶蚀,则形成垂向的井状洞穴,称为落水洞(图 6-18)。洞口若陷落或溶蚀成漏斗状地形,称为溶蚀漏斗。在潜水面附近,地下水的运动是沿潜水面从高处往低处作近于水平方向的运动的,因此地下水沿岩石缝隙和层理溶蚀形成近于水平方向延伸的地下洞穴,即溶洞。地下水在溶洞中流动则成地下河。溶蚀作用不断进行,溶洞逐渐扩大,导致顶部垮塌,使溶洞部分出露于地表,称为溶蚀谷。溶蚀谷顶部有部分残留未垮塌,则形成天生桥。溶蚀谷继续扩大,形成溶蚀盆地。盆地之间残留的孤立陡峭山峰,称孤峰。大面积出现的这种孤峰称峰林。我国广西、云南、四川、贵州广泛分布有碳酸盐岩,因此喀斯特地貌极发育。如广西桂林和云南石林等都是以喀斯特地貌著名的风景区。

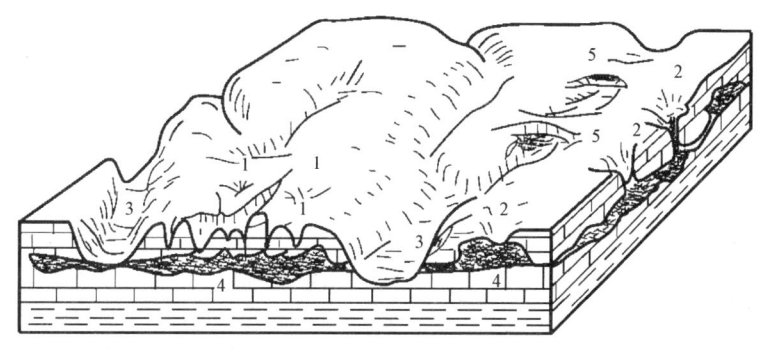

图 6-18 喀斯特(岩溶)现象(据 C. R. Longuell 等,1944)
1,2—塌陷漏斗和落水洞;3—溶蚀谷;4—溶洞;5—天生桥

综上所述,岩溶形成的基本条件为:(1)具裂隙发育产状平缓的厚层可溶性岩石;(2)丰富的可流动的地下水。

五、风的剥蚀作用

风是空气的流动。风以自身的动力和风中所挟带的砂石对地表进行改造的作用,称风的剥蚀作用(风蚀作用)。

风蚀作用有吹蚀作用(或吹扬作用)和磨蚀作用两种方式。吹蚀作用,是指风吹过地面,将基岩表面的岩石碎屑或尘土吹走的作用,结果使新鲜基岩出露,继续遭受其他的外动力地质作用。磨蚀作用,是指风中所携带的砂石,对基岩的冲撞、研磨的过程。

风蚀作用的结果在地表形成风棱石(图 6-19)、蜂窝石、风蚀蘑菇和风蚀柱等(图 6-20)。由风的吹蚀而形成的凹地称为风蚀洼地或风蚀凹地,这种凹地常是半干旱草原区的一大特色。在风力强劲的地区,因砂和黏土多数被刮走,只剩下砾石,在条件适宜时,便形成以砾石为主的砾漠——戈壁。磨蚀作用可琢磨出形状奇特的风棱石,有一

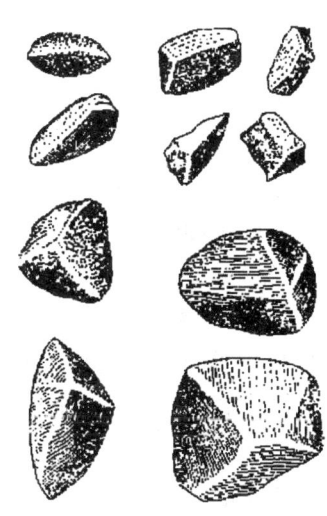

图 6-19 风棱石

个或几个磨光面,磨光面之间有明显的棱脊。风棱石有单棱、三棱和多棱,多棱的发育情况由风向变化和砾石翻转情况而定。

处在风蚀作用强烈地区的石壁或突出的基岩上,经长期的磨蚀作用可形成蜂窝石(或称为风蚀壁龛)。在产状近于水平的年轻地层出露区,岩石胶结比较差,由地面暂时流水侵蚀出许多冲沟,在干燥时期,风蚀作用可将它们扩大加深成风蚀谷。风蚀作用可将地面深切形成一定范围的洼地,这样的洼地储水则可形成风蚀湖,也可形成水草丛生的绿洲,在这样的地区风蚀作用会大大削弱(图 6-20)。

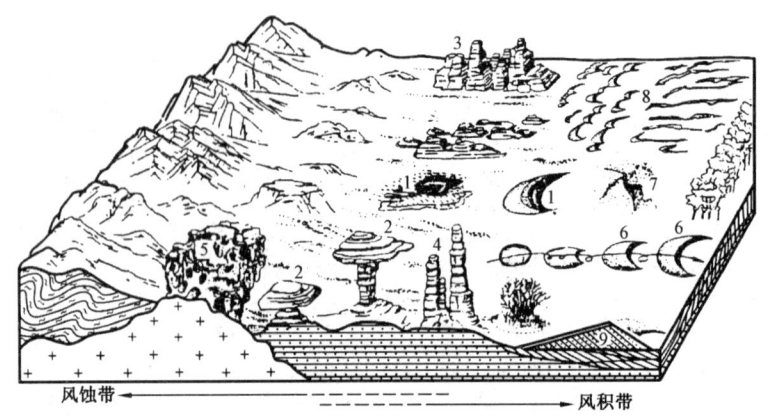

图 6-20　干旱区风的地质作用形成的地形（据李尚宽，1982）
1—风蚀湖；2—风蚀蘑菇石；3—风蚀城；4—风蚀柱；5—蜂窝石；
6—新月形沙丘；7—塔状沙丘；8—沙垄；9—风成交错层理

第三节　搬运作用

风化作用和剥蚀作用的产物被重力、冰川、流水、海洋、风等转移离开原来位置的作用，叫作搬运作用。在流体中，碎屑物质及大部分黏土物质以机械搬运方式为主，化学搬运以真溶液和胶体溶液为主。与前两种类型相比，生物搬运作用意义较小。

一、机械搬运

（一）流体的机械搬运

碎屑物质的搬运方式取决于颗粒在介质中的受力状况。流体作用于碎屑颗粒上的力主要有：浮力（F）、重力（G）、水平推力（P）和垂直上举力（R）。水平推力（简称推力）是流体作用于颗粒上的顺流向的力，垂直上举力则是有紊流的扬举作用和流体由于不同深度的速度差异而产生的一种向上的力。机械搬运的方式有推移、跃移和悬移三种。

流体在运动过程中，对碎屑物质有一个向前的推力。当 $P \geqslant f(G-F-R)$ 时（f 为摩擦系数），碎屑颗粒开始沿底面滑动和滚动，这种搬运方式叫推移。

在搬运过程中，碎屑物质沿地面呈跳跃方式向前移动的过程叫跃移。一般来说，细砂、粉砂的搬运方式以跃移为主。当 $R \geqslant G-F$ 时，碎屑颗粒就会从地面上跃起，并在推力作用下向前移动。当颗粒上升到一定高度时，上举力就会大大减小，在重力作用下，颗粒再次落到地面上。

细小的碎屑颗粒在流体中，由于 $R+F \geqslant G$，故不易沉到底部，总是呈悬浮状态被搬运，这种搬运方式称悬移。悬移主要发生在紊流中，流体的紊流作用使得上举力大于碎屑颗粒的重力，其结果使细小的物质悬浮在流体中搬运。

1935 年，尤尔斯特隆在进行水槽试验之后提出了一个流速与颗粒启动的关系图解，人们称之为尤尔斯特隆图解（图 6-21）。从图中可以看到如下规律：

（1）颗粒开始启动所需的流速比启动后维持正常搬运的流速要大。

（2）0.5~2mm粒径的颗粒最易启动，所需启动流速最小，表明细砂及中砂在水中最易移动，是流水搬运物中最活跃和移动方式多变的物质，而且开始搬运和继续搬运的临界流速差较小。

（3）大于2mm的颗粒与小于0.05mm颗粒的启动流速都分别随粒度增加和减少而加大。表明很细的黏土类物质因黏结力增大，也不易启动，但一经启动就只要很小的维持流速即可搬运。小于0.004mm的颗粒，即使在流速极小的流水中也不会沉积。另外，粗大颗粒的启动和沉积临界流速差很小，说明它们难以被搬运但极易被沉积的特性。

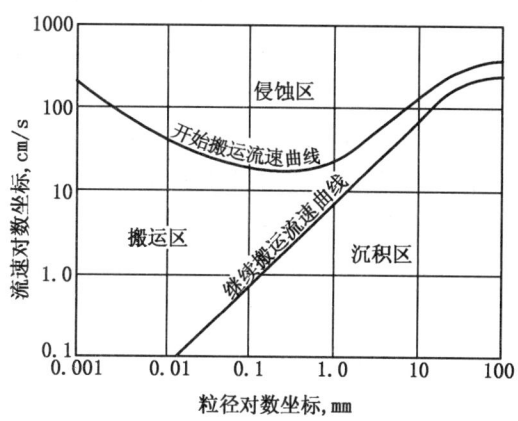

图6-21 颗粒的启动、搬运、沉积与流速的关系
（据尤尔斯特隆，1935）

碎屑物质在长距离搬运过程中，由于颗粒间的碰撞和摩擦，流体对颗粒的分选作用以及持续进行的化学分解和机械破碎，矿物成分、粒度、分选性和外形都发生变化。

1. 矿物成分的变化

由于搬运过程中的化学分解、破碎和磨蚀作用，随着搬运距离增长，不稳定组分如长石、镁铁矿物等就会逐渐减少，而稳定组分如石英、燧石等含量就会相对增加。

2. 粒度和分选性的变化

粒度是指碎屑颗粒的大小。分选性是指颗粒大小趋向均一的程度。随搬运距离的增长，沉积颗粒越来越细。河流上游因搬运距离近，河床中只有较粗的物质；下游搬运距离远，河床中物质则较细。另外，磨蚀和破碎作用不断使颗粒变小，随着搬运距离的加大，细小的颗粒不断增加。随着搬运距离的增加，颗粒分选程度也越来越高，即颗粒大小趋向于一致。

但分选性还与粒度有一定关系，即越趋向于细砂级，分选就越好。因为细砂最活跃，易于沉积也易于搬运，因此可以受到不止一次的分选作用。

3. 圆度和球度的变化

圆度是指碎屑颗粒搬运过程中，棱角被磨蚀、圆化的程度。球度则是碎屑颗粒接近于球形的程度。由于磨损作用，随着搬运距离的增长，圆度和球度一般是越来越高。特别在搬运初期，圆化较为迅速。破碎作用的存在，可部分地抵消颗粒的圆化。碎屑颗粒的圆化还受到矿物物理性质、搬运方式等因素的影响。硬度低者易于磨圆，颗粒圆化，悬移难使颗粒圆化。

（二）风和冰川的机械搬运作用

除了在流体中可发生机械搬运，还有两种几乎只发生机械搬运的地质营力，即风的搬运作用和冰川的搬运作用。地表松散堆积物由风通过悬移、跃移、推移三种方式搬运到别处。

悬移：粒径小而轻的砂粒或黏土，在其他砂粒的撞击以及气流的上举力作用下，长期悬浮在空中被风带走至远方的过程。一般悬移粒径在0.2mm以下，但随风力增加而增大；砂粒越细,搬运越远。往往一次大风暴可将数以百万吨的尘土运至数百千米乃至数千千米以外。

跃移:砂粒被风启动后,风力可以把它加速至接近风速,并可使砂粒跃入空中,在重力作用下它又沿像抛物线一样的轨迹落到地面,与地面碰撞后又重新跃入空中;在与地面撞击时,还可使其他砂粒跃起。这种反复跳跃的前进方式,称跃移。

推移(蠕移):砂层表面的砂粒和细砾,在风力作用以及砂粒的冲击下,部分被推动或以滚动方式缓慢向前移动的过程。

粒径自 0.2~2mm 的砂、砾都以跃移和推移方式移动。大部分砂粒(< 1 mm)是以悬移和跃移方式被搬运的。

风的分选作用极明显。细粒以悬移方式被搬运很远的距离。其余的砂砾也在风力的筛选作用下,按颗粒粒径由大到小,密度由大到小从推移到跃移至悬移,搬运距离越来越远。风运物主要分布在距地表 30cm 以内的高度范围,且以 10cm 以内高度范围最集中(>80%)。

冰川将刨蚀产物和坠落到冰面上的碎屑物搬运至别处的作用叫冰川的搬运作用,被搬运的物质叫冰运物。冰川搬运冰运物的方式有推运和载运。前者是冰川以其前端的推力将冰川前端的物质向前推移;后者是冰运物被冻结在冰川内部或坠落在冰面上随冰川的流动而被搬运。载运是冰川搬运的主要方式。冰川的搬运有其自身的特点:首先是搬运力巨大,直径数米乃至数十米的岩块均能搬运;其次是冰川不具分选性,巨大的岩块和细小的岩块混合被搬运;另外,由于冰运物以冰川为载体(冰床底部和边部除外),其磨细和磨圆作用弱。

二、化学搬运

母岩经化学风化、剥蚀作用分解的产物(溶解物质)呈胶体溶液或真溶液的形式被搬运称化学搬运作用。Al、Fe、Mn、Si 的氧化物难溶于水,常呈胶体溶液搬运;Ca、Mg、Na 等元素所组成的盐类,常呈真溶液搬运。

(一)胶体溶液搬运

低溶解度的金属氧化物、氢氧化物和硫化物,常呈胶体溶液被搬运(表 6-1)。胶体溶液的性质介于悬浮液和真溶液之间,在普通显微镜下不能识别。胶体质点极小,存在着布朗运动,因此重力影响微弱,使得胶体能够搬运较远的距离;胶体质点常带电荷,当胶体具有相同符号的电荷时,因排斥力而避免胶体聚集成大颗粒,有利于搬运;有机质的护胶作用可使胶体在搬运中保持稳定。当胶体进入海洋或湖泊中,由于化学条件发生变化,搬运过程结束,胶体凝聚沉积。

表 6-1 自然界常见的正、负胶体

正胶体	负胶体
$Al(OH)_3$、$Fe(OH)_3$; $Cr(OH)_3$、$Ti(OH)_4$; $Ce(OH)_4$、$Cd(OH)_2$; $CuCO_3$、$MgCO_3$; CaF_2	PbS、CuS、CdS、As_2S_3、Sb_2S 等硫化物; S、Au、Ag、Pt; 黏土质胶体、腐殖质胶体; SiO_2、SnO_2; MnO_2、V_2O_5

(二)真溶液搬运

母岩风化、剥蚀产物中,Cl、S、Ca、Na、Mg 等成分多呈离子状态溶解于水中,即呈真溶液状态被搬运。有时 Fe、Mn、Al、Si 也可呈离子状态在水中被搬运。可溶物质能否溶解、搬运或者沉淀,与其溶解度有关。可溶物质的搬运或沉淀还与水介质的酸碱度(pH 值)、氧化—还原电位(Eh 值)、温度、压力等一系列因素有关。

第四节 沉积作用

母岩风化和剥蚀产物在外力的搬运过程中,由于介质流速的降低、冰川的融化以及其他物理化学条件的改变,搬运物质会逐渐沉积,这种作用称沉积作用。

沉积的方式有机械沉积、化学沉积和生物化学沉积三种。沉积物以在水中沉积为最普遍,其他沉积介质还包括冰川、风等。

一、机械沉积作用

机械沉积是在碎屑的重力大于水流的搬运力时发生的。由于流水的流速、流量不定,碎屑本身的大小、形状、密度不同,故沉积顺序有先后之分。从碎屑大小上看,最先沉积的是颗粒粗大的碎屑,依次过渡到最小的碎屑;从碎屑密度上看,密度大的颗粒沉积先于密度小的颗粒。这样,在沉积的过程中,使原来粗、细、轻、重混杂在一起的物质,按一定顺序依次沉积下来,这种作用称机械沉积分异作用(图 6-22)。这种作用的结果使沉积物按照砾石→砂→粉砂→黏土的顺序,沿搬运的方向,出现有规律的分布。

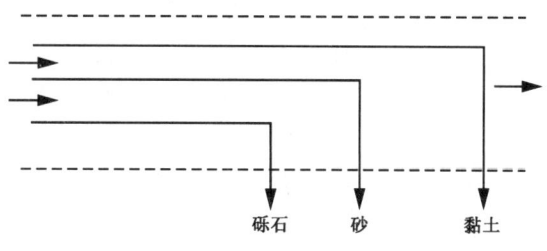

图 6-22 机械沉积分异作用示意图

二、化学沉积作用

化学沉积包括胶体溶液沉积和真溶液沉积。

(一)胶体溶液沉积

胶体质点是细小颗粒的分散系,一般不受重力作用影响,可搬运很远,沉积很慢。同时,胶体质点带有电荷,如 Al_2O_3、Fe_2O_3、$CaCO_3$、$MgCO_3$ 等带有正电荷,称正胶体;SiO_2、MnO_2、黏土、腐殖质等带有负电荷,称负胶体。在一定介质中带有相同电荷的胶体质点由于互相排斥,可以长时间保持悬浮状态。但当胶体溶液中加入一定量不同名的电解质时,即发生中和作用,并在重力影响下引起胶体沉淀。如在海岸地带,携带胶体的大陆淡水与富含电解质的海水混合时,常发生胶体沉淀,许多浅海相的沉积铁矿、锰矿多是这样形成的。

（二）真溶液沉积

溶解于水中的物质是多种多样的，由于溶解质的溶解度不同，以及溶液的性质、温度、pH 值等因素的影响，真溶液物质沉积也有先后远近的顺序，这种作用叫化学沉积分异作用。一般说来，化学沉积分异作用次序是氧化物（Fe_2O_3、MnO_2、SiO_2）→硅酸盐（海绿石）→碳酸盐（石灰岩、白云岩）→硫酸盐（石膏、硬石膏）→卤化物（岩盐、钾盐、镁盐）。图 6-23 为化学沉积分异作用示意图。

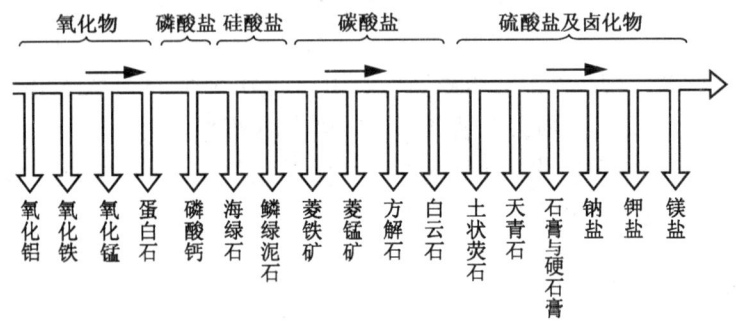

图 6-23　化学沉积分异示意图（据 ПУстовалов, 1954）

三、生物沉积作用

生物沉积作用包括两个方面：一是生物遗体的沉积。例如海中生物死亡后，含有硅、磷、碳酸钙的生物骨骼或贝壳堆积在海底，可以形成硅质岩、磷质岩和石灰岩等。二是生物化学沉积，即由生物化学作用经常引起周围介质条件的改变，从而促进某些矿物质的沉积。例如海生藻类进行光合作用，由于吸收海水中的 CO_2，对石灰岩沉积起很大的作用。事实上，引起自然界化学作用的各种因素如 O_2、CO_2、H_2S 等的消耗和增长，都与生物化学作用有密切关系。

除了以上三种最为主要的沉积作用，地质历史时期还多次出现事件性沉积，如火山喷发、地外物质陨落等，但其分布与规模居于次要地位。

第五节　成岩作用

岩石风化剥蚀的产物经过搬运、沉积形成的沉积物，必须经过一定的物理的、化学的、生物化学的以及其他的变化和改造，如水分排出、孔隙度减少、密度加大、胶结、重结晶、产生新矿物等，才能变成固结的岩石。这种促使疏松的沉积物变成固结岩石的作用称成岩作用。成岩作用是沉积岩形成的最后阶段，主要包括以下三个方面。

一、压实作用

由于上覆沉积物逐渐增厚，压力也不断增大，沉积物中的水分逐渐排出，颗粒间的孔隙减少，颗粒之间的联系力增强，进而使沉积物固结变硬。压实作用是黏土沉积物成岩的主要方式,例如新沉积的黏土孔隙度可达80%,压固成页岩后孔隙度可减少至20%甚至更小。

二、胶结作用

填充在沉积物孔隙中的矿物质将分散的颗粒黏结在一起,称为胶结作用。最常见的胶结物成分是硅质(SiO_2)、钙质($CaCO_3$)、铁质(Fe_2O_3)、黏土质和火山灰等。这些物质或者与沉积物同时形成,或者是在成岩过程中形成的新矿物,或是由以后地下水带来的。胶结作用是碎屑沉积物成岩的主要方式,如砾和砂胶结后形成砾岩和砂岩。

三、重结晶作用

沉积物受温度和压力影响,使非结晶物质变成结晶物质,使细粒结晶物质变成粗粒结晶物质,这种作用称重结晶作用。一般说,颗粒细、易溶解的沉积物,容易发生重结晶作用。重结晶后,沉积物孔隙减少,密度增大,形成坚硬岩石。重结晶作用是各类化学岩和生物化学岩(石灰岩、白云岩等)成岩的主要方式。

思 考 题

1. 风化作用进行的方式主要是哪几种?
2. 风化作用的结果是什么?有哪些因素会影响风化作用?
3. 如何理解河流的下蚀作用及其与之相关的若干概念:河流的向源侵蚀、瀑布后退、侵蚀基准面?
4. 河流侧向侵蚀作用的机理是怎样的?会造成什么后果?
5. 海水的主要运动形式有哪些?
6. 海蚀作用盛行的场所在哪里?其过程和结果是怎样的?
7. 什么是冰川?冰川刨蚀作用的主要方式是什么?结果如何?
8. 请解释岩溶作用的机理及结果。
9. 请解释风蚀地貌的形成过程。
10. 在流体的机械搬运过程中,碎屑物质会发生哪些变化?
11. 风和冰川的搬运作用有何特点?
12. 什么是沉积作用?沉积作用主要的方式有哪些?如何理解机械沉积分异作用?
13. 什么是成岩作用?主要方式是什么?

第七章 沉 积 岩

沉积岩是组成岩石圈的三大类岩石之一,是在地壳表层条件下,由风化剥蚀作用、生物作用和火山作用的产物,经过搬运作用、沉积作用及沉积后作用而形成的一类岩石。

"地壳表层"是指大气圈的下层、水圈、生物圈以及岩石圈的上层。它的特点是常温、常压,水、大气、生物、重力作用成为主要的地质作用营力。

沉积岩仅分布于地壳表层,其出露面积约占大陆面积的75%,而大洋底部则几乎全部由沉积岩或沉积物所覆盖。沉积岩是地壳发展历史的重要记录,一层层的沉积岩层犹如万卷书画向人们展示了地壳的发展历程。沉积岩中含有丰富的矿产,它给人类提供了全部可燃性矿产(石油、天然气、煤)和90%的铁矿,铝、磷、钾、锡、铜、金、金刚石等矿产也主要采自沉积岩,而作为重要建筑材料的水泥则是沉积岩的加工制品,因此,研究沉积岩具有巨大的科学价值和经济意义。

第一节 沉积岩的一般特征

一、沉积岩的化学成分

由表7-1可知,沉积岩和岩浆岩这两类岩石的化学成分十分相似,其原因在于沉积岩物质主要来自岩浆岩的风化产物。但由于两者成因不同,所以在化学成分方面也有一些差异。

表7-1 沉积岩和岩浆岩的平均化学成分

单位:%

化学成分	沉积岩 (据克拉克,1924)	沉积岩 (据舒科夫斯基,1952)	岩浆岩 (据克拉克,1924)
SiO_2	57.95	59.17	59.14
TiO_2	0.57	0.77	1.05
Al_2O_3	13.39	14.47	15.34
Fe_2O_3	3.47	6.32	3.08
FeO	3.08	0.99	3.08
MnO	—	0.80	—
MgO	2.65	1.85	3.49
CaO	5.89	9.99	5.08
Na_2O	1.13	1.76	3.84
K_2O	2.86	2.77	3.13
P_2O_5	0.13	0.22	0.30
CO_2	5.38	—	0.10
H_2O	3.23	—	1.15
总和	98.73	99.11	99.50

（1）在 Fe_2O_3 和 FeO 的对比关系上，沉积岩和岩浆岩中铁的总量大致相同。但沉积岩中 Fe_2O_3 的含量高于 FeO；而岩浆岩中则 FeO 略高于 Fe_2O_3。这显然是沉积岩形成于地表富含自由氧的条件下大部分 Fe^{2+} 氧化为 Fe^{3+} 所致。

（2）在 Na_2O 和 K_2O 的对比关系上，沉积岩中 K_2O 的含量多于 Na_2O；而岩浆岩中则相反，其主要原因是岩浆岩风化分解后产生的 Na 常形成易溶盐类（氯化物、硫酸盐类），溶于海水中。而含 K 矿物如白云母在表生条件下较稳定，黏土矿物又易于吸附 K，故母岩中的 K 大部分含在白云母碎屑内或被吸附在黏土矿物中进入沉积岩。

（3）沉积岩中富含 H_2O 和 CO_2，这显然是沉积岩形成于表生条件下所致。

二、沉积岩的矿物成分

构成沉积岩的主要矿物约 20 种，见表 7-2。由表 7-2 可知：有机组分是沉积岩的特有组分；黏土矿物、碳酸盐矿物、石膏等在沉积岩中大量出现；石英、长石、白云母为沉积岩和岩浆岩所共有，但石英、白云母在沉积岩中的含量高于岩浆岩；沉积岩中几乎不含橄榄石、辉石和角闪石。这表明在表生条件下石英要比橄榄石、辉石、角闪石稳定得多。

表 7-2 岩浆岩和沉积岩的平均矿物成分

单位：%

矿物	沉积岩 （据利思，米德，1915）	沉积岩 （据克里宁，1948）	岩浆岩 （65%花岗岩+35%玄武岩）
橄榄石	—	—	2.65
普通角闪石	—	—	1.60
普通辉石	—	—	12.90
长石	15.57	7.5	49.29
石英	34.80	31.50	20.40
云母+绿泥石	20.40	19.00	7.76
氧化铁矿物	4.10	3.00	4.6
玉髓	—	9.00	—
黏土矿物	9.22	7.50	—
碳酸盐矿物	13.63	20.50	—
石膏	0.97	—	—
碳质	0.73	—	—
其他	0.58	3.0	0.88

三、沉积岩的颜色

沉积岩的颜色主要取决于构成岩石的矿物颜色、混入杂质的颜色以及沉积环境和成岩以后的变化。沉积岩的颜色，根据成因可分三类：

继承色——岩石的颜色主要继承了原来母岩风化后碎屑的颜色，如长石砂岩为肉红色是继承了正长石的颜色，纯石英砂岩为白色是继承了石英的颜色等。

原生色——是在沉积作用中从溶液中沉淀出来的各种矿物以及成岩作用中新生矿物所表现的颜色。原生色往往可以反映沉积时的地理环境,如红色、黄褐色多因富含 Fe_2O_3,反映氧化环境;灰色、黑色多因富含碳质、沥青质和分散的硫化铁,反映还原环境;又如海绿石砂岩是绿色,反映浅海环境等。不含色素的铝土、高岭土、石灰岩、白云岩、石膏、岩盐等,一般呈白色和灰白色。

次生色——是沉积岩在风化过程中所产生的颜色,如绿色页岩在风化过程中铁的氧化程度不一致,可产生一些红色斑点。次生色特点是颜色不均匀,分布与层理不一致。

四、沉积岩的结构

沉积岩的结构是指构成沉积岩的结构组分自身的特点以及它们之间相互关系所表现出来的特征。总体来说,沉积岩的主要结构类型有碎屑结构、泥状结构、晶粒结构和生物结构。

碎屑结构——由母岩机械风化产生的碎屑沉积后被胶结起来所形成的岩石结构,为砾岩、砂岩所特有。

泥状结构——细小的黏土矿物(粒度一般小于0.01mm)构成黏土岩后所形成的岩石结构。

晶粒结构——由化学作用和生物作用从溶液中沉淀的晶粒或成岩后生成作用中重结晶形成的晶粒所构成的岩石结构,主要在石灰岩、白云岩、硅质岩中发育。

生物结构——直接由生物遗体构成,在某些生物灰岩、硅质岩中出现。

五、沉积岩的构造

沉积岩的构造简称为沉积构造,是指沉积物沉积过程中或沉积后由于物理、化学或生物作用所形成的岩石各组成部分的空间分布和排列状况。成岩之前形成的称为原生构造,成岩之后形成的称为次生构造。

(一)层理构造

层理构造简称层理。它是岩石性质在垂直方向上显示的层状构造,是由于沉积物成分、结构、颜色等突变或渐变而显示出来的。层理是沉积岩最常见、最特征的构造。

层理由细层、层系、层组等要素组成。细层又称纹层,是组成层理的最小单位,其厚度极小,常以毫米计。同一纹层是在相同的水动力条件下形成的,其产状有水平的、倾斜的或波状的;层系由许多成分、结构、厚度和产状相似的同类纹层组成,它们是在同一环境、相同的水动力条件下,不同时间形成的;层系组也称层组,由两个或多个相似的层系或成因上有联系的层系叠覆而成。由若干个纹层、层系或层组构成一个层。

层是由成分基本一致的岩石组成的沉积地层的基本单位。它以成分或结构上的不一致性与上下邻层分开。层与层之间有层面分隔。根据层的厚度,可分为块状层(>1m)、厚层(1.0~0.5m)、中层(0.5~0.1m)、薄层(0.1~0.01m)、微细层或页状层(<0.01m)。

在自然界,常见的层理构造有下列几种类型(表7-3)。

表 7-3 层理的基本类型及有关术语

层理类型		序号	层理形态	层系	层组
水平层理		1			
波状层理		2			
交错层理	板状	3			纹层
	楔状	4			
	槽状	5			
递变层理		6			
透镜状层理		7			
韵律层理		8			

1. 水平层理

水平层理的特点是细层平直且与层面平行。一般认为水平层理的沉积物来自悬浮物或溶液，故多见于细粒的粉砂或泥质沉积中。

2. 平行层理

平行层理外貌与水平层理相似，但它是在较强的水动力条件下，由连续滚动的砂粒粗细分离或含不同矿物的纹层叠覆而成，沿纹层面容易剥开（通称剥离线理）。

3. 波状层理

波状层理由许多波状起伏的纹层重叠在一起组成，是由于波浪引起沙纹的移动造成的。其特点是纹层呈波状，但总的方向平行层面，当沉积速率较高时，可保存连续的波状。

4. 交错层理（斜层理）

交错层理由一系列斜交层系界面的纹层组成，按其层系厚度可分小型（<3cm）、中型（3～10cm）、大型（10～200cm）、特大型（>200cm）四种；按其层系形态可分板状、楔状、槽状三种基本类型。板状交错层理的层系界面为平面，且彼此平行，其层系底界有冲刷面，纹层内常有下粗上细的粒度变化，有的纹层向下收敛；楔状交错层理的层系界面也为平面，但互不平行；槽状交错层理的层系底界为槽形冲刷面。

交错层理的前积纹层与底面的交角通常变小，且纹层向上凹，大型纹层的下部常富集粗粒物质，这些特点可作为确定地层顶底的重要标志。

5. 递变层理

递变层理又称粒序层理。其特点是由底至顶颗粒逐渐变化，除了粒度变化之外，无任何内部纹层（图 7-1）。

根据递变层的内部构造特征，递变层理主要分两种基本类型：

（1）颗粒向上逐渐变细，但下部不含细粒物质，它可能是由于水流速度或强度逐渐降低而沉积的结果［图 7-1（a）］。

（2）以细粒物质作为基质全层均匀分布，粗粒物质向上逐渐减少和变细，它可能是由于悬浮体含有各种大小不等的颗粒，在流速降低时因重力分异而整体堆积的结果[图7-1(b)]，属于浊流成因，大多数递变层理属于此类。

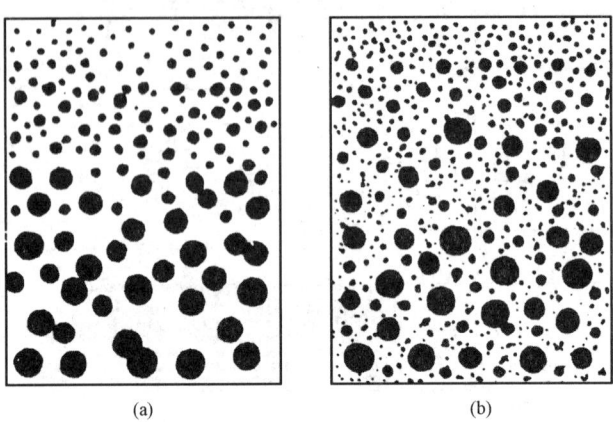

图 7-1　递变层理的两种基本类型（据 H. E. 赖内克等，1973）

除以上两种基本类型之外，有时偶见递变序列中部颗粒粗、上下颗粒细的双向递变和下细、上粗的反向递变。

6. 透镜状层理和压扁层理

透镜状层理和压扁层理是砂、泥沉积中的一种复合层理。在水流或波浪作用较弱、砂质供应不足、对泥质沉积与保存都较有利的情况下，可形成泥包砂的透镜状层理；当水流或波浪作用较强，有利于砂质沉积和保存的情况下，因波峰处泥质缺乏或较薄，形成被砂质包围的泥质压扁体，称压扁层理或脉状层理；透镜状层理和压扁层理之间的过渡类型，为砂、泥交互的波状层理，它是在水动力条件强弱交替出现的情况下形成的。

7. 韵律层理和沉积旋回

韵律层理和沉积旋回是由不同成分、结构或颜色的沉积物有规律的交替叠置而成。如由潮汐变化产生的潮汐韵律，是一种砂、泥薄层相间的交替纹层，其砂层是在涨、落潮的水流活动期形成的，泥层是在高、低潮的滞流时期沉积的。潮汐韵律在潮滩和河口湾地带常见。由于气候季节变化产生的季节韵律，是由暗色层和浅色层交替沉积而成，其构成韵律的单层都是很细的粉砂和泥，因此肉眼观察通常只能根据颜色的深浅来识别。冰融水在冰川湖中沉积的冰川纹泥，也是一种季节韵律层理。夏季冰融化，释放出大量碎屑物质，形成颗粒较粗的浅色层；冬季因没有新的陆源物质，悬浮的细粒物质下沉形成暗色层。这种层序年年重复便形成韵律。

季节韵律与潮汐韵律有区别。滞水盆地中形成的季节韵律层颗粒细，显示韵律层的主要是颜色，横向延伸远；潮汐形成的韵律层是由砂层和泥层交替组成，显示韵律层的主要是粒径的变化，横向延伸短，只能追索几米甚至几分米。

8. 块状层理(均匀层理)

块状层理是一种不显示任何纹层构造的层理。其特点是外貌大致均匀,组分和结构无分异,也称无层理。块状层理可由悬浮物质快速堆积而成,如洪水沉积,也可由沉积物重力流快速堆积而成。有时,强烈的生物扰动、重结晶或交代作用破坏原生层理,也可造成块状层理。

(二)软沉积物变形构造

未固结的沉积物饱含水分或呈塑性状态,由于重力或其他偶然性震动(地震、海啸)很容易发生沿斜坡滑动、沉陷等,使沉积物(层理)变形而产生变形层理构造。常见的变形构造有包卷层理、揉皱构造。它们多出现于黏土岩、粉砂岩、碳酸盐岩中。

(1)包卷层理:层理褶皱复杂、多层包卷,是饱含水分的沉积物受流水推压(揉搓)变形而成。

(2)揉皱构造:层理被揉皱成复杂的褶曲,是水底滑坡所致。常局限于一定层位,有时分布很广,有时局部产出,如山东灵山岛下白垩统滑塌褶皱层。

(三)层面构造

层面构造是沉积物表面上由于流水、风、生物活动、阳光曝晒等作用所留下的痕迹,常见有波痕、干裂、雨痕、痕迹化石等,常见的层面构造简述如下。

1. 波痕

波痕是指由于波浪、流水、风等介质的运动,在沉积物表面形成的一种波状起伏的构造,按成因可分三种类型(图 7-2)。

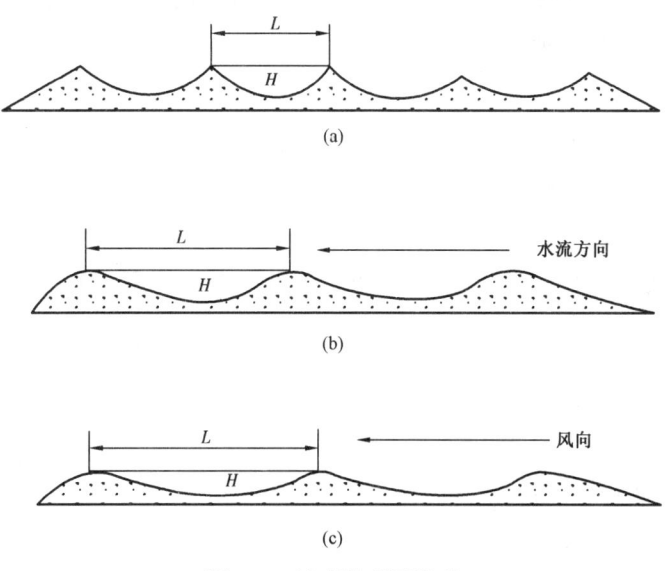

图 7-2 波痕的成因类型
(a)浪成波痕;(b)流水波痕;(c)风成波痕

浪成波痕,常见于海、湖浅水地带。其特点是波峰尖、波谷圆,形状对称。其波痕指数(L/H)为 4~13,多数为 6~7。流水波痕由定向水流形成,见于河流或有底流存在的海、湖近岸地带。波峰、波谷都较圆滑,不对称,陡坡倾向水流方向,在海、湖滨岸地段,陡坡朝向陆地。风成波痕由定向风形成,见于沙漠及海、湖滨岸沙丘沉积中,呈极不对称状,陡坡的倾斜方向与风向一致。其波痕指数(L/H)为10～70,一般在20以上,波峰波谷都较圆滑,但谷宽峰窄,沉积颗粒在波峰处粗、波谷处细,与流水波痕情况相反。

2. 泥裂

泥裂又称干裂。这种构造是未固结的沉积物因失水收缩形成的干裂纹保存在岩石中而形成的,在平面上呈多边形,剖面上呈向下尖灭的楔形。常出现于河滩、湖滩、海滩(潮坪)的泥质、粉砂质沉积物中。这种构造可作为识别沉积环境和确定岩层层序的标志。

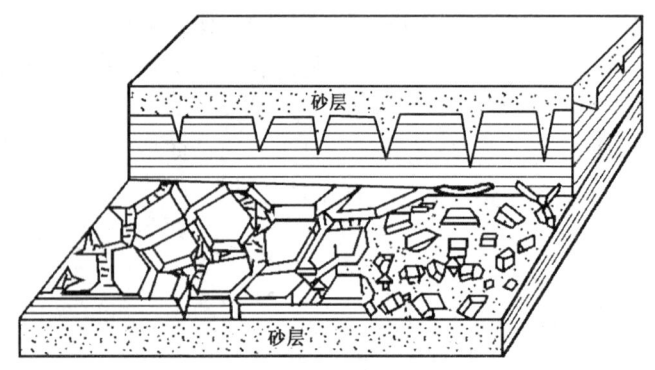

图7-3 泥裂及其形成示意图(据Shrock,1948)

3. 雨痕等

雨痕和冰雹痕是降雨和冰雹在松软的未固结沉积物表面留下的痕迹,常能提供古气候信息。此外还有介壳、卵石刻压软泥而成的沟模,流水冲刷软泥表面而成的槽模,上覆砂质沉积物向下挤压而成的重荷模等。

4. 痕迹化石

痕迹化石是古生物在沉积物表面或表层内停息、爬行、居住、觅食等活动留下的痕迹,如爬行痕迹、钻行的管穴、食泥痕迹、栖息痕迹等。

第二节 沉积岩的分类与常见沉积岩

一、沉积岩的分类

根据沉积物原始物质成分的来源,可首先把沉积岩划分为三类(图7-4):

(1)主要由母岩风化产物组成的沉积岩;
(2)主要由火山碎屑物质组成的沉积岩;
(3)主要由生物遗体组成的沉积岩。

主要由母岩风化产物组成的沉积岩是最重要的沉积岩类型。根据母岩风化产物的类型(碎屑物质及溶解物质)和其搬运沉积作用的不同(机械的和化学的),可将其划分为碎屑岩和化学岩。

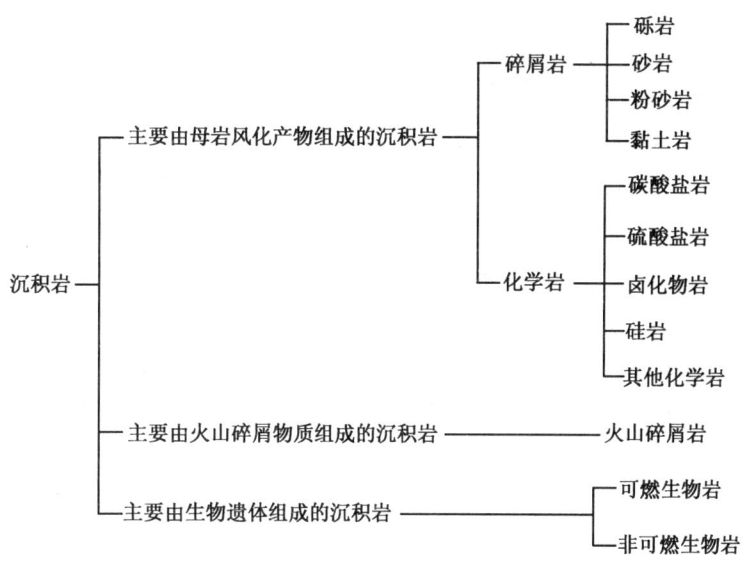

图 7-4 沉积岩基本类型的划分

根据粒度的不同,可将碎屑岩划分为砾岩、砂岩、粉砂岩及黏土岩。

根据其主要成分特征,化学岩划分为碳酸盐岩、硫酸盐岩、卤化物岩、硅岩及其他化学岩。

主要由火山碎屑物质组成的沉积岩称火山碎屑岩。

主要由生物遗体组成的沉积岩称生物岩或有机岩。根据其是否可燃,可进一步划分为可燃生物岩(如煤、油页岩)和非可燃生物岩。

二、常见沉积岩

(一)陆源碎屑岩

陆源碎屑岩简称碎屑岩,是陆源碎屑沉积物经压实、胶结而成的岩石,分布甚广,约占沉积岩总量的25%。碎屑岩主要由碎屑和填隙物两部分物质组成。

1. 碎屑成分

碎屑岩中碎屑的含量大于50%,碎屑包括矿物碎屑和岩石碎屑。碎屑的特征可用成分、粒度、形状、表面特征等来描述。

碎屑岩中的矿物碎屑以石英最多,约占65%;其次是长石,约占15%;岩屑和白云母不多;此外,尚有少量的重矿物如锆石、磁铁矿、石榴子石等。

(1)矿物碎屑:指母岩机械破碎后呈单一状态出现的矿物颗粒。目前已发现的矿物碎屑约有160种,常见的约有20种。在一种碎屑岩中通常不过3~5种。主要有以下几种矿物:

① 石英。碎屑岩中的石英,主要来自酸性侵入岩、片麻岩、石英片岩等。由于抗风化能力最强,既抗磨又难分解,而大部分母岩中石英含量又高,石英是碎屑岩中分布最广的

一种碎屑矿物,在砂岩、粉砂岩中平均含量达66.8%,在砾岩中含量较少,在黏土岩中含量更少。

② 长石。碎屑岩中的长石,主要由中酸性岩浆岩和片麻岩风化而来。由于长石的双晶和解理较发育,易于破碎。在化学性质上,长石易水解,故长石的稳定性远小于石英,在碎屑岩中长石的含量远比石英少。在砂质岩中长石的平均含量为10%～15%,黏土岩中占4%。长石主要分布于粗砂中,且钾长石多于斜长石。

③ 云母。在成分成熟度较低的砂岩和粉砂岩中,云母极为常见。白云母比黑云母抗风化能力强,常见其呈鳞片状分布于细砂岩、粉砂岩中。

重矿物种类很多,有些抗风化能力强,分布广,如锆石、金红石、石榴子石、刚玉、电气石;而有些抗风化能力弱,分布范围有限,主要分布在靠近母岩区的地方,如橄榄石、辉石、角闪石、磷灰石、重晶石等。

（2）岩石碎屑:又称岩屑,是母岩经机械破碎而形成的岩石碎块,保留着母岩的结构特点。因此岩屑是判断母岩类型及沉积来源的重要标志。

在自然界中有各种类型的岩屑。砾岩中岩屑种类多,含量高。而在砂岩中,一般存在细粒结构及隐晶结构的岩屑。粉砂岩中几乎不存在岩屑。这是因为随着碎屑粒度变小,在搬运过程中岩屑就逐渐地破碎成为矿物碎屑了。

2. 碎屑的粒度

碎屑粒度是指碎屑颗粒的大小,是碎屑岩的基本特征之一。它是矿物稳定性、风化强度、搬运距离的综合反映。碎屑粒度范围很广,大可达0.5m或更大,小至数微米或更小,但自然界分布最多的是0.005～2mm之间的碎屑颗粒,1990年中国石油天然气总公司公布的标准见表7-4。

表7-4 石油行业碎屑颗粒粒度分级标准

粒级	粒径,mm
砾石	>2
粗砂	0.5～2
中砂	0.25～0.5
细砂	0.1～0.25
粉砂	0.01～0.1
泥	<0.01

碎屑岩的粒度三级命名原则如下:

以含量大于或等于50%的粒级定岩石的主名,在相应的粒级后加"岩"字;含量介于50%～25%的粒级以形容词"××质"的形式写在主名以前;含量在25%～10%的粒级作次要形容词,以"含××"的形式写在最前面;含量小于10%的粒级一般不反映在岩石的名称中。例如,某碎屑岩含细砾石15%,中砂55%,粗粉砂30%,则命名为"含细砾的粗粉砂质中砂岩"。

若碎屑岩的粒度分选较差,没有大于或等于50%的粒级,而大于25%小于50%的粒级又不止一个。则以含量为50%~25%的粒级进行复合命名,以"××—××岩"形式表示,含量较多的写在后面。其他含量少的粒级仍按第一条原则处理。例如,某碎屑岩含砾石8%,粗砂6%,中砂30%,细砂40%,粗粉砂16%,则应命名为"含粗粉砂的中—细砂岩"。

若碎屑岩的粒度分选更差,不但没有含量大于50%的粒级,而且含量为50%~25%的粒级也没有或者只有一个。则应将全部粒度组分合并为砾、砂和粉砂三大级,然后按前两条原则命名。例如,某碎屑岩含中砾石8%,细砾石10%,粗砂17%,中砂16%,细砂18%,粗粉砂14%,细粉砂17%,则应命名为"含砾的粉砂质砂岩"。

3. 碎屑的结构特征

碎屑的结构特征主要用碎屑的圆度、球度和分选来描述。其中以圆度最常用,也容易对比。

1)圆度

圆度指颗粒的棱和角被磨蚀、圆化的程度,一般分为六级(图7-5)。

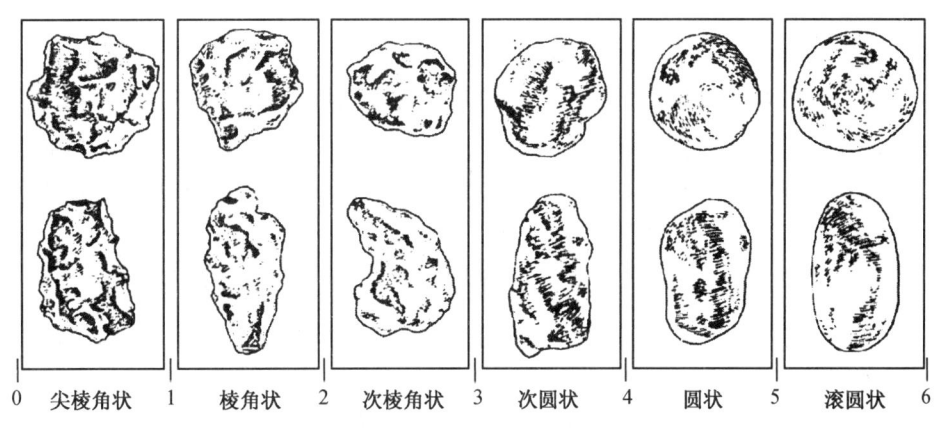

图7-5 碎屑圆度的形状和分级

尖棱角状:颗粒棱角尖锐,保持破碎时形状。

棱角状:颗粒棱角比较尖锐,表面内凹或外凸,不显磨损痕迹。

次棱角状:棱角清晰可见,但其顶缘已稍显磨蚀。

次圆状:棱角已磨损圆化,但基本轮廓尚存,但棱线、顶端呈弧形。

圆状:棱角已全部磨损而消失,颗粒表面呈弧形,但颗粒原始轮廓仍保存,表面有内凹或外凸的弧面。

滚圆状:棱角全部磨损,颗粒表面呈平滑的外凸弧面,无内凹外凸现象,只能据其特征大致推断原始的颗粒形状。

利用圆度来研究碎屑沉积物的搬运距离、磨损强度、搬运方向等有一定的地质意义。

2)球度

球度指颗粒接近于球体的程度。它一般用球度系数 Ψ 表示,即:

$$\psi = \sqrt[3]{BC/A^2}$$

式中　A——颗粒长轴长度；

　　　B——颗粒中轴长度；

　　　C——颗粒短轴长度。

显然,最大ψ值为1,即球体,最小接近于零,即很薄的片状体。

需要注意的是,圆度和球度是两个不同的概念,相互之间并不存在依赖关系,即圆度好者,球度不一定高,如圆饼状砾石；球度高者,圆度也可能很差,如未磨损的石榴子石晶粒。

球度主要取决于原始的颗粒形状。在搬运和沉积过程中颗粒球度的影响很大,例如球度很低的云母碎片很难沉积；而球度好的石英砂则很容易沉积,并且球度越好,沉降速度越大。

3）分选

分选指碎屑颗粒的大小均匀程度。主要粒级成分含量大于75%为分选好；主要粒级成分含量为50%～75%为分选中等；没有一种粒级成分能够超过50%认为是分选差。分选的好坏与碎屑颗粒的成分、风化、剥蚀及搬运的历史等因素密切相关。

4）表面特征

那些与粒度、圆度、球度无关的颗粒表面的细微起伏,被定义为颗粒表面特征。如磨光面、毛玻璃化、擦痕、撞痕等均属此类。一般砾石的表面结构用肉眼即可观察,而许多砂粒的表面特征则需要用显微镜、电子显微镜来研究。由于砾石在搬运过程中的磨损、溶解作用,砾石表面多呈毛玻璃状,有粗糙感,极其光滑者少见。另外,有些砾石表面可出现冰川擦痕、风沙撞击痕迹、溶蚀凹坑等,可统称为刻划痕迹。

4. 填隙物

填隙物是碎屑颗粒孔隙之间的黏土和化学沉淀充填物,其总量小于碎屑岩总体积的50%,它对碎屑起胶结作用。

填隙物包括杂基和胶结物两部分。杂基是与碎屑颗粒同时沉积的细粒沉积物,以黏土为主,也称基质。胶结物是碎屑颗粒沉积以后,从滞留或环流于颗粒之间的孔隙溶液中沉淀形成的化学物质。常见为蛋白石、氧化铁、方解石、白云石等。

5. 常见碎屑岩

1）砾岩和角砾岩

碎屑岩中砾石（粒度 > 2mm）的含量大于50%者叫砾岩。一般把砾石呈磨圆状者叫砾岩,而砾石呈棱角状者叫角砾岩。

砾岩中砾石呈圆状或次圆状；砾间填隙物有砂、粉砂、黏土或化学沉积的胶结物；胶结物成分可为硅质、钙质、铁质、泥质等。

角砾岩中砾石没有经过长距离搬运或原地堆积,具有明显的棱角；砾间填隙物也有砂、粉砂、黏土或化学沉积的胶结物；胶结物成分也有硅质、钙质、铁质、泥质。除由风化、剥蚀、搬运、沉积而成的角砾岩外,还可以是火山角砾岩、断层角砾岩、岩溶角砾岩等。

2）砂岩

碎屑岩中粒度为 2～0.1mm 的陆源碎屑含量大于 50% 者称为砂岩，砂岩分布很广，约占沉积岩总量的 1/3 左右。碎屑成分以石英、长石、岩屑为主，有少量云母和重矿物（含量 <1%，锆石、磁铁矿等）；杂基多为泥质，胶结物常为硅质、铁质或钙质等。按照杂基含量是否超过 15% 划分为杂砂岩和（净）砂岩，根据碎屑颗粒中石英、长石、岩屑的相对含量可进一步划分为石英砂岩类、长石砂岩类和岩屑砂岩类。

石英砂岩类：凡碎屑组分中石英含量多于 50%，长石和岩屑的含量都少于 25% 的砂岩均属此类。石英碎屑含量在 90% 以上者为石英砂岩。此外，还有长石质石英砂岩、岩屑质石英砂岩和长石岩屑质石英砂岩。石英砂岩的颜色大都为灰白色，或略带浅红、浅黄、浅绿等色调。除石英碎屑外，还有抗风化能力较强的正长石、微斜长石和少量酸性斜长石的碎屑，以及少量燧石和石英岩岩屑。重矿物含量很少，多为稳定性高的重矿物，如锆石、电气石、金红石等。一般很少或没有岩屑组分。胶结物大多为硅质，次为钙质、铁质，也有海绿石胶结。砂粒圆度高，分选好，胶结类型多种。波痕和交错层理较为发育，一般呈稳定层状产出。这类砂岩极为常见，约占砂岩总量的 1/3。

长石砂岩类：凡碎屑组分中长石含量多于 25%、岩屑含量少于 25% 的砂岩均属此类，包括长石砂岩和岩屑质长石砂岩。长石砂岩一般为红色，也有浅黄色，风化后可呈浅灰色或灰白色。长石砂岩类主要碎屑组分为石英和长石。长石主要为钾长石和微斜长石，重矿物含量可达 1% 以上，除了锆石、金红石、电气石等稳定性高的重矿物外，还有磷灰石、独居石、榍石、角闪石等稳定性较差的重矿物。长石砂岩含有少量杂基，胶结物常为钙质，有时为铁质，硅质胶结物较少。砂粒粗，常为中至粗粒，分选和圆度变化大。长石砂岩的形成需要富含长石的花岗质母岩和快速堆积的条件。

岩屑砂岩类：凡碎屑组分中岩屑含量多于 25%、长石含量少于 25% 的砂岩均属此类，包括岩屑砂岩和长石质岩屑砂岩。岩屑砂岩的颜色一般为浅灰色、灰绿色或灰黑色等。岩屑成分复杂，主要取决于母岩，常见者为喷出岩类和浅变质岩类岩屑。石英一般也是岩屑砂岩的主要碎屑，长石含量较少。重矿物的种类和含量变化大，常为辉石、角闪石、黑云母、绿泥石等不稳定组分。分选、圆度均不好。岩屑砂岩杂基含量小。岩屑砂岩一般形成于构造运动剧烈时期，由母岩遭受强烈的物理风化、快速搬运沉积而成。

杂砂岩类：凡杂基含量多于 15% 的，分选不好、泥砂混杂的砂岩均属此类。它的进一步分类和命名原则与净砂岩相同。杂砂岩一般呈暗灰色或黑色，富含石英，有不同比例的长石和岩屑，通常有少量云母碎屑。碎屑大小不等，包括砂或细砾以至细小质点的所有粒级，分选差，磨圆度不好，碎屑颗粒一般具尖锐棱角状。富含杂基是杂砂岩的基本特征，碎屑颗粒可被泥质杂基隔开，呈基质支撑结构。杂砂岩是构造活动带常见的一类碎屑岩，需要快速的剥蚀、搬运及沉积。

3）粉砂岩

碎屑岩中粉砂级碎屑（粒度 0.1～0.01mm）占 50% 以上者叫粉砂岩。碎屑成分单一，以石英为主，长石次之，岩屑极少，由于碎屑细小，所以呈棱角状，但分选好，胶结物常为黏土、钙质和铁质。粉砂岩在肉眼观察时难于分辨其成分，一般统称之为粉砂岩。

粉砂岩是在水动力条件较弱、沉积速度缓慢、环境较安定的情况下形成的。

4）黏土岩

黏土岩主要是指由粒度 < 0.01mm 的细颗粒组成,并含大量黏土矿物(高岭石、蒙脱石、水云母等)的疏松或固结的岩石,又称为泥质岩。它是沉积岩中分布最广的岩石,约占沉积岩总量的45%以上。黏土岩中的黏土矿物绝大部分为风化作用的产物经搬运后沉积而成。黏土岩中常混入一定量的粉砂,因此,属陆源性质。

黏土岩按矿物成分可分为高岭石黏土岩、蒙脱石黏土岩和水云母黏土岩。按照页理发育程度,黏土岩可分为泥岩和页岩。页岩有黑色页岩、碳质页岩、油页岩、钙质页岩、硅质页岩等:

黑色页岩:含有大量有机质和细分散状黄铁矿,岩石呈黑色但不染手,页理发育。

碳质页岩:岩石中含大量碳质,呈黑色,能污染手,以此可与黑色页岩相区别。多形成于湖泊、沼泽地区,常出现于煤系地层中并成为煤的夹层。

油页岩:黑色或棕黑色,含有较多的沥青(4%～20%,最高达30%),因而比其他页岩轻,具有弹性,燃之具沥青味。

钙质页岩:含碳酸钙,但其量不超过25%,否则将过渡为泥灰岩类岩石。钙质页岩分布很广,常见于大陆和海陆过渡带的红色岩系("红层")中,海洋和潟湖中也有产出。

硅质页岩:页岩中含有较多的游离SiO_2,它多呈玉髓、蛋白石存在,也常含硅藻、海绵、放射虫化石。硅质来源与生物作用和海底火山活动有关。岩石致密、性脆,具贝壳状断口。

(二)碳酸盐岩

碳酸盐岩主要由方解石和白云石组成,岩石类型主要有石灰岩和白云岩。该类岩石在地壳中分布广泛,约占沉积岩总量的五分之一至四分之一。在我国,约占沉积岩总出露面积的55%。它广泛地分布于各个地质时代的地层中,且年代越老其分布越多。

碳酸盐岩是重要的矿产资源,它既是建筑材料、冶炼熔剂、化工原料,又是石油、天然气、地下水的储集岩。因此,研究碳酸盐岩有重大意义。

1. 碳酸盐岩的成分

碳酸盐岩的物质组成可分三类。

第一类是碳酸盐矿物,主要是低镁方解石、高镁方解石、文石、白云石、菱镁矿、菱铁矿、菱锰矿等。

低镁方解石:$MgCO_3$ 含量为2%～3%(摩尔分数,一般小于5%),介形虫、三叶虫、苔藓虫等均为低镁方解石质的碳酸盐,是最稳定的矿物,故在古代岩石中见到的碳酸盐矿物都是低镁方解石。

高镁方解石:$MgCO_3$ 含量为12%～17%(摩尔分数,一般大于10%)。现代的海栖无脊椎生物,如有孔虫、海绵、红藻类,常为高镁方解石质的,最不稳定,易转变成低镁方解石。

文石:又叫霰石,是方解石的同质异象变体,$MgCO_3$ 含量小于2%(摩尔分数),属斜方晶系。现代碳酸盐沉积物的原始组分都是文石,如文石泥、文石针等,但不稳定,易转变成低镁方解石。

白云石：由于现代实验室在常温常压下不能人工合成白云石（只有在200℃以上热液中合成白云石），而且现代碳酸盐沉积物中很难见到原生白云石沉淀，故一般认为白云石大多不是原生沉淀的，而是由含镁的盐水交代文石或方解石而来的。

第二类是陆源碎屑混入物，主要是石英、长石和黏土，黏土的含量可以很高，其中以含水云母为多，也含有高岭石。

第三类是非碳酸盐的自生矿物，如海绿石、黄铁矿、石膏、硬石膏及自生的石英、长石等。

碳酸盐岩的化学成分与矿物成分关系密切。石灰岩以方解石为主，故 CaO 和 CO_2 含量极高，经常大于95%，MgO 一般很少；白云岩以白云石为主，其 MgO 含量一般在10.9%以上。若碳酸盐岩中 SiO_2 含量较高，说明有陆源碎屑矿物或自生 SiO_2 或硅质生物介壳存在；若 Al_2O_3 含量高，K_2O 及 Na_2O 也较一般含量高，则表明含有黏土矿物；SO_2 含量高，可能有石膏或硬石膏存在。

从化学成分来看，石灰岩以 $CaCO_3$ 为主，白云岩以 $CaCO_3$ 和 $MgCO_3$ 为主，$MgCO_3$ 含量在10.9%以上。根据方解石和白云石的相对含量，碳酸盐岩可以划分为灰岩、白云质灰岩、灰质白云岩及白云岩。

2. 碳酸盐岩的结构

碳酸盐岩的主要矿物成分较简单，但其成因却很复杂，既有机械沉积，也有生物和化学沉积，还有些属于交代作用的产物。不同的成因所产生的岩石结构不同，所以其结构也多种多样。碳酸盐岩具有颗粒、泥、胶结物、生物骨架和晶粒等5种结构组分，构成粒屑结构、生物骨架结构和晶粒结构3种结构类型。

1）粒屑结构中的颗粒

颗粒相当于碎屑岩中的碎屑。颗粒包括内颗粒和外颗粒两种，外颗粒是来自盆外的陆源碎屑颗粒，在碳酸盐岩中含量较少，是次要的；内颗粒是在沉积盆地内部由化学作用、生物作用和波浪、流水的机械作用形成的"碎屑状"沉积物。内颗粒的成分单一，均为碳酸盐。常见的内颗粒有内碎屑、生物碎屑和鲕粒、团粒等。

（1）内碎屑：是水盆地内已沉积的弱固结碳酸盐沉积物经流水或波浪冲刷、搅动成碎泥块原地堆积或近距离搬运、再沉积而成，如我国华北地区广泛分布的竹叶状灰岩中的"竹叶"体即为典型的内碎屑。和碎屑岩相似，内碎屑按粒度分为：砾屑（粒度 > 2mm）、砂屑（粒度为 2~0.1mm）、粉屑（粒度为 0.1~0.01mm）、泥屑（粒度 < 0.01mm）。

内碎屑可呈磨圆状、棱角状或有其他塑性变形的痕迹。

（2）生物碎屑：包括破碎的生物化石碎块和微体化石（粒度 < 2mm），如珊瑚碎块、纺锤虫等，又称骨屑。

（3）鲕粒：外形似鲕，粒度 <2mm，内部具同心状或放射状构造。其中，粒径大于2mm者叫豆粒。

（4）团粒：又叫球粒，是内部均一的米粒状矿物集合体，粒径一般为0.03~0.2mm。团粒的聚合体叫团块。

2）泥

泥是与颗粒对应的另一种结构组分,指泥级的碳酸盐质点,与黏土岩或黏土质砂岩中的泥质相当。可称为泥、泥晶、泥屑、微晶、微晶碳酸盐泥等。据成分不同,分为灰泥和云泥。可有三种成因:化学沉淀、机械破碎及生物化学成因。

3）胶结物

胶结物指沉淀于颗粒之间的结晶方解石或其他矿物,与砂岩中的胶结物相似。胶结物颗粒较大,粒径 >0.01mm,由于其晶体清洁明亮,故常称为亮晶、淀晶、亮晶方解石等。其成因为颗粒形成以后,由颗粒之间的粒间水以化学沉淀的方式生成,常围绕颗粒表面呈栉状、马牙状分布。这就是通常所说的第一世代胶结物,第一世代胶结物多填不满粒间空隙,第二世代再填,第二世代不再是栉状,而多呈嵌晶粒状。

4）生物骨架

生物骨架由原地固着生长的群体造礁生物构成,如群体珊瑚、海绵、苔藓虫、层孔虫、钙藻等,其间可充填有泥晶和亮晶。

5）晶粒

晶粒是生物化学作用、化学作用、交代作用和重结晶作用形成的碳酸盐晶粒,按晶粒大小分为:

巨晶(粒度 > 4mm)、极粗晶(粒度为 4～1mm)、粗晶(粒度为 1～0.5mm)、中晶(粒度为 0.5～0.25mm)、细晶(粒度为 0.25～0.05mm)、隐晶(粒度 <0.05mm)。

3. 碳酸盐岩的构造

碳酸盐岩的构造丰富多样,几乎所有的构造形式都有出现,如层理、波痕等;此外,碳酸盐岩中还有叠层构造、鸟眼构造、示底构造和缝合线构造等。

(1)叠层构造:是蓝绿藻类分泌的黏液,将细屑碳酸盐物质逐层黏结后硬化而成。因季节的变化,藻类分泌物的多少也有变化,因而出现纹层,具叠层构造者称叠层石。现代叠层石广泛分布于潮汐浅水带,是良好的环境标志。

(2)鸟眼构造:在隐晶状石灰岩或白云岩中,常见大致平行层理排列的鸟眼形孔隙,约 1～3mm 大小,其间被亮晶方解石、石膏充填,此即鸟眼构造,有时大量出现。该构造多出现于潮汐带形成的灰岩中。

(3)示底构造:在碳酸盐的同一个孔洞中充填了两种不同的碳酸盐物质(下部泥晶,上部亮晶),其界面清晰、平直,并且平行于层面。这两种不同的孔隙充填物代表两个不同时期的充填作用。底部或下部的泥粉晶充填物常是上覆盖层遭受淋滤作用时由淋滤水沉淀的,上部或顶部的亮晶方解石则是后期充填的,两者之间的平直界面代表沉淀时的沉积界面。根据这一充填孔隙构造,可以判断岩层的顶底,故称为示顶底构造,简称为示底构造。

(4)缝合线构造:常见于石灰岩中,其特征是在垂直于层面的剖面上呈现出类似头盖骨接缝的线状裂隙,此即所谓缝合线构造,宏观上多平行于层面,其成因一般认为是岩石受到挤压后发生不均匀(差异性)溶解所致。缝合线的缝隙内充填的黏土就是溶解的残余物质。有的是油气运移后的残留沥青质。

4. 常见碳酸盐岩

现将碳酸盐岩的一些主要岩石类型介绍如下。

1）竹叶状灰岩

竹叶状灰岩是一种典型的砾屑灰岩。砾屑呈饼状或长椭球形,也有不规则状,因剖面是长条形,形似竹叶而得名。砾屑圆度高,大小不一,几毫米至几厘米,其成分多为隐晶灰岩。砾屑表面常有一层黄色或紫色氧化铁膜(剖面上呈"圈"状),称氧化圈。砾屑系碳酸盐岩软泥因海退露出水面,干裂成泥块,再经潮水、波浪等冲刷、磨蚀而成。砾间填隙物质是隐晶方解石。

2）鲕粒灰岩

鲕粒灰岩具鲕状结构,鲕粒占50%以上,鲕粒间的填隙物是亮晶或隐晶方解石。该灰岩一般形成于温暖浅水、搅动剧烈、蒸发作用很强的环境中。

3）生物碎屑灰岩

生物碎屑灰岩可含各种生物遗体,可能是完整的,也可能是破碎的。胶结物是泥晶、隐晶或亮晶方解石。该种岩石又叫骨屑灰岩、介屑灰岩。可按所含生物命名,如纺锤虫灰岩、海百合灰岩等。

4）藻灰岩

藻灰岩是一种原地形成的生物化学灰岩。某些钙质藻类如绿藻、红藻体内含有大量针状碳酸钙物质(文石),当这些藻类死亡后即产生钙质(文石)堆积物,并进一步固结成藻灰岩,也有类似成因的藻白云岩。

5）隐晶灰岩

隐晶灰岩包括泥晶(粒径 < 0.01mm 的内碎屑)和隐晶质晶粒(粒径 < 0.05mm 的化学成因晶粒)组成的颗粒很细的石灰岩。因肉眼难于分辨两类不同成因的颗粒,故统称之为隐晶灰岩。隐晶灰岩一般为浅灰色,断口光滑且近乎贝壳状,风化面细腻。

6）泥灰岩

石灰岩中含有 25%～50% 的黏土时即为泥灰岩,岩石质地细腻,风化面光滑,在岩石裂缝中常有风化残留的黏土物质,加稀盐酸后除起泡外,尚有泥质沉淀物出现。多呈薄层状层理。

7）白云岩

白云岩主要由白云石组成,其含量大于 50%,常含方解石、黏土混入物。具隐晶质或细晶结构。在成岩后生作用中经过较强烈的重结晶或交代作用后,白云岩常具有中—粗粒结构,一般叫砂糖状结构。很少有生物化石,岩石多呈灰白色,白云岩露头表面沿微裂隙发育刀砍状溶沟,颇为特征,称刀砍纹。一般按晶粒大小对其命名,如隐晶白云岩、细晶白云岩等。

思 考 题

1. 什么是沉积岩？如何理解沉积岩形成的环境和形成过程？
2. 沉积岩与岩浆岩在化学成分上有何不同？原因何在？
3. 沉积岩的颜色可以给我们提供何种地质信息？
4. 什么是层理构造？常见的层理构造有哪些种？其对沉积环境和水动力学条件有何指向意义？
5. 我们可以利用沉积岩常见的层面构造获取哪些地质信息？
6. 沉积岩是如何分类的？
7. 碎屑岩是如何分类的？
8. 碎屑岩在结构上有哪几方面的特征？这些特征对于了解碎屑岩的形成过程有何作用？
9. 常见的砂岩类型与特点？
10. 碳酸盐岩的结构组分和结构类型对理解碳酸盐岩的形成过程有何帮助？
11. 常见的碳酸盐岩构造有哪几种类型？是何成因？
12. 常见碳酸盐岩的特征如何？

第八章 沉 积 相

第一节 概 述

沉积相是指沉积环境及在该环境中形成的沉积物(岩)特征的总和(包括岩石的、生物的、地化的特征)。这些特征就是相标志,我们就是根据这些相标志分析恢复古环境。

由此可见,沉积环境是沉积物质形成的空间场所,它决定了沉积物的基本特征,而沉积物的特征则是沉积环境的物质表现。

在相分析中,通常运用到"将古论今"的现实主义原则。有些在地质历史时期发生的事件,如火山喷发,在现代还会发生。它们所具有的特点具有很多可对比性。对此,莱伊尔曾说:"现在是打开过去的钥匙"。

沃尔索(Walther,1894)指出:只有在横向上成因相近且紧密相邻而发育着的相,才能在垂向上依次叠覆出现而没有间隔(图8-1)。简单说,在没有沉积间断的地层剖面里,垂向上彼此邻接的相在横向上也一定彼此邻接,此又称沃尔索相律。

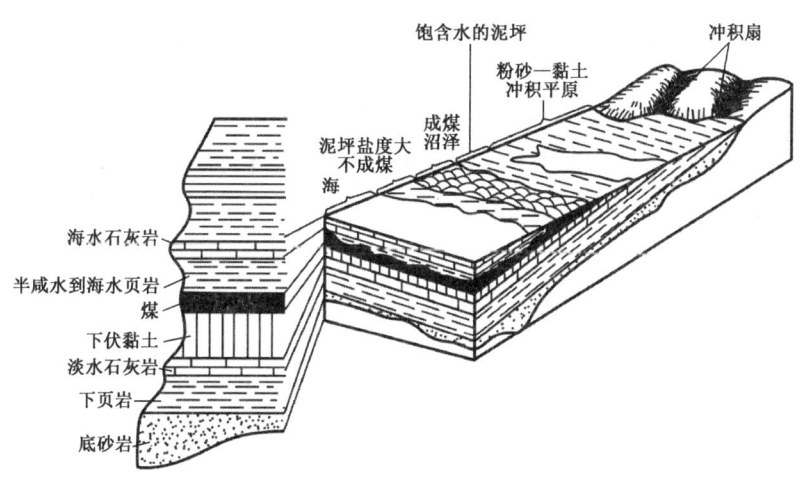

图8-1 沃尔索相律示意图

沉积相的分类通常以沉积环境中占主导的自然地理条件为主要依据,并结合沉积特征和其他沉积条件作进一步划分,结果如下。

大陆相组:山麓—洪积相、河流相、湖泊相、风成相、冰川相、沼泽相。

过渡相组:三角洲相、河口湾相。

海相组:海岸相、浅海陆棚相、半深海相、深海相。

以下对河流相、湖泊相、三角洲相、海岸相和碳酸盐岩沉积相等作简要介绍。

第二节 河流相

河流是流水由陆向海或湖流动的通道,是把陆上的物质向海洋或湖泊搬运的主要营力。然而,河流不仅仅是沉积物质搬运的通道,它也是重要的沉积物沉积场所。

一、河流的类型

地表发育有众多的河流,这些河流的几何形态、坡降、流量、携带沉积物的量等都有显著不同。

按地形及坡降可将河流分为山区河流和平原河流,前者高差、坡降大、侵蚀切割强烈,河谷陡深,河道直,水流急,沉积物粗;后者则高差、坡降小,以侧向侵蚀为主,河道弯曲,支流多,沉积物相对较细。

按发育阶段可将河流分为幼年河、壮年河与老年河。幼年河属河流发育的初期阶段,山区河流多属此类型;壮年河或老年河多属平原河。一条河的上、中、下游对应幼、壮、老年期。

按河道平面几何形态,可将河流分为平直河、曲流河、辫状河、网状河(图8-2):

(1)平直河:河流弯度小,较平直。因侧向侵蚀加积,可引起河道位置改变,并向弯曲河流发展。这种河较少,多为一条河流的某一段。弯度指数小于1.5。

(2)曲流河:弯度指数大于1.5,河道蜿蜒曲折,河床坡降小,河道较稳定,冲刷切割作用不明显。多发育在河流中下游地区,边滩发育。

(3)辫状河:河道不稳定,频繁交叉合并,形成辫状。多发育在河流的中上游河段以及冲积扇上,形成于坡陡、水急、泥砂含量高的条件下,心滩发育。

(4)网状河:网状河也是多河道,但河道窄而深,顺流向下游呈结网状。目前对网状河认识尚不一致,一般认为网状河指的是在河流中下游三角洲平原地区,由于发洪水期间河水产生决口分流而形成的网状河道,河道间被半永久性的冲积岛和泛滥平原或湿地所分开,故有人称之为限制型河道。

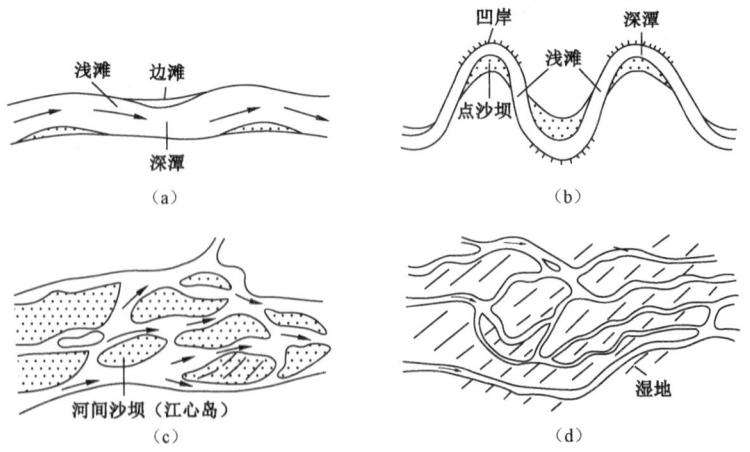

图8-2 河流类型示意图(据Smith,1983;Reineck和Singh,1978)
(a)顺直河;(b)曲流河;(c)辫状河;(d)网状河

河流的弯度指数为测量河段的河道长度与河道宽度之比。

二、河流相沉积的一般特征

(一)岩石组合

河流沉积由砾、砂、粉砂和黏土等各类碎屑沉积物组成。上游偏粗,下游偏细。砾石成分复杂,有较多的陆源砾石。底部冲刷面之上的泥砾,是河流相的重要鉴定标志之一。砂岩主要是长石砂岩和岩屑砂岩类,矿物成分的成熟度一般都很低。河床砂成岩作用阶段多为开放系统,为中酸性水介质,故缺少海绿石、菱铁矿、绿泥石等含二价铁的自生矿物。

(二)结构

河流沉积分选差到中等,分选系数一般大于1.2,粒度频率曲线常为双峰,正偏态;粒度概率图上常表现明显两段性,且以跃移总体为特征。

(三)沉积构造

河流沉积的层理类型多样,以反映单向水流的大型槽状和板状交错层理为特征,斜层倾角$15°\sim30°$,层系厚度一般为30cm或更薄,一般不超过1m。还有平行层理和上攀波纹状层理,以及包卷层理等。

河流中常见流水不对称波痕,有时可见砾石的叠瓦状排列,扁平面倾向上游,倾角$10°\sim30°$。河漫沉积可见钙质结核和泥裂,以及炭化植物屑及立生植物根。

(四)生物化石

河流相生物化石一般保存不好,通常较难见到动物化石及较完整的植物化石,所见者常是破碎的植物枝、干、叶,在时代较新的河流相地层中可见到脊椎动物化石。

(五)横向和垂向变化

在横向上,河流相相变较快,砂岩多呈透镜状;垂向上常出现自下而上由粗变细的间断性正韵律,每个韵律底部发育有明显的底冲刷现象。

(六)相组合

在横向上,河流相向上游方向与山麓—洪积相衔接,向下游方向上与湖泊、三角洲、海岸相相邻。在垂向上,向上可演变为三角洲相等相类型。

三、河流相的亚相类型

以曲流河为例,其沉积环境模型如图8-3所示,曲流河可进一步划分为河床、堤岸、河漫、牛轭湖四个亚相。

(一)河床

河床是河谷中经常流水的部分。其横剖面呈槽形,上游较窄,下游较宽,流水的冲刷使河床底部显示明显的冲刷界面,构成河流沉积单元的基底。河床沉积以砂岩为主,其次为砾

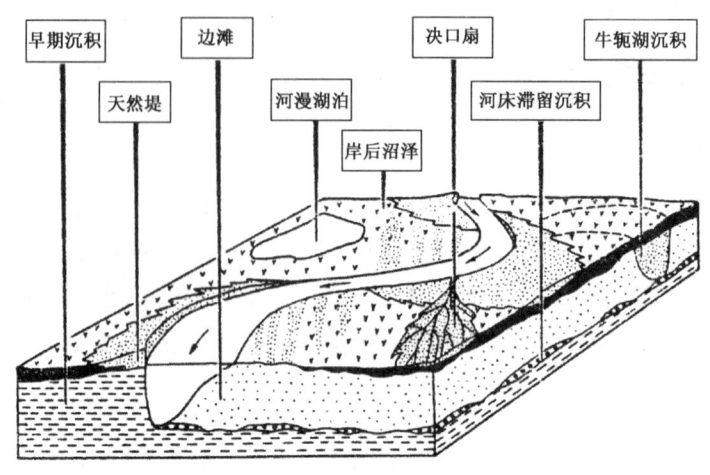

图 8-3 曲流河沉积环境模型（据 Allen，1964）

岩,碎屑粒度是河流相中最粗的,层理发育,类型丰富多彩。缺少动植物化石,仅见破碎的植物枝、干等残体,砂体形态具有透镜状,底部具有明显的冲刷界面。冲刷面之上有残余的粗碎屑物质,集中堆积成不连续的透镜体,为河床滞留沉积,向上过渡为边滩沉积。

曲流河凸岸可形成边滩。边滩分两部分,一部分被水淹没,称水下边滩;一部分露出水面,称水上边滩,又称滨河床浅滩。水上边滩在洪水期变为水下边滩,因而它不会长草。砾、砂大部分是以往洪水退去后沉积下来的,其形态不固定,下一次洪水过后就可能被重新塑造。

(二)堤岸

堤岸沉积垂向上常发育在河床沉积的上部,相对河床沉积而言,属顶层沉积。与河床沉积相比,其岩石类型简单,粒度较细,以小型交错层理为主。堤岸可进一步分为天然堤和决口扇两个沉积微相。

河流在洪水期因水位较高,河水携带的细砂级、粉砂级物质溢出河道沿河床两岸堆积,形成平行河床的沙堤,称为天然堤。天然堤主要由细砂岩、粉砂岩、泥岩组成,粒度比边滩沉积细,比河漫滩沉积粗,垂向上突出的特点是砂、泥岩组成薄互层。层理构造以小型波状交错层理、上攀交错层理、槽状交错层理为特征,其垂向序列是下部砂质沉积发育交错层理,上部泥质沉积则发育水平纹层。

如果天然堤不被破坏,河床随沉积物迅速增厚而升高,最后反而高出旁侧的河漫滩,洪水期河水冲决天然堤,部分水流由决口流向河漫滩,砂、泥物质在决口处堆积成扇形沉积体,称为决口扇。决口扇沉积主要由细砂岩、粉砂岩组成,粒度比天然堤沉积物稍粗,具有小型交错层理、波状层理及水平层理,冲刷与充填构造常见。砂体形态呈舌状,向河漫平原方向变薄、尖灭,剖面上呈透镜状。

(三)河漫

河漫沉积位于天然堤外侧,地势低洼而平坦。洪水泛滥期间,水流漫溢天然堤,流速降低,使河流悬浮沉积物大量堆积。由于它是洪水泛滥期间沉积物垂向加积的结果,故又称为泛滥盆地沉积。河漫沉积主要为粉砂岩和黏土岩。粒度是河流沉积中最细的,层理类型单调,主要为波状层理和水平层理。平面上位于堤岸沉积外侧,分布面积广泛。河漫主要包括河漫滩、河漫湖泊和河漫沼泽三种沉积微相。

河漫滩是河床外侧河谷底部较平坦的部分,以粉砂岩为主,也有黏土岩的沉积。平面上距河床越远粒度越细,垂向上也有向上变细的趋势,波状层理和斜波状层理(洪水层理)为主,也见水平层理,可见不对称波痕。河漫滩常因间歇出露水面而在泥岩中保留干裂和雨痕。化石稀少,一般仅见植物碎片。

河漫滩上长期积水的低洼地带就是河漫湖泊,以黏土岩沉积为主,并有粉砂岩出现,是河流相中最细的沉积类型。层理不发育,有时可见到薄的水平纹层。泥岩中泥裂、雨痕常见。干旱气候条件下,常形成钙质及铁质结核。在潮湿气候区的河漫湖泊中,生物繁茂,可形成丰富的有机质沉积,并可保存较完整的动植物化石。在气候干旱地区,蒸发量增大,河漫湖泊可发展成盐湖,形成盐类沉积。

河漫沼泽又称为岸后沼泽。它是在潮湿气候条件下,河漫滩上低洼积水地带植物生长繁茂并逐渐淤积而成,或是由潮湿气候区河漫湖泊发展而来。河漫沼泽沉积的突出特征是有泥炭沉积,其他特征与河漫湖泊相似。

在河流迅速侧向迁移的情况下,天然堤发育不良,洪水泛滥可形成平坦广阔的河漫沉积区,沉积物中不仅有泥质,也可有大量的砂质沉积。这时,堤岸亚相与河漫亚相已经没有多大差别,统称为泛滥平原沉积。

(四)牛轭湖

弯曲河流的截弯取直作用使被截掉的弯曲河道废弃,形成牛轭湖。牛轭湖沉积主要为粉砂岩及黏土岩,粉砂岩中具有交错层理,黏土岩中发育有水平层理,常含有淡水软体动物化石和植物残骸。岩体呈透镜状,延伸长度可达数十千米,厚可达数十米。

四、河流沉积的多阶性

在河流相的垂向剖面中,下部为河床亚相,常为河流相沉积的主体,主要由河床滞留砾岩、砂岩(边滩或心滩)组成,因位于河流相剖面的下部,又称为底层沉积;剖面上部为堤岸亚相与河漫亚相,称为河流相的顶层沉积,主要由粉砂岩、黏土岩等细粒沉积组成。底层沉积和顶层沉积厚度相当或后者略厚。底层沉积和顶层沉积呈正旋回组合,它们构成河流沉积的二元结构(图8-4),是河流相沉积的重要特征。

二元结构重复出现,就可形成河流沉积相的多个间断性正旋回,岩性上出现间断性正韵律,每一个旋回即由一个二元结构所组成,通常也称为河流沉积的一个"阶"。河流沉积旋

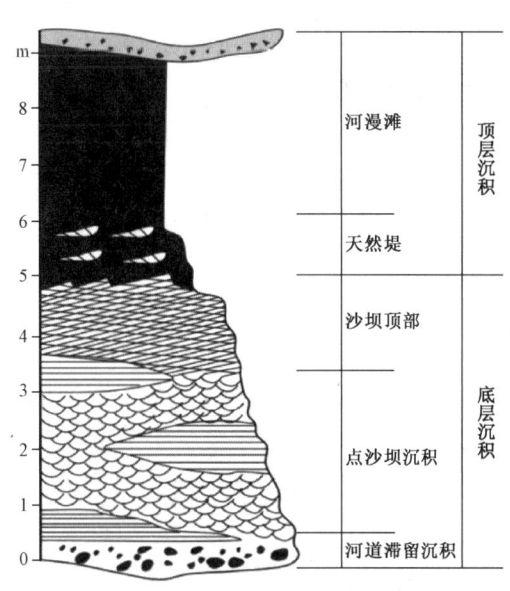

图8-4 曲流河沉积的标准垂向模式

回的多阶性是河流相沉积的又一重要特征。

河流沉积的多阶性有两种成因:一种是由于河床在河谷中侧向迁移的结果,称为迁移多阶,其特点是分布范围相对较小,横向较易变化,韵律间自下而上粒度具由粗变细的总趋势;另一种成因是由地壳的区域性升降运动所致,称为构造多阶,其特征是分布范围广,具区域性,韵律和旋回性明显,最底部具明显的冲刷侵蚀界面,韵律间自下而上无粒度由粗变细的总趋势。

第三节 湖 泊 相

湖泊是大陆上地形相对低洼处的汇水区,是沉积物堆积的重要场所。我国自中生代以来,湖泊沉积广泛发育,而且与石油矿产资源密切联系。深入研究湖泊沉积具有重要的理论意义和现实意义。

一、湖泊的一般特征及其分类

(一)湖泊的一般特征

湖泊的沉积作用主要受波浪和湖流水动力作用的控制,在局部范围内也可受河流作用的较大影响。

滨浅湖地区波浪作用强烈,可形成各种浪蚀湖岸及湖滩、沙坝等堆积地形。湖浪的规模(波长、波高)与湖泊的大小、风的吹程(风吹过湖面的距离)成正比。湖浪波动的振幅随深度增加而减小。在水深相当于1/2波长的位置,湖水不受波浪干扰,为静水环境。一般把相当于1/2波长的水深处称为波浪基准面(波基面),波基面以下的湖水为静水环境。湖泊的波基面一般是在20m左右。常见的湖流是由风的吹动、大气压的差异、河流注入的惯性等因素所造成。湖流对沉积物的搬运和沉积起着重要作用。

湖水的水化学特征在不同气候区有所不同。在半干旱或干旱区的湖水离子浓度大,可等于或超过海水浓度,能沉淀出蒸发矿物,很多大型湖泊在其发展过程中都曾经历过盐湖阶段。在温暖潮湿气候的淡水湖中离子浓度较小,但它仍然影响水中生物的生长率和氧的溶解程度。当生物生长率高时,会耗尽下层湖水的氧。当生物生长率低时,湖水保持一定氧化能力。热带地区即使是在生物生长率低的湖水中,下部也缺氧为还原环境,可使湖底的有机物保存下来。

古生物是划分湖泊与海洋沉积最常用的标志。如珊瑚、苔藓动物、腕足动物、头足动物和棘皮动物都是海生或大多数是海生的生物,而瓣鳃类、腹足类、介形虫类中有许多淡水生物。藻类是恢复沉积环境应用最广泛的植物,一般地讲,呈树枝状或分离的结核团块状生长的是湖泊环境的藻类;呈叠层状生长的藻则生活在海洋或咸水湖环境。红藻几乎都是海生的,而轮藻则多是淡水藻类。

(二)湖泊的分类

湖泊的分类方式很多,按自然地理位置分为内陆湖(位于大陆内部)和近海湖(邻近海洋)。按湖水盐度分为淡水湖(含盐度<0.1%)、微咸水湖(含盐度0.1%～1%)、咸水湖(含盐度1%～3.5%)和盐湖(含盐度>3.5%)。按沉积物的类型分为碎屑型湖泊(以陆源碎屑为主,多为淡水湖)、化学型湖泊(以碳酸盐岩和膏盐沉积为主,多为咸水湖)和过渡型湖泊。按成因分为河成湖、火山口湖、溶蚀湖和冰川湖等。

二、碎屑湖泊相的一般沉积特征

(一)岩石类型

碎屑湖泊相以黏土岩、砂岩和粉砂岩为主,砾岩少见,仅分布于滨湖地区。

我国东部中、新生代盆地主要沉积长石砂岩和长石石英砂岩。黏土岩广泛分布,由湖岸向中心增多。形成于较深水还原环境的湖相黏土岩常富含有机质,可成为良好的生油岩系。

碎屑湖泊中也可出现数量不等的石灰岩、泥灰岩、白云岩、硅藻土、石膏、盐岩以及煤、油页岩等。

(二)沉积构造

层理类型多样,以水平层理最为发育。从滨岸浅水至停滞的深水,依次出现交错层理—波状层理—水平层理。另外,可见波痕、泥裂、雨痕和搅动构造等。

(三)生物化石

生物化石丰富是碎屑型湖泊沉积的重要特征。常见的生物种类有介形虫、瓣鳃类、腹足类等,尤其是介形虫的大量出现,是湖泊环境的重要标志。藻类也是湖泊中较发育的生物,轮藻为淡水环境所特有。陆生植物根、茎、叶、孢子花粉等大量出现也是湖相的重要特征。受海侵作用影响,在近海湖泊中也可偶然出现海相生物化石,如有孔虫。

(四)沉积物分布

理想的碎屑湖泊沉积为围绕湖盆呈环带状分布(图8-5)。由湖盆边缘向中心依次为砂砾岩、砂岩、粉砂泥岩、泥质。而断陷式湖盆沉积多呈不对称分布,一般厚度变化与盆地轮廓及构造方向的变化基本一致。

湖盆沉积的厚度可达数千米。这主要与构造升降活动及物源供应有密切的关系。如松辽盆地白垩纪湖泊相沉积厚度达5000m以上,济阳坳陷古近—新近系湖相沉积厚度在6000m以上。

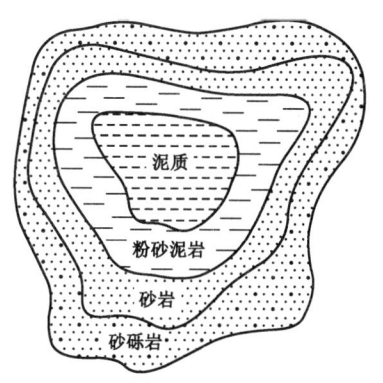

图8-5 理想的碎屑湖泊沉积模式

三、碎屑湖泊相的亚相类型

按湖水深度,可将碎屑型湖泊相划分为滨湖、浅湖、半深湖—深湖等几个亚相。湖泊环境中,还会出现三角洲相沉积。对三角洲相沉积,后面有专门介绍。

（一）滨湖

滨湖是位于洪水期水面与枯水期水面之间的地带，水动力条件复杂。低水位时，可出露水面，氧化作用强，可见暴露地表的一些沉积构造。

在碎屑物源供应充分的开阔湖岸，形成以砂岩和粉砂岩为主的湖滩。有时有湖滨砾岩。砂岩中砂粒的磨圆度和分选都较好，可见大型的交错层理。砂砾质湖滩不适于生物生长，但可见湖浪带来的浅水生物如螺、蚌等。它们的壳体和碎片可堆积成生物滩。有时有平行湖岸的重矿物富集带。

若碎屑供应物以泥为主，则形成泥滩。一般泥滩坡度小，面积大，沉积物为粉砂质泥岩，具水平层理和季节性韵律层，也有泥裂、雨痕、虫孔、植物碎片及生物扰动构造。

如近岸水体被沙坝、沙嘴、堤岛阻隔，可形成半封闭的湖湾区，沉积物主要是泥质，植物化石及碎片丰富。进一步发展可演化成沼泽，形成泥炭。气候干旱区可有白云质沉积物。

（二）浅湖

浅湖是位于枯水期水面以下与波基面以上的浅水地带。沉积物主要受波浪作用和湖流作用的影响，而无拍岸浪的作用。

岩石类型以粉砂岩、黏土岩为主，可夹少量化学岩。陆源物质供应充分时有细砂岩。细砂岩呈透镜体状，圆度、分选好。

层理主要为水平层理、波状层理。水动力较强的浅湖区，可见小型交错层理。在砂泥岩交互出现时，可见压扁层理、透镜状层理等。有时可见对称的浪成波痕。

本带是湖泊中生物最发育的地带，生物化石丰富，可堆积成生物滩。

地形平缓的浅湖区，当砂质供应充分时，可形成砂质浅滩和沿岸沙坝等砂体。

（三）半深湖—深湖

半深湖—深湖是位于波基面以下的静水区，主要为黑色或深灰色的黏土岩，有时可夹有少量的灰岩、泥灰岩和油页岩。岩石的特点是粒度细、颜色深、有机质含量高。层理发育单调，主要是细薄的水平层理、季节纹理。含分散状黄铁矿。岩性、厚度稳定，分布广，易于对比。

四、湖泊相组合

理想的湖泊沉积模式在平面上基本呈环带状分布，由湖岸至中心依次为滨湖亚相及湖成三角洲亚相—浅湖亚相—半深湖亚相—深湖亚相。碎屑沉积物的粒度由粗变细，深湖区为盆地中心。另外，我国还有一种断陷式盆地，例如渤海湾地区的东营凹陷，盆地南北不对称，北断南超。北部边界上有近东西走向的边界断裂，古近纪沉降幅度大，沉积厚度大，扇三角洲直接与深水湖相相接，并有深水浊积扇。南部为斜坡地带，沉降幅度小，相应的沉积厚度也小，相带宽并逐渐过渡。

从下向上，理想的湖泊沉积层序是：深湖的黏土质沉积—浅湖细碎屑沉积—滨湖砂质沉积—河流粗碎屑沉积，形成反旋回层序。

第四节 三角洲相

三角洲是指河流与海洋（或湖泊）汇合处所形成的沉积体，故有海洋三角洲与湖泊三角洲之说。通常所称三角洲大多是指海陆过渡地区的三角洲，并将这类三角洲相归为海陆过渡相组。这类三角洲受河流流水、海洋波浪与潮汐作用的控制。以下介绍海陆过渡相组的三角洲。

一、三角洲的形成及分类

河流入海的河口区，由于水流流速骤减，河流携带的泥砂卸载堆积成水下浅滩。水下浅滩不断淤高、增大、露出水面形成河口沙坝。水流从沙坝顶端分成两个分支河道。分支河道向前发展，形成次一级河口沙坝。这一过程不断重复，就形成了一个喇叭形向海延伸的多叉道河网系统。三角洲的雏形随之形成（图8-6）。

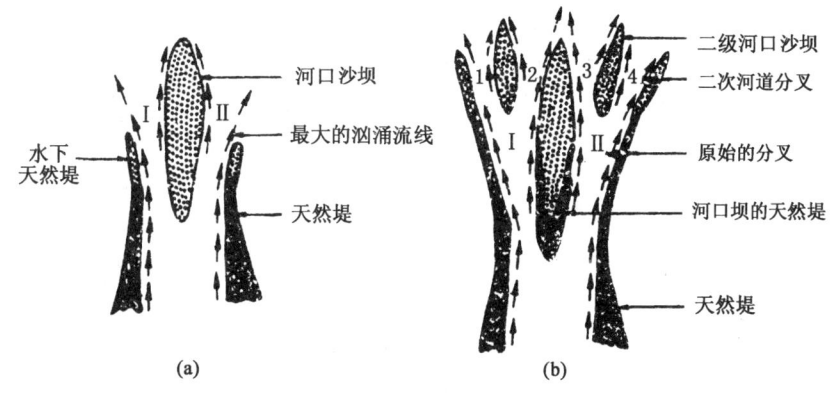

图8-6 河口沙坝和分支河道的发育过程（据拉塞尔，1967）
（a）早期河道分叉；（b）晚期河道分叉

由于分支河道不断向海延伸，河床坡度减小，流速减缓，河床淤高，洪水季节洪流冲决天然堤，携带的物质在滨海平原或叉道间逐渐沉积下来形成决口扇，使三角洲在横向上由于河流的不断改道与摆动逐渐扩大。河水冲决天然堤，将促使河流改道，旧河道淤塞，原来的三角洲废弃，而在其旁侧新河道入海处，新的三角洲开始发育成长。随着时间的推移，三角洲的废弃和发育相互转化、交替出现，形成三角洲复合体。

由于河流、波浪、潮汐对三角洲的形成起直接控制作用，故很多学者主张按这三者的相对强度来划分三角洲的成因类型。盖洛韦（W.E.Galloway，1976）根据上述三种作用的相对关系，分析了世界上一些代表性的三角洲，提出了三角洲的三端元分类（图8-7）。三个单元分别代表了河流、波浪、潮汐作用为主的三角洲类型，分别称为河控三角洲、浪控三角洲和潮控三角洲。

以河流作用为主时，泥砂在河口区堆积的速度远大于波浪所能改造的速度，这种情况下形成的三角洲称建设性三角洲。现代的密西西比河三角洲在平面上形似鸟爪称鸟足状或长形三角洲。它使河流输入泥砂的数量比海水对沉积物改造的数量要大得多，三角洲向海推进，河道位置稳定而分流不多，各以不同方向并以不同速度向海延伸形成建设性三角洲。我

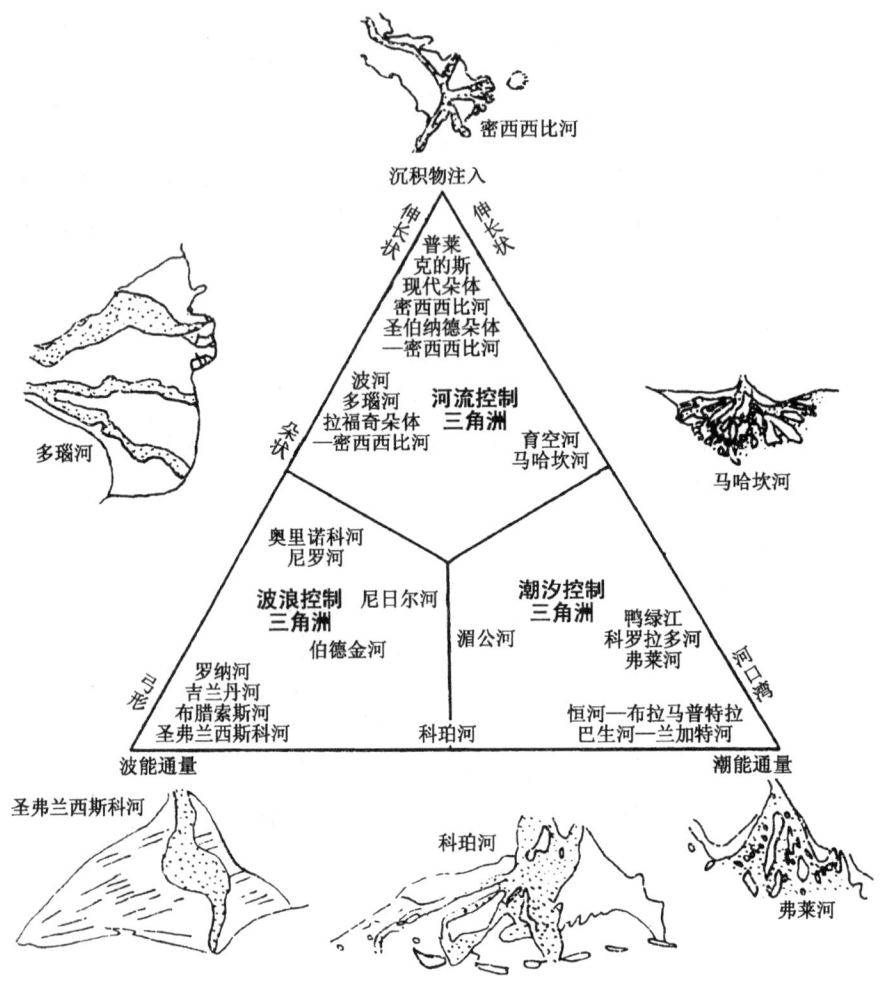

图 8-7 三角洲类型的三端元分类（据 W. E. Galloway，1976）

国的黄河三角洲在平面上呈扇形或半圆形,称朵形三角洲。

当海洋的作用增强,波浪、潮汐、海流的能量等于或稍大于河流输入泥砂的能力时,河流作用携带而来的泥砂,经海洋水动力的改造和再沉积作用而成的三角洲,称破坏性三角洲。这类三角洲分布面积小,多为中、小型河流入海而成。埃及的尼罗河、意大利的波河,均是以海浪作用为主的破坏性三角洲。

我国的珠江、鸭绿江、辽河三角洲却是以潮汐作用为主的破坏性三角洲。当潮汐作用为主时,河流所携带的泥砂受潮汐作用的影响,形成一系列长条形的潮汐沙坝。这些潮汐沙坝在河口前方呈裂指状断续向海洋方向延伸。由于这种三角洲的外形受潮汐控制,故称为潮控三角洲。

二、三角洲相亚相的类型及其特征

根据三角洲的沉积环境和沉积特征,可将三角洲进一步划分为三角洲平原、三角洲前缘和前三角洲三个亚相类型(图 8-8)。

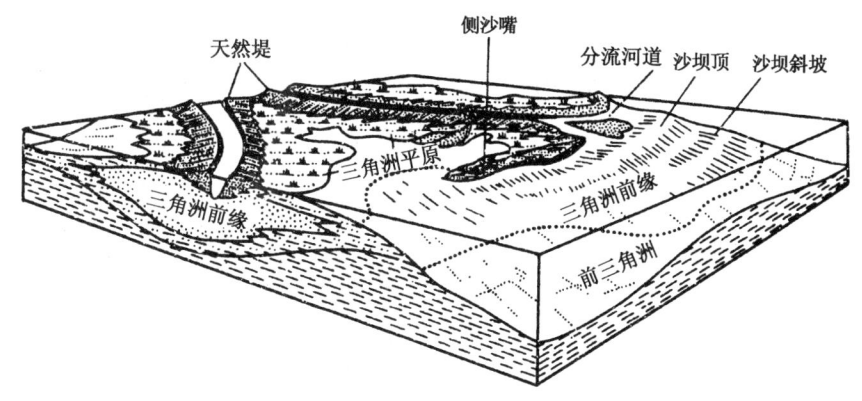

图 8-8　河控三角洲沉积环境立体模型

（一）三角洲平原

三角洲平原可分三角洲陆上平原和水下平原两部分。

（1）三角洲陆上平原亚相：范围包括从河流大量分叉开始至海平面以上的广大河口区。沉积特征与曲流河流相较为类似，进一步可划分为分流河道、天然堤、决口扇、沼泽等几个微相。

分流河道沉积为三角洲平原亚相沉积的骨架，与河流体系中的河床亚相类似，但岩性偏细。

天然堤沉积以细砂和粉砂为主，常见各种波状层理及流水波痕，可见铁质结核和碳酸盐结核。而洪水漫溢河床冲决天然堤形成的决口扇沉积，粒度比河床沉积更细些。

在潮湿的热带和亚热带地区，分流河道之间的沼泽沉积分布最广，可占三角洲平原的90%，主要为深色有机质黏土、泥炭、薄煤层，夹有洪水成因的纹层状粉砂岩。

（2）三角洲水下平原亚相：是三角洲平原在海平面以下的平缓延伸，由水下分流河道、水下天然堤及支流间湾沉积组成。

水下分流河道为陆上分流河道的水下延伸部分，沉积以砂和粉砂为主，泥质极少，常发育交错层理、波状层理及冲刷—充填构造。水下天然堤也是陆上天然堤的水下延伸部分，为水下分流河道两侧的砂脊，退潮时可部分出露水面，沉积物以极细砂和粉砂为主，有少量的黏土夹层，以流水形成的波状层理为主。支流间湾是指水下分流河道之间相对低洼的海湾地区，当三角洲向前推进时，在分流河道间形成一系列尖端指向陆地的楔形泥质沉积。故支流间湾以黏土沉积为主，含少量粉砂和细砂，具水平层理和透镜状层理，可见浪成波痕及生物介壳，虫孔、生物扰动构造发育。

（二）三角洲前缘

三角洲前缘位于三角洲平原的向海边缘地带，是河流携带物质在河口堆积再经波浪作用改造成的纯净砂质沉积物集中带，含砂量高达75%，可进一步分为分流河口沙坝、远沙坝和席状砂等类型。

（1）分流河口沙坝：位于水下分流河道的河口处，平面上呈长轴平行河流的椭圆形或新月形，剖面上呈双凸或底平顶凸形。由于海浪的充分簸选作用，泥质被带走，而保留下分选好、质纯净的石英细砂和粉砂，有较发育的交错层理，可见流水波痕和浪成波痕。

（2）远沙坝：位于河口沙坝前方较远部位，又称末梢沙坝。主要由粉砂和少量黏土及细砂组成,只有在洪水期才有砂质沉积。具交错层理、波状层理,可见流水波痕和浪成波痕等。

（3）席状砂:在海洋作用较强的河口区,河口沙坝受波浪和岸流的作用,向两侧迁移和前后迁移,呈席状或带状分布于三角洲前缘,形成席状砂。其特征与海滩沙堤类似,砂质纯,分选好,广泛发育交错层理。

（三）前三角洲

前三角洲位于三角洲前缘的外侧,沉积作用大部分是在波基面以下较深范围内进行的。主要由富含有机质的暗色黏土和粉砂质黏土组成。含泥量高达 80%,为河流搬运的泥质悬浮物质和胶体溶液的沉积物。沉积构造不发育,可见水平纹层和透镜状层理。向外海相化石变丰富,含海绿石,水平虫孔多,呈带状出现。

三、三角洲相组合

由地壳运动、河流改道引起三角洲的转移、沉陷、海水入侵等,在三角洲的垂向剖面上形成建设相和破坏相交替出现的多旋回现象（图 8-9）。

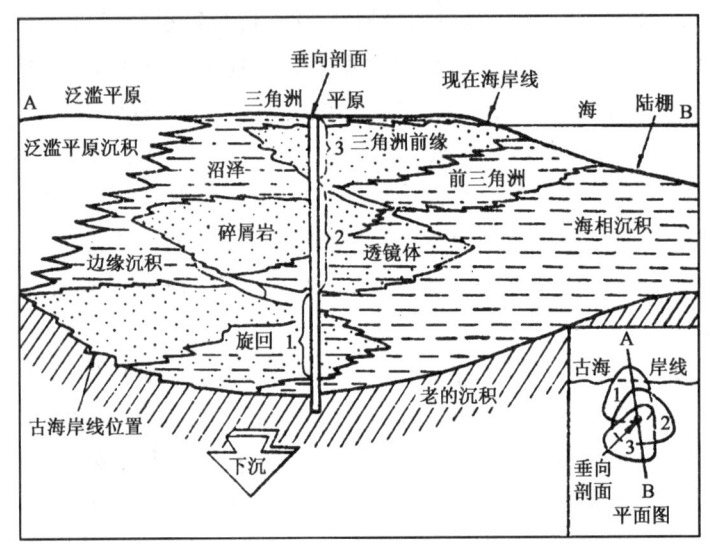

图 8-9 三角洲复合体系中的多旋回现象（据柯尔曼,1964）

垂向上,进积式三角洲沉积的层序由底向上是前三角洲泥—三角洲前缘粉砂和砂—三角洲平原的粗粒河流沉积和漫滩沼泽沉积,即粒度由细变粗,呈反旋回性质。

三层结构是三角洲沉积的最重要特征,它们由顶积层（三角洲平原）、前积层（三角洲前缘）和底积层（前三角洲）组成（图 8-10）。

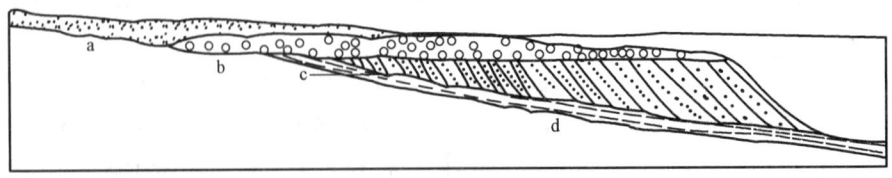

图 8-10 三角洲的结构

a—水上顶积层；b—水下顶积层；c—前积层；d—底积层

第五节 海岸相

一、海相组的划分

按海底地形和海水深度,可将海相组分为滨海、浅海、半深海和深海四个相(图8-11)。根据陆棚区地形、水深和潮汐、波浪作用的特点,又将陆棚区划分为海岸相和浅海陆棚相。

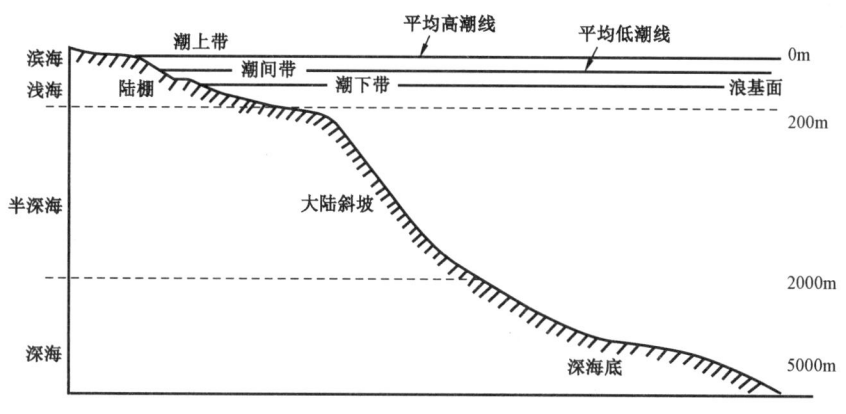

图8-11 海相组地形和水深关系示意图

海岸相又称滨岸相或海滩相,位于风暴潮面至浪基面之间,包括滨岸地区的潮上、潮间、潮下带,相当于图8-11中的滨海相以及浅海相的上部。浅海陆棚相位于波基面以下的陆棚区,向陆方向与海岸相衔接,向海与半深海相毗邻。

海岸带实际上就是分隔大陆与开阔海的过渡地貌单元,换句话说,也是连接大陆与开阔海的过渡带。这里应该注意的是其不包括三角洲,是专指除了三角洲之外的海滨带,也可以把它叫作滨海,也是一种过渡相。

对于无河流作用的海岸带,其主要的动力来源是波浪和潮汐。依据波浪和潮汐作用的相对强弱以及岸线的发育情况,海岸带可以分为两种情况:

(1)海岸线较平直,向广海没有障壁。波浪是这类海岸带的主要水动力条件,水动力条件很强,这类海岸也叫作无障壁海岸带。从沉积体系的角度来讲,叫作海滩体系。

(2)海岸线是曲折的,向广海一侧发育有障壁(沙洲、沙坝),这样的海岸叫作障壁海岸,从沉积体系角度来讲,叫障壁岛体系或者叫堡岛体系。

障壁海岸带的水动力条件主要是潮汐,而不是波浪,因为障壁岛阻碍了波浪的作用,无障壁的地方也由于曲折的地形而消耗掉了波浪的能量。

二、无障壁海岸相

无障壁海岸相的沉积环境是无障壁岛遮挡、海水循环良好的开阔海岸带。进一步按照海岸水动力状况和沉积物类型分为砂质或砾质高能海岸及粉砂淤泥质低能海岸两种类型。它们的宽度随海岸带地形的陡缓而定。在陡岸处宽度仅数米,平缓海岸其宽度可达十千米以上。古代海岸因岸线不断迁移，可形成宽而厚的砂质海岸沉积。

高能海岸环境以砂质类型者居多，砾质者少见。按海岸地貌特征可划分为海岸沙丘、后滨、前滨、临滨（近滨）等几个次级环境（图8-12）。

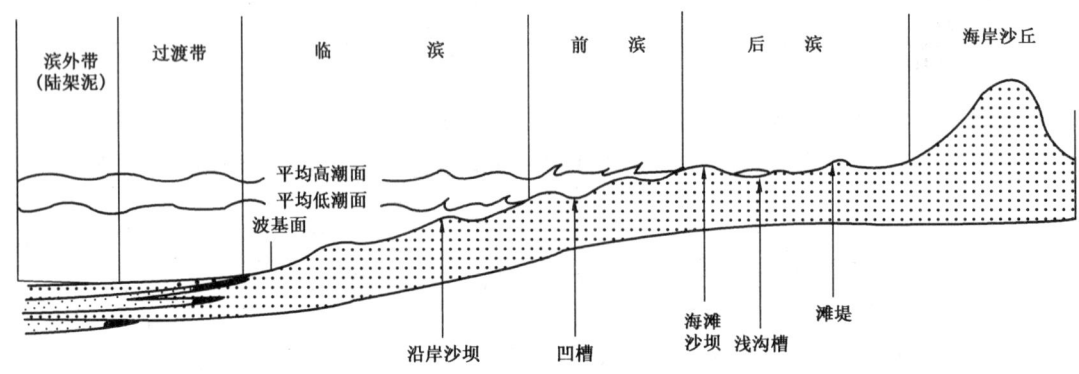

图8-12 砂质海岸沉积环境划分示意图

高能砂质海岸的海岸沙丘位于潮上带的向陆一侧，即特大风暴时潮水所能到达的最高水位，是海岸沙丘的下界。后滨属潮上带，位于海岸沙丘下界与平均高潮线之间，平时暴露地表经受风化作用，只有在特大高潮和风暴浪时才能被海水淹没。前滨位于平均高潮线和平均低潮线之间，属潮间带。近滨也称临滨，位于平均低潮面和波基面之间，属于潮下带。浪基面以下向浅海陆棚过渡，其间通常有一个明显的坡折，过渡带位于波基面和这个坡折的折点之间，它实际已属于浅海沉积，沉积物以粉砂为主，过渡带的外侧为滨外陆棚环境。

在低能海岸带，以潮流作用为主，为粉砂淤泥质海岸。海岸坡度平缓，具有较宽阔的潮间带（潮滩），缺失后滨带，如苏北沿海地区即属此类型。

按照地貌特点、水动力状况、沉积物特征，可将滨岸相划分为海岸沙丘、后滨、前滨、临滨四个亚相。

（一）海岸沙丘

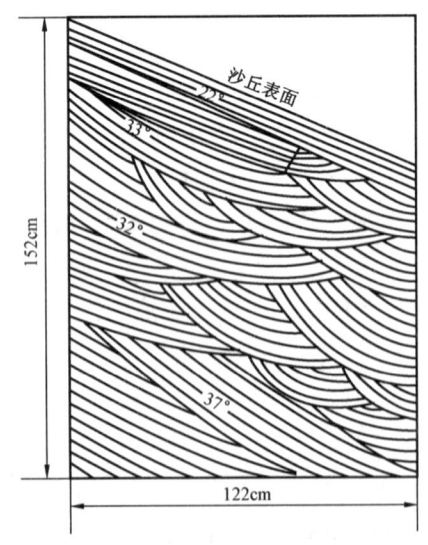

图8-13 海岸沙丘的槽状交错层理

海岸沙丘是由波浪作用从近滨搬运至前滨和后滨而处于海平面之上的海岸砂，再经过风的吹扬改造而成。常呈长脊状或新月形，宽可达数千米，其沉积物的圆度和分选好，细—中粒，成熟度高，重矿物富集。具大型槽状交错层理（图8-13），纹层倾角陡，可达30°～40°，层系厚数十厘米，也常出现层系界限为上凸形的前积交错层理。

在最大高潮线附近出现的线状沙丘称为"海滩沙脊"或"海滩脊"，可高达数米，宽数十米，长达数百米至数十千米。它可呈平行海岸的单脊或成组出现。常由较粗的砂、砾石和介壳碎片组成，底部具冲刷面和水平层理，上部具交错层理，纹层倾角7°～28°，多双向倾斜，较陡者倾向大陆，较缓者倾向海洋。

（二）后滨

后滨沉积物是具平行层理的砂，粒度较沙丘带粗，圆度及分选较好。可见小型交错层理。当后滨中有较浅的洼地并被充填时，可形成低角度的交错层理。坑洼表面因风吹走了细粒物质而遗留和堆积了大量生物介壳，其凸面向上。坑洼边缘可形成小型逆行沙丘层理。浅水洼地内可见藻席，并发育虫孔和生物搅动构造。风暴期在后滨与海岸沙丘交界附近因水的分选可使重矿物集中而成砂矿。

（三）前滨

前滨位于平均高潮线与平均低潮线之间的潮间带，地形平坦，起伏较小，并逐渐向海倾斜。

前滨的沉积以中砂为主，分选较好。层系平直，发育低角度交错层理，其纹层平行海岸延伸可达 30m，垂直岸线可达 10m，纹层倾角取决于颗粒粗细，颗粒越粗，海滩坡度越大，倾角越陡。对称和不对称波痕以及菱形波痕大量出现。极浅水的其他标志如冲刷痕、流痕、变形波痕、流水波痕、生物搅动构造也常见到。前滨下部沉积物分选比上部差，并含有大量贝壳碎片和云母等，贝壳排列凸面朝上。属于不同生态环境的贝壳大量聚集，也可以作为鉴别古代海滩砂体的标志。

（四）临滨

临滨带全部处于水下环境，是浅水波浪作用带，沉积物始终遭受着波浪的冲洗、扰动。根据波浪活动的特点及地形表现，可将临滨带区分为下临滨、中临滨和上临滨三个部分（G.E.Reinson，1984）。

下临滨是临滨带最深的部分。下界位于波基面附近，与浅海陆棚过渡；上界在破浪带以外，大致相当于深水波开始变浅的孤立波带。下临滨是波浪刚开始影响海底的较低能带。在孤立波的作用下，沉积物的运动方向是向陆作缓慢的移动。但在强风暴的影响下，由于风暴波基面的降低，沉积物常遭受风暴浪的侵蚀。该带的沉积物主要是粉砂和细砂，并含有粉砂质泥的夹层。沉积构造主要是水平纹层和小波痕层理。含有正常海的底栖生物化石。底栖生物大量活动，形成丰富的遗迹化石，生物扰动构造非常发育，强烈的生物扰动常严重地破坏原生沉积构造使之形成均匀的块状层理。

中临滨出现在海滩坡度突然变陡的向陆侧。即在水深变浅的破浪带内，为高能带。地形坡度较陡（1∶10）并有较大的起伏，平行岸线常发育有一个或多个沿岸沙坝和洼槽。沙坝的数目与坡度大小有关。坡度愈平缓，沙坝愈多，最多可达十列之多，相互间隔大约25m（Kindle，1963），更常见的是 2～3 列，沙坝长度可达几千米至几十千米。沙坝的深度随离岸距离的增加而增大，外沙坝水深一般比内沙坝（近岸沙坝）的深度大。破浪带是决定沙坝离岸距离、规模和深度分布的主要因素。每一个沙坝都与一定规模的破浪带相适应。很陡的海滩一般没有沿岸沙坝。中临滨的沉积物主要是中、细粒纯净的砂，并夹有少量粉砂层和介壳层。总的粒度变化是随着离岸距离变小粒度变粗，但由于有沿岸沙坝和洼槽相间发育，粒度也相应有所变化。一般在沙坝处粒度较粗洼槽处粒度变细。沉积构造主要为各种交错层理,层理类型也随沙坝—洼槽的起伏而变化。

上临滨与前滨紧密相邻,位于破浪带内近岸的高能带。由于受潮汐水位波动的影响,其位置常发生一定程度的摆动迁移。上临滨的沉积物从细砂至砾石(高能海滩)都可出现,但以纯净的石英砂最常见。沉积构造多为大型的槽状交错层理,常夹有低角度双向交错层理和冲洗层理及平行层理。生物成因构造也常见,但并不丰富。与前滨相多呈过渡关系,有时二者不易区分。

(五)垂向层序

在海岸演变的地史进程中,随着海进、海退的发生,可形成进积型和退积型的海岸垂向沉积层序。一般来说,在古代地层剖面中以进积型垂向层序最常见。

在进积海岸层序中,根据海岸能量和沉积物组成的不同,可划分为砂质高能海岸、砾质高能海岸及泥质低能海岸沉积层序,其中以进积砂质高能海岸最为常见。其特点是自下而上呈现由细变粗的反旋回。进积型砾质高能海岸垂向层序和砂质海岸类似,不同的是粒度稍粗,在近滨带出现砾岩或含砾粗砂岩。进积型泥质低能海岸沉积是在海岸地形较为平缓的低能条件下形成的,其特征是泥坪沉积发育,其次为粉砂沉积。

三、障壁海岸相

障壁海岸相是受障壁的遮挡作用在海岸带发育起来的,和三角洲相一样,属于海陆过渡相组。但在沉积环境和沉积特征方面,又与无障壁海岸相有某些共同之处。因此,也常有人将它们归属于海相组。

障壁海岸相主要由下列三部分组成(图8-14):

(1)与海岸近于平行的一系列的障壁岛(堡岛链);

(2)障壁岛后的潮坪和潟湖;

(3)潮汐水道系统,它连接着岛后潟湖、潮坪与广海,其中包括进潮口、潮汐三角洲和潮道。

潟湖和障壁岛可在两种情况下形成。一种情况是在坡度平缓(0.001°～0.005°)的砂质海岸带,波浪垂直海岸运动。近岸浅水区波浪触及海底,摩擦增加,能量消耗,砂质平行海岸堆积成岗垅状砂体,称水下沙坝。沙坝因海面下降或在波浪作用下向海岸迁移而出露水面,并对其内侧的水体与外海水体的循环起着遮拦和阻隔作用,故称为障壁岛,也称"堡岛"或"堤岛",其内侧受遮拦而循环不畅的水体就称为海岸潟湖。

潟湖和障壁岛形成的另一种情况是波浪斜交或平行海岸运动,这时形成沿岸流,并从三角洲或河口携带大量流砂沿海岸向一定方向运动,若遇到海岸发生转折或海水变深的港湾,则流速骤减,砂质沉积。形成一端与陆地相连一端伸入海中的箭形沙嘴。沙嘴受冲刷与海岸脱离形成障壁岛,其内侧形成潟湖。

在障壁岛内侧,因与广海呈半隔绝状态,波浪作用微弱,很难形成高能环境。然而潮汐作用的影响,可在潟湖周围广阔而平坦的坪地上形成宽阔的潮汐带,称为潮坪。

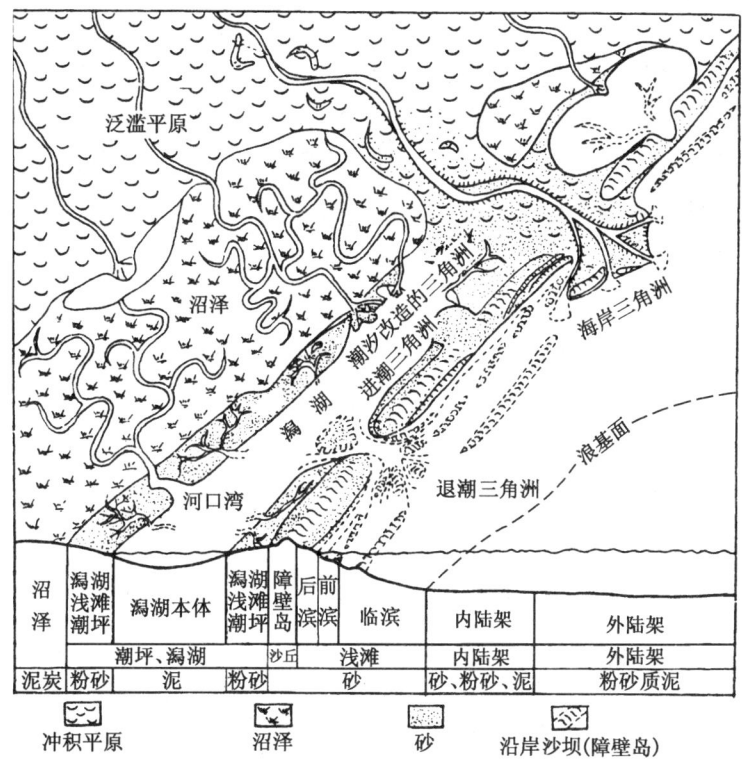

图 8-14 障壁海岸相沉积环境示意图

（一）障壁岛

障壁岛是由水下沙坝或沙嘴发展而成，故其下部由沙坝或沙嘴构成底座，上部则由海滩、障壁坪、沙丘三部分组成。海滩位于障壁岛向海一侧，并向滨岸沉积过渡；障壁坪居于障壁岛向潟湖一侧，为一宽缓的斜坡带；沙丘位于障壁岛顶部，出露于水面之上，由海滩沉积经风的改造作用而成。

障壁岛的岩石类型主要为中—细砂岩和粉砂岩，重矿物较富集。颗粒的分选和圆度较好，多为化学物质胶结。向海一侧的沉积富含生物贝壳和云母，上部沙丘因风的改造，砂质纯净，颗粒表面呈毛玻璃状，圆度和分选好，障壁坪沉积常掺杂粉砂，粒度比沙丘砂细。

障壁岛具厚层楔状、槽状交错层理，也可发育低角度板状交错层理，常具不对称波痕及冲蚀痕迹，可见虫孔。原地生物化石较少，生物介壳多为异地埋藏。

障壁岛沉积体形态呈与海岸平行的狭长带状，笔直或微弯曲，甚至具微弱分支。据现代障壁岛调查，其长度一般几千米至几十千米，宽数百米至数千米，厚数米至数十米。剖面上呈底平顶凸的透镜状。

（二）潟湖

潟湖中波浪作用较弱，其环境安静、低能，沉积物以细粒陆源物质和化学沉积物质为主。由于障壁岛的遮拦、潟湖水体的蒸发、淡水的注入等因素影响，都将使潟湖的含盐度高于或低于正常海水，由此形成淡化潟湖和咸化潟湖。淡化潟湖形成于气候潮湿、雨量大、有大量淡水供给的条件下,其沉积物主要为碳酸盐粉屑、粉砂质黏土和黏土。当潟湖底部出现还原环境时,可形成黄铁矿、菱铁矿等自生矿物。交错层理不发育,一般为水平层理,若有波浪作用时,也可有浪成波痕和浪成交错层理。生物种类单调,以适应淡化水体的广盐度生物为主,如腹足类、瓣鳃类、苔藓类、藻类等数量大为增多,并有变异现象,如出现个体变小、壳体变薄、具特殊纹饰等反常现象。淡化潟湖由于河流的注入、沉积物的淤积,逐渐沼泽化,形成沼泽化潟湖。其沉积物特征与淡化潟湖类似,但沼泽中植物丛生,可形成大量泥炭堆积,泥炭被埋藏后便形成煤。

在干旱气候区,由于蒸发量很大,潟湖水体浓缩,盐度升高,则形成咸化潟湖,其沉积物以粉砂岩、粉砂质泥岩为主,并可夹有盐渍化和石膏化的砂质黏土岩,几乎无粗碎屑岩沉积,可出现石膏、盐岩夹层。潟湖若为清水沉积时,则主要是石灰岩、白云岩,并夹石膏及盐岩层,可出现天青石、硬石膏、黄铁矿等自生矿物,沉积构造以水平层理及塑性变形层理为主,斜层理不发育。生物种属单调,以广盐性生物最发育,特别是腹足类、瓣鳃类、介形虫等,数量大为增加。适应正常盐度的生物,如珊瑚、棘皮类、头足类、大多数腕足类、苔藓虫等全部绝迹。当盐度增高至一定限度时(一般不超过5%～5.5%),大生物即灭绝。

(三)潮汐通道和潮汐三角洲

潮汐通道也称潮道、潮沟、潮渠,是位于障壁岛之间的连接潟湖与海洋的通道。其发育程度取决于潮差,潮差小则很少形成潮道。它们的宽度可从几百米到几千米,深度一般为4.5m到40m不等,这主要取决于潮汐强度和持续时间。

潮汐通道沉积在垂向上自下而上具有粒度由粗变细、交错层规模和厚度变小变薄的正旋回层序。其底部为残留沉积物,通常由贝壳、砾石及其他粗粒沉积物组成,并具侵蚀底面;下部由较粗粒砂组成的深潮道沉积,具双向大型板状交错层理和中型槽状交错层理;上部为中细砂组成的浅潮道沉积,具双向小型到中型槽状交错层理和平行层理及波纹层理。

潮汐三角洲和潮汐通道密切共生,它是由于沿潮汐通道出现的进潮流和退潮流在潮汐口内侧和外侧发生沉积作用而形成的。在入潮口向陆一侧(内侧)由涨潮流形成者称进潮或涨潮三角洲,入潮口向海一侧称退潮三角洲。由于受障壁的遮挡,涨潮三角洲很少受海浪作用的影响。

(四)潮坪

潮坪又称潮滩,发育在具明显潮汐周期而无强烈风浪作用的平缓倾斜的海岸地区、障壁岛内侧、河口湾及海湾地带等。

潮坪一般可分出潮上带、潮间带和潮下带。然而由于潮坪区地形坡度极为平缓,潮坪上潮汐水位升降的幅度(即潮差)一般为2～3m,最大可达10～15m,在平面上可出现相当宽阔的潮间带。如德国北海潮坪的潮差为2.4～4m,其潮间带可达7km。在潮间坪的高潮线附近,是一个低能环境,泥质沉积为主,称为"泥坪";低潮线附近能量高,以砂质沉积为主,称为"砂坪";二者之间的过渡地带,能量中等,具砂泥质沉积,称"混合坪"。潮坪的潮上部分称潮上坪,发育为沼泽和盐坪;潮坪的潮下部分主要为潮汐水道、水下沙坝和沙滩所占据。

潮坪上由于潮汐水位的升降而形成潮流。潮流的运动和冲刷使潮坪出现大量的潮渠和潮沟,它们向陆地出现分叉,形若树枝状。潮流的流速一般为30~50cm/s。在潮渠或潮汐水道内流速可达1.5m/s,这是潮坪环境中能量最高的地区。潮流的运动和冲刷作用是潮坪上层理、波痕等各种沉积构造形成的重要原因。

岩石类型以黏土岩、粉砂岩、细砂岩为主,砾岩极少见。在平面上,由海向陆,沉积物粒度呈由粗变细的带状分布。在潮下带的潮汐通道内,因潮流作用强、能量高,沉积物以砂为主,形成水下沙坝、沙滩,并常富含生物介壳和泥砾。潮间坪上从海向陆,由较纯的砂质沉积过渡为泥质沉积。从而形成了砂坪、砂泥混合坪和泥坪。潮上坪若发育有沼泽,可有泥岩沉积,干旱气候带的潮上坪可形成盐沼、盐坪,可有石膏等蒸发盐类沉积。潮坪沉积的这种平面分布特点,有助于把潮坪沉积与湖泊及正常海相沉积区分开来。

潮坪层理类型多样。泥坪上多见水平纹层或水平波状纹层。混合坪上多为脉状、波状、透镜状层理,是由涨落潮时形成的砂波与平潮期的泥质沉积组合而成。砂坪上常出现由多次涨退潮造成的羽状或人字形的双向形态的交错层理,这是潮坪沉积的重要标志之一。在潮下带的潮汐通道内可见大型流水交错层理、羽状交错层理等。在潮坪上,尤其在砂坪和混合坪上常出现流水波痕和浪成波痕,以及由水流和波浪同时或先后作用而成的叠加类型的波痕。泥坪和混合坪可发育有泥裂、雨痕、冰雹痕、鸟眼、泥皮、足迹、爬痕、虫孔等。干燥气候条件下的泥坪上可见石膏及盐类晶体。

潮坪生物群以种类少而数量多、海相和陆相混生为特征,而且半咸水生物或广盐性生物大量发育,分异度低。潮上坪常被植物所覆盖,藻类生物较发育,如藻叠层及藻席等。潮间泥坪(高潮坪)上生物较多,扰动现象强烈,混合坪(中潮坪)上较少,砂坪(低潮坪)上更少,偶尔可见生物粪粒聚集成层。

潮坪沉积可发育海退型的进积层序和海进型的退积层序。但古代潮坪沉积以海退型进积层序最为常见,在垂向剖面上呈现与河流沉积相类似的下粗上细沉积层序。与河流相垂向层序所不同的是,潮坪层序中发育潮汐层理、羽状层理、再作用面、暴露标志、海陆相化石混生等。

(五)垂向层序

在障壁海岸向海方向以障壁岛与滨岸相相接,进而相接滨外陆棚相;向陆方向以潟湖或潮坪与大陆沉积相接。当在海退或岸进情况下,可产生下列垂向层序:由下而上为浅海陆棚相—海岸相—障壁岛亚相—潟湖和潮坪亚相—沼泽相—冲积相。当海面上升,岸线向大陆推进时,其垂向剖面上的相序递变应与上述情况相反。当海岸相对稳定,沉积速度和沉降速度相差不大的情况下,潟湖亚相与障壁岛亚相及海岸亚相在垂向上呈锯齿状交错。一般说来,海退时层序较厚,微相类型多;海进时层序较薄,岩性单一。

第六节 海洋碳酸盐岩沉积相

一、海洋碳酸盐沉积环境特点

(一)温暖、清洁、透光的浅水海洋环境

现代海洋碳酸盐沉积,主要分布于南北纬度为30°之间的赤道南北温暖浅海地带,如加勒比海大巴哈马滩、波斯湾、孟加拉湾、我国南海诸岛及印度尼西亚巽他陆棚等地。上述地带钙藻大量繁殖,珊瑚礁发育,局部有贝壳砂、鲕粒砂、葡萄状团块、球粒灰泥及造礁生物粘接岩堆积。而在南北纬度为40°之间的深海盆地底部,有大量浮游生物碳酸盐沉积。这些现代海相碳酸盐产出环境,不仅是温暖、浅水,而且是清水环境,如加勒比海的三大碳酸盐滩,远离密西西比河口自西来的沿岸流,这就避开了大量细碎屑沉积物的注入;我国广西北海水域的涠洲岛和海南岛南端的三亚市的滨浅海域,同样远离黏土及粉砂的供给区而以沉积碳酸盐为主。

除造钙生物提供的骨骼,现代热带浅海碳酸钙沉积与藻类活动有关。据金斯伯格(R.N.Cinsburg,1975)的资料,现代热带浅海小于10~15m水深的海域,所产生的$CaCO_3$比深陆缘海每单位面积的$CaCO_3$多几倍,主要与这一水域的绿藻海松科及蓝绿藻特别丰富有关,由于藻类的光合作用,需要从海水中吸收大量CO_2,从而促使海水中的$CaCO_3$过饱和,沉淀出文石质灰泥来,而且钙藻的外壳也是文石质灰泥及颗粒的主要提供者,因此藻类繁生可以提供大量碳酸盐沉积物,而它的生活需要一个温暖、浅水、清洁、透光的环境。如果海水浑浊,不仅妨碍光合作用,阻止钙藻的生长,而且悬浮的黏土可以堵塞许多底栖无脊椎动物的摄食器官,使这些动物不能繁衍,也妨碍了大量碳酸盐颗粒的产生,故浑水对碳酸盐的生成起着抵制作用。海水太深,阳光不足,氧气不够,对藻类和底栖无脊椎动物生长不利;位于CCD面之下的深海水域,水压大,溶解CO_2多,$CaCO_3$不饱和,因此深水不仅不会有大量原地碳酸盐沉积物的直接产生,而且对已堆积的碳酸盐沉积物有强烈溶解作用。部分深水碳酸盐沉积物主要靠海水表层具几丁质表面保护层的浮游生物(如颗石藻、抱球有孔虫、翼足类等)和浅水陆棚区以浊流方式搬运来的灰泥或粉屑供给。

(二)碳酸盐沉积的水文条件

这里的水文条件主要指海水的能量,也考虑到海水的盐度等。在开阔海陆棚浅水地带,由于海底坡度不同,在缓斜海底上,波浪及潮汐在滨岸带产生碎浪,出现高能带。随着碳酸盐沉积物的不断产生,自身加积作用使海底坡度逐渐变平,此时波浪及潮汐作用与浅水海底发生摩擦,在远岸地带产生碎浪带,出现滨外高能带。在滨岸高能带或滨外高能带,由于波浪(包括潮汐)及其伴生的沿岸流、底流作用,使碳酸盐沉积物发生簸选,将其中的细屑碳酸盐物质带走,而留下各种砂砾级碳酸盐颗粒,形成各种砂砾屑滩、介壳滩、沿岸沙坝及沙嘴,

或滨外沙堤及沙洲、潮汐三角洲及潮汐沙坝等,常见如现代波斯湾潮坪的鲕粒滩及沙滩、鲕粒三角洲沉积,大巴哈马滩西缘鲕粒沙堤,三亚小东海生物碎屑组成的海滩及三崖湾珊瑚砂坪等,均属于以机械沉积作用为主的碳酸盐沉积体。从浅水陆棚高能带被簸选出来的细屑碳酸盐物质(灰泥、粉屑)主要被搬运到陆棚边缘或障壁沙坝前缘的较深水地区沉积,部分堆积在障壁后受保护的潟湖主潮坪区,形成所谓的两个低能带沉积区。

生物碳酸盐沉积物主要是生物成因的,其中有些生物能适应较高水能环境,甚至具有抗浪的生态本能,它们能在高能环境下就地快速生长聚集成为抗浪的礁体,形成高出于周围同期沉积之上的建隆。在高能带,由于向岸风及潮汐作用,使波浪搅动及海水压力变化,沿着斜坡上升来的深部海水,温度骤然升高,水压降低,CO_2 释放,促进了 $CaCO_3$ 大量沉淀;同时从深水还带来大量其他养料,有利于造礁生物的发育生长。故在沿岸高能带常形成岸礁,如海南岛南端三崖湾的现代珊瑚岸礁;在滨外或陆棚边缘高能带常出现堤礁或堡礁,如澳大利亚东部沿海现代堡礁等。在出现岸礁或堡礁时,礁体首当其冲遭受波浪冲击,从这些礁体中带出大量生物碎屑及礁屑岩块,在礁前斜坡产生礁角砾堆积(塌积岩),在礁后形成生物沙滩。如果在这些地带,持续地保持强到中等的水运动,而又有较碱的为碳酸钙经常过饱和的海水不断产生,这就使得正常盐度的造礁生物不能繁衍。由海底碳酸钙的加积作用及胶结作用,水体中的颗粒包壳作用等,可以产生鲕粒、砂屑、球粒、团块、核形石及生物砂等沉积物并被亮晶胶结。

在障壁礁或沙堤之后,水的循环受到限制,出现安静潟湖及潮坪环境,如果气候炎热干燥,由蒸发作用使潟湖水体的盐度不断升高,最初产生 $CaCO_3$(文石)的化学沉淀。水体中微细的文石针发生絮凝作用,经常出现球粒灰泥沉积,进一步碱化就会出现白云岩及膏盐沉积,生物种类很贫乏,仅有某些适应盐度变动的广盐度生物如介形虫、某些有孔虫(粟粒虫)、软体动物及蓝绿藻类等。如果气候比较潮湿炎热,潟湖水体的盐度变化不大,除了上述生物,还可有大量绿藻、钙质海绵、苔藓虫及腕足类等窄盐度生物,为碳酸盐沉积提供大量颗粒。在潮坪地带由于间歇性的涨潮淹没及退潮期暴露干燥,出现具有特色的沉积物,如层纹石灰岩(白云岩)、叠层石灰岩(白云岩)、纹层状球粒石灰岩(白云岩),以及鸟眼、干裂、膏盐晶体假象等沉积构造。在热带多雨地区,潮间坪沉积带出现淡水透镜体,提供泉水并造成富含半碱水植物的沼泽,或出现微喀斯特地貌(溶洞、溶缝、岩溶漏斗等),于沉积物表面沉淀结壳状淡水方解石等。

二、海洋碳酸盐岩沉积相模式

在20世纪50年代以前,人们对碳酸盐岩沉积环境的认识还是相当肤浅的,几乎全是笼统的"浅海相"化学沉积概念。从20世纪60年代开始,随着对现代碳酸盐沉积作用研究的深入和对碳酸盐沉积原理的逐渐认识和不断深化,特别是受石油工业的推动,对古代海相碳酸盐岩沉积环境的解释才取得突飞猛进发展,并建立了一系列相应的沉积相模式。

形成碳酸盐沉积物的浅海一般分为两种类型,即陆表海与陆缘海(Shaw,1964),这是两种性质截然不同的海洋。陆表海以分布面积十分广阔、海水极浅、海底十分平缓为其特征。

我国西南地区早中生代的海洋、华北早古生代的浅海都可能属于陆表海。北美奥陶纪的陆表海,东西延展达3200km,而宾夕法尼亚亚纪的陆表海也延伸1600km。陆表海的深度很少超过200m,一般只有30m,其坡度是十分平缓的。现代陆表海很少见到,但古代海洋出现大面积分布的陆表海。陆缘海分布于大陆边缘,占据陆架位置,其宽度达160~480km,深度达200~350m。我国东部沿海的黄海、东海及南海均属于陆缘海。

从目前看来,形成古代碳酸盐沉积物的海洋并不像现代的许多陆缘海性质,而像是属于陆表海。

由于陆表海内波浪、海流以及潮汐作用对于碳酸盐沉积物的分异,形成了三个明显的沉积相带,即一个高能带、两个低能带。这一特征首先由肖(Shaw,1964)提出,奠定了碳酸盐相模式的基础。其后,欧文(Irwin,1965)划分的是X、Y、Z三个带。再之后拉波特(Laport,1967,1969)提出的是四个带,一直发展到威尔逊(Wilson,1969,1975)的九个相带和塔克(Turker,1981)的七个相带,碳酸盐沉积相模式才逐渐趋于完善和适用。图8-15为威尔逊碳酸盐沉积相带模式。在此期间,我国沉积学家在引进上述模式的同时,结合中国古生代碳酸盐沉积特点进行了卓有成效的研究(曾允孚等,1983,1989;刘宝珺等,1993),提出众多结合中国古海域发育特点的碳酸盐沉积模式。

但是,随着人们对碳酸盐沉积相模式研究的不断深化,发现碳酸盐沉积受生物、气候、水文和自然地理等多种条件影响,沉积作用十分复杂,不可能用一种模式概括所有的特征。随着大地构造背景不同和时间上的推移,碳酸盐沉积模式也出现相对应的演化过程。因此,进入20世纪80年代后,人们摆脱了20世纪60—70年代静态碳酸盐沉积模式的束缚,开始了一种动态碳酸盐沉积模式的研究和建立,强调碳酸盐缓坡沉积相模式的重要性(Read,1982,1985;Turker,1985;Whitaker,1988;Carozzi,1989),并力图把碳酸盐相模式直接与成岩环境、矿产和油气资源勘探联系起来。以下简要介绍威尔逊碳酸盐沉积相模式。

威尔逊(1969,1975)综合了古代及现代碳酸盐岩的大量沉积模式,按照沉积环境的潮汐、波浪、氧化界面、盐度、水深及水循环等因素的控制,建立了综合的碳酸盐沉积模式,划分出9个标准相带(图8-15):1-浊积岩和窄地槽深水相、盆地相(克拉通内部深盆及克拉通边缘冒地槽盆地);2-广海陆棚相;3-盆地边缘或深陆棚边缘相;4-碳酸盐台地前缘斜坡相;5-台地边缘生物礁相;6-台地边缘浅滩相;7-开阔台地相;8-局限台地相;9-台地蒸发相。此外,威尔逊还指出了这9个相带中相关微相的组合特征(表8-1),对使用他的模式带来很大方便。

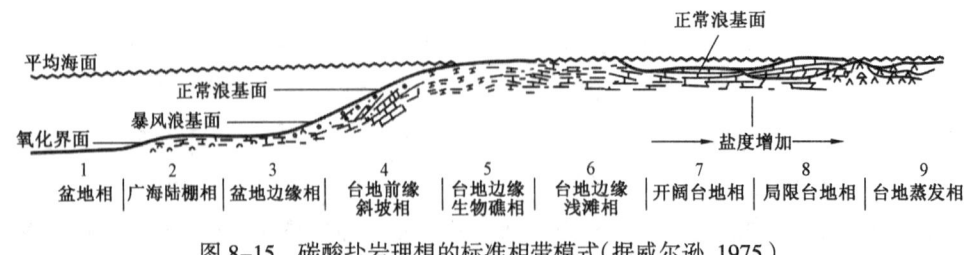

图8-15 碳酸盐岩理想的标准相带模式(据威尔逊,1975)

表 8-1 碳酸盐沉积相带特征

特征	相带	1	2	3	4	5	6	7	8	9
	相	盆地相	广海陆棚相	盆地边缘相	台地前缘斜坡相	台地边缘生物礁相	台地边缘浅滩相	开阔台地相	局限台地相	台地蒸发岩相
沉积环境	潮汐波浪	←——潮下较深水陆棚低能带——→		←—浪基面之下—→	←—浪基面上下—→	←—浪基面之上波浪作用强—→		潮下浅水陆棚潟湖低能带	潮间—潮下潟湖中及低能带日潮作用上下	潮上低能带大潮作用带
	氧化界面	←——浪基面之下——						浪基面之下		充分氧化
	盐度	←——附近——正常——						稍有变化 37%~45%	变化很大 >45‰	变化很大
	水深	几十米到二、三百米			←——0米到几米——→			几米到几十米	0到几米	经常暴露海面之上
	水循环	←极差—良好——			←—很好—→			中等	←—很—→	差
岩石类型及结构		暗色薄层页岩、粉屑灰岩、灰泥灰岩、蒸发岩	生物灰岩、灰泥灰岩、粉屑灰岩、页岩	灰泥灰岩夹层屑内碎屑灰岩、屑粒灰岩、微角砾岩	泥粒灰岩、粒灰岩、粘积灰岩、塌积岩、礁屑灰岩	生物礁灰岩（生物骨架岩、生物障积岩、生物粘结岩）	颗粒灰岩（生物碎屑、鲕粒、内碎屑）	颗粒灰岩（灰泥基质）、灰泥灰岩、点礁、生物层	灰泥灰岩、球粒灰岩、粒泥灰岩（白云化）	白云岩、石膏、岩盐、灰泥岩、红岩
沉积构造		薄纹层韵律层	薄到中层、生物搅混构造、波状层理、小型间断、瘤状层	纹层到无层理、韵律层理、递变层理	滑动层理，灰岩脉，注入岩脉，裂缝充填、角砾构造。	块状层，起状的纹理，向上凸	交错层理	中—薄层，虫孔发育（水平）	纹理、鸟眼、造层石构造、小型迭变层理、潮汐沟充填层、虫孔(斜交)	纹理、结核、泥裂、鸟眼、虫孔（垂直）、少量青盐晶(假晶)
颜色		暗	灰—绿—红	暗—浅	暗—浅	浅	浅	浅—暗	浅—暗	红—棕黄
陆源混入物或夹层		石英质粉砂岩、页岩、燧石	成层性好的粉砂岩或页岩夹层	陆源物质少，楼石普遍	泥质，粉砂，细砂顺斜坡流入与碳酸盐混合或充填洞穴	无	可有石英砂混入	碎屑岩有时很发育	碎屑岩成层	来自陆地的风成碎屑可能很多

续表

相带特征	1	2	3	4	5	6	7	8	9
相	盆地相	广海陆棚相	盆地边缘相	台地前缘斜坡相	台地边缘生物礁相	台地边缘浅滩相	开阔台地相	局限台地相	台地蒸发岩相
生物化石	抱球虫、硅质海绵骨针、颗石藻、放射虫、纤状薄壳双壳类、海豆芽、竹节石、牙形石、舌形螺、浮游的笔石、菊石、三叶虫	菊石、直角石、海百合、三叶虫、钙质有孔虫、腕足、珊瑚	来自斜坡边缘生物碎屑，正常海相生物	主要来自斜坡上部生物碎屑	珊瑚、层孔虫、海绵、厚壳蛤、苔藓虫、红藻造礁生物伴生海百合、腕足、双壳类、三叶虫、有孔虫	受磨蚀的贝壳化石	钙质海绵、有孔虫、蟠缝藻、软体动物、苔藓虫、头足类	介形虫、腕足类、蓝绿藻、栗粒虫、鲢	蓝绿藻、软体动物贝屑、介形虫、鲢少
实例	湘、桂、黔中泥盆统棋梓桥组、盆缘沟沉积	湘、桂、棋梓桥组瘤状灰岩、层孔虫珊瑚灰岩	广西、贵州泥盆系台盆边缘砂泥质灰岩、粗台序层	墨西哥黄金巷礁物西侧三兄弟油田、波萨里卡油田	墨西哥黄金巷、美国大西洋盆地加拿大二叠纪等高产生物礁油田	沙特阿拉伯加尔瓦油田、利比亚泽勒油田，川南 T_{c4}^1、T_{c1}^2 鲕滩气田	印度尼西亚爪哇海点礁群油田，川南 P_1^3 红藻滩油气田	美国维利斯顿盆地 O—S 油田，产节肢虫孔叠层藻中，川东 T_{jl1}^5 潮坪窗孔球粒白云岩气田	美国得克萨斯里斯夫油田

思 考 题

1. 如何理解沉积环境和沉积相的概念?
2. 沃尔索相律是如何表述的? 其对沉积相分析有何指导意义?
3. 河流可以分为哪几类?
4. 河流相沉积有何特点?
5. 湖泊环境的特征可以从哪几个方面来理解?
6. 碎屑湖泊相有哪几个亚相类型?
7. 三角洲是如何形成的? 如何分类?
8. 三角洲相有哪几个亚相类型? 沉积特征有何不同?
9. 进积式三角洲的垂向层序是怎样的?
10. 请对比无障壁海岸相和障壁海岸相在沉积环境、亚相类型、沉积特征方面的异同。
11. 海洋碳酸盐岩沉积的一般规律如何?

第九章 地层与地质年代

第一节 地 层

根据科学推测,地球的年龄大约46亿年。从46亿年前到大约38亿年前为地球内圈形成的时期,一般称为地球的天文演化时期;38亿年前至今为地球地质发展时期,故称为地质历史时期。在漫长的地质历史时期中,地球经历了种种"地质事件",如地壳运动、海陆变迁、岩浆活动、生命的诞生与演化等,正是这些地质事件构成了地球发展和演化的历史,查明这些地质事件发生的先后顺序与发生的时代是十分重要的。

研究地质发展历史的主要对象是地层和化石。某地质历史时期的地层是指该地史时期所形成的岩石的总和,地层主要包括沉积岩、岩浆岩和经变质作用形成的变质岩。地层研究的重点是更易于保留下地质事件痕迹的沉积岩。化石是指埋藏于沉积物(或岩)中古生物的遗体或遗迹,如动物的骨骼、甲壳、足迹,植物的根、茎、叶等均可以成为化石。化石中特征明显、演化快、分布广泛的,被称之为标准化石。标准化石是人们研究的重点,图9-1中的化石都是标准化石。

图 9-1 标准化石
(a)中华莱德利基虫(华北下寒武统);(b)始祖鸟(德国上侏罗统)

第二节 地质年代

地质年代是指地质事件发生的先后顺序与发生的时代。地质年代有两层含义:一种是相对地质年代,它是指地质事件发生的先后顺序;另一种是绝对地质年代,它是指地质事件发生的年代,主要是通过岩石矿物中所含的放射性同位素的自然衰变规律来测定,故又称为同位素年龄。本节主要讲述地层相对地质年代和绝对地质年代及确定,地层单位。

一、地层相对地质年代的确定

确定地层的相对地质年代的方法主要有地层学方法、古生物学方法和构造地质学方法等。

(一) 地层层序律

沉积岩形成时,岩层面一般为水平或接近水平的状态,老的地层先形成并位于下部,新的地层后形成并位于老地层之上。这种原始产出的地层具有下老上新的地层层序叫地层层序律,它是确定地层相对年代的基本方法之一。

如果地层形成以后遭受构造运动的影响,地层层序律可能会被破坏,这时可以通过沉积构造等判断岩层的顶底面来恢复原来的生成顺序。图9-2(a)示意构造运动仅造成地层平稳地抬升,地层层序没有遭受破坏;图9-2(b)示意原始地层因构造运动而发生了倾斜,但从铅直方向看地层层序也没有发生改变;图9-2(c)示意地层因构造运动发生了褶皱,其中一翼地层层序正常,另一翼地层层序发生了倒转。野外可以通过考察某些沉积构造的特征来确定一个岩层的顶底界面,如泥裂、交错层理等沉积构造,进而恢复地层的正常层序。

地层学方法只适用于空间上相邻而且相互接触的地层,不适用于不同地区不相接触的地层。

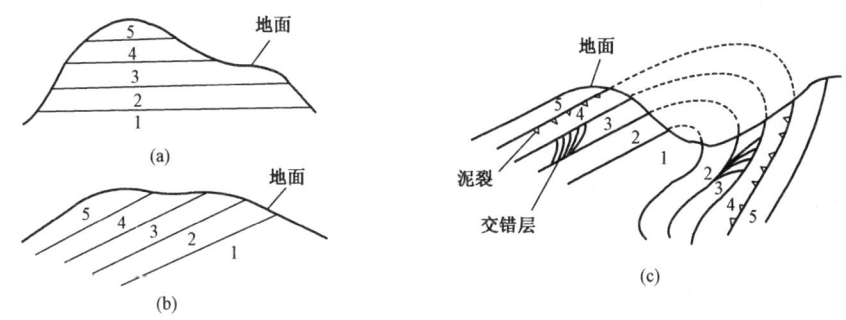

图9-2 地层层序律示意图(据夏邦栋,1984)
(a)地层的正常层序;(b)地层发生倾斜;(c)地层发生褶皱;1~5为地层号

(二) 生物层序律

研究表明,生物演化的总趋势是从低级到高级,生物体结构从简单向复杂方向发展。因此地层年代越老所含的化石生物越低级、结构越简单,地层年代越新所含的化石生物越高级、结构越复杂;不同时代地层含有不同的化石生物种属,同时代的地层含有相同的化石生物种属。所以可以利用地层中所含化石确定地层的相对地质年代。利用地层中所含化石确定地层的相对地质年代的方法叫生物层序律。

该方法适合于不同地区地层的划分与对比(图9-3),是确定地层相对地质年代的最主要的方法,但在缺少化石的地层中不能使用。

将某地区出露于地表的地层依岩石学特征或其所含化石特点将其划分为若干地层段,这样的做法叫地层的划分。对于不同地区的地层段依岩石学特征或其所含化石特点进行比

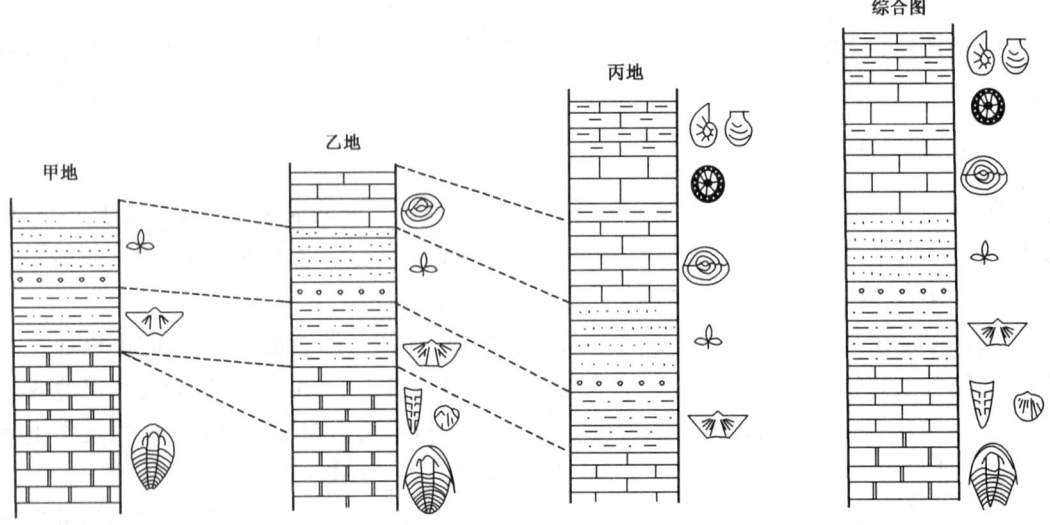

图 9-3　生物层序律应用于不同地区地层的划分与对比示意图（据夏邦栋，1984）

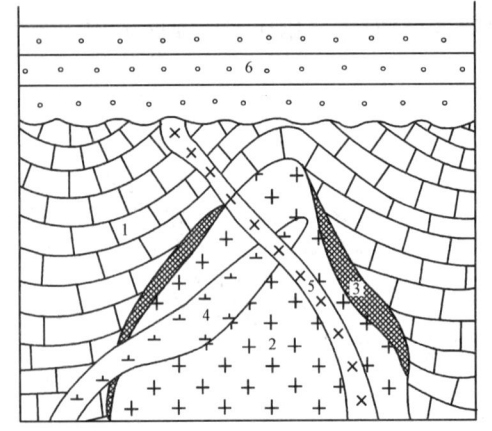

图 9-4　地质体切割律判断地质体之间的
相对年龄示意图（据夏邦栋，1984）
1—石灰岩；2—花岗岩；3—矽卡岩；4—闪长岩；
5—辉绿岩；6—砾岩

较分析以确定它们形成时代的对应关系,这个工作叫地层的对比。地层划分与对比的工作通常在地层柱状图上进行的。地层柱状图是将某地区出露地表的地层段,依老在下、新在上依次排序,依地层段实际厚度按比例缩小取图上的长度,图的宽度一般取 2cm,并用一定的花纹代表地层段的主要岩性的图件。

（三）地质体切割律

构造运动或岩浆活动可能导致岩体或岩层的切割穿插关系,依据切割穿插关系推断岩体或岩层的相对地质年代的方法叫地质体切割律。具体推断方法是切割者新,被切割者老。图 9-4 示地层与岩体等的切割关系,这些地质体的形成次序为由 1 到 6 依次变新。

二、绝对地质年代（同位素年龄）的确定

在探索地质发展历史过程中,人们迫切需要知道矿物、岩石或地质事件所发生的确切时间,19 世纪末放射性同位素的发现为测定矿物、岩石或地质事件所发生的时间找到了科学的方法。

同位素年龄测定原理：当含有放射性同位素的岩石形成以后,在与外部环境隔绝的情况下,放射性同位素就随时间流失不断衰变而减少,而衰变最终的产物稳定同位素则相应增加；只要能够准确测定出该岩石中所剩余的放射性同位素的含量（P）与衰变最终的产物稳定同位素的含量（D）,已知该放射性同位素的衰变常数（λ）,可以利用放射性同位素衰变规

律计算出该岩石的形成年龄(t)。计算公式如下：

$$t=\frac{1}{\lambda}\ln\left(1+\frac{D}{P}\right)$$

依据上述原理，人们已经制订了许多同位素年龄测定的方法，比如铀铅法、铷锶法、钾氩法、碳 14 法等。同位素年龄测定结果的准确性与以下条件有关：需要知道母体放射性同位素的种类及其相对丰度；需要知道母体放射性同位素的衰变常数；需要知道该测试体形成以后一直保持封闭状态没有造成母体和子体同位素的进出；以及要有高灵敏度的设备测定测试体中的母体和子体同位素数目等。目前，由于种种原因，难以完全满足上述条件，所以测试的结果往往存在一定的误差，一般来说，岩石的年龄越老测试结果误差越大，如南美洲圭亚那的角闪岩的年龄为 4130Ma±170Ma（铷—锶法测定值）。

三、地层单位

探索地质发展历史是从野外研究局部地区出露于地表的地层开始的。根据岩石学特征、古生物特征以及地层形成的年代等，将研究区地层划分为不同的地层段并理清它们形成的先后顺序。通过对比不同地区地层的时代异同将研究范围逐渐扩大，最终可以了解全球地层，进而探究地质发展历史。

由于划分与对比地层段的依据不同可以得到不同的地层单位。地层划分依据有岩石学特征、古生物特征以及地层形成的年代，故有三种地层单位，即岩石地层单位、生物地层单位以及年代地层单位等。一般地质工作者多使用岩石地层单位和年代地层单位，生物地层单位多为古生物地层学学者所采用。

（一）岩石地层单位

依据岩石的岩性、岩相以及层序的特征进行地层的划分与对比，使用的岩石地层单位有四级，即群、组、段、层。群是最大的岩石地层单位，组是基本的岩石地层单位，层是最小的岩石地层单位。

群由两个或两个以上经常伴生在一起又具有相似的岩石学特征的组构成，如华北地区中上元古界的蓟县群即由杨庄组、雾迷山组、洪水庄组和铁岭组构成。

组为岩性、岩相、变质程度一致的地层单位，它可以由一种岩石组成，或由二种、三种岩石反复重叠构成。组名由地理名加一个组字构成，如华北地区寒武系的张夏组等。相邻组在岩性、岩相等方面有不同特点，如张夏组岩性以灰黑色鲕粒灰岩、灰岩为主，而其下的馒头组为紫红色页岩和灰岩，其上的崮山组为灰岩和黄绿色页岩。

段为组内依据岩性不同划分出的次一级岩石地层单位，如华北地区新生界古近系的沙河街组内可划分出沙一段、沙二段、沙三段和沙四段等。

层为组、段内具有特殊意义的岩层，如煤层、油层、化石层等。

同一地质时期，不同地区沉积环境不同，形成具有不同岩石学特征的地层。因此依据岩石学特征划分的结果，只能适用于本地区而不能适用于其他地区。

(二)生物地层单位

生物地层单位是根据生物化石类型或组合特征为标志划分的地层单位,常用的术语有(某生物的)组合带、延限带、顶峰带。

组合带是利用地层内所含化石或其中某一类化石的自然组合建立的化石带。

延限带指任一生物分类单位如种、属等在其整个延续范围内所代表的地层体。

顶峰带指某些化石种、属最繁盛的一段地层。它既不包括前期这些化石虽已出现但数量不多时的地层,也不包括后期数量较少时的地层。

(三)年代地层单位

年代地层单位是依据地层形成的地质年代划分的地层单位,常使用的年代地层单位有宇、界、系和统等。年代地层单位宇、界、系和统等分别与地质年代单位宙、代、纪、世等一一对应。即在显生宙时间段里形成的地层叫显生宇,在古生代时间段里形成的地层叫古生界,在寒武纪时间段里形成的地层叫寒武系,在早寒武世时间段里形成的地层叫下寒武统。地层年代单位宇、界、系、统单位是全球适用的。

地质年代单位	年代地层单位
宙(eon)	宇(eonothem)
代(era)	界(erathem)
纪(period)	系(system)
世(epoch)	统(series)

第三节　地质年代表

从确定一个地区地层的相对年代到建立全球地层的顺序,人们付出了很大努力。将全球地层按由老到新、由下往上排列起来,便得到一张全球地层年代表。在此基础上结合生物演化和地球构造演化的阶段性以及同位素年龄测定所积累的资料,对地质历史时期进行划分,得出地质年代表(表9-1)。表中的地质时代和地层单位经国际地层委员会通过为世界通用。

对地史时期这段时间,首先依据生物演化的萌芽阶段和生物大发展阶段,划分为太古宙、元古宙和显生宙;显生宙划分出古生代、中生代和新生代。

太古代和元古代的地层由于经历了复杂的构造运动、岩浆作用和变质作用等地质作用的破坏,而且生物化石资料很少,到目前为止,尚无统一的划分方案,一般将元古代三分为早、中、晚元古代,我国学者将晚元古代晚期划分出来称之为震旦纪,其形成的地层叫震旦系。

对于显生宙的历史有比较详细的了解,故对其划分比较详细,古生代进一步分为寒武纪、奥陶纪、志留纪、泥盆纪、石炭纪和二叠纪,中生代分为三叠纪、侏罗纪和白垩纪,新生代分为古近纪、新近纪和第四纪;每个纪还可以细分出二个或三个世。

在地学发展早期,人们把地层由老到新分为第一系、第二系、第三系和第四系,随着地学研究的深入,人们用太古宙、元古宙代替了第一系,古生界、中生界代替第二系,保留第三系

表 9-1 地质(地层)年代表

地质时代(地层系统及代号)				同位素年龄值 Ma	生物界		构造阶段(及构造运动)	
宙(宇)	代(界)	纪(系)	世(统)		植物	动物		
显生宙(宇) PH	新生代(界) Kz	第四纪(系)Q	全新世(统)Qh		被子植物繁盛	出现人类	(喜马拉雅构造阶段)	
			更新世(统)Qp	2		哺乳动物与鸟类繁盛		
		新近纪(系)N	上新世(统)N_2					
			中新世(统)N_1	26				
		古近纪(系)E	渐新世(统)E_3					
			始新世(统)E_2					
			古新世(统)E_1	65				
	中生代(界) Mz	白垩纪(系)K	晚白垩世(统)K_2		裸子植物繁盛	爬行动物繁盛	无脊椎动物继续深化发展	老阿尔卑斯构造阶段	燕山构造阶段
			早白垩世(统)K_1	137				
		侏罗纪(系)J	晚侏罗世(统)J_3					
			中侏罗世(统)J_2					
			早侏罗世(统)J_1	195				
		三叠纪(系)T	晚三叠世(统)T_3					印支构造阶段
			中三叠世(统)T_2					
			早三叠世(统)T_1	230				
	古生代(界) Pz	二叠纪(系)P	晚二叠世(统)P_2		蕨类及原始裸子植物繁盛	两栖动物繁盛	海生无脊椎动物繁盛	海西华力西构造阶段	
			早二叠世(统)P_1	235				
		石炭纪(系)C	晚石炭世(统)C_3					
			中石炭世(统)C_2					
			早石炭世(统)C_1	350				
		泥盆纪(系)D	晚泥盆世(统)D_3		裸蕨植物繁盛	鱼类繁盛			
			中泥盆世(统)D_2					
			早泥盆世(统)D_1	400				
		志留纪(系)S	晚志留世(统)S_3					加里东构造阶段	
			中志留世(统)S_2					
			早志留世(统)S_1	435				
		奥陶纪(系)O	晚奥陶世(统)O_3		藻类及菌类植物繁盛				
			中奥陶世(统)O_2					
			早奥陶世(统)O_1	500				
		寒武纪(系)∈	晚寒武世(统)$∈_3$						
			中寒武世(统)$∈_2$					
			早寒武世(统)$∈_1$	570				
元古宙(宇) PT	新元古代	震旦纪(系)Z	晚震旦世(统)Z_2			裸露无脊椎动物出现	晋宁运动	
			早震旦世(统)Z_1	800				
	中元古代			1000			吕梁运动	
				1900				
	古元古代						五台运动 阜平运动	
				2500				
(广义)太古宙(宇)AR					生命现象开始出现		地球形成	
				4600				

和第四系,近年来又用古近系、新近系代替第三系。系一级地层单位是基本的年代地层单位,其名称多来源于最初研究地区的地名或当地民族的名字,少数依据地层的特点命名。寒武系之"寒武"取自英国威尔士的拉丁文;奥陶系之"奥陶"为威尔士地区一个古老民族的名字;志留系之"志留"为威尔士地区一个古老民族的名字;泥盆系之"泥盆"是英国泥盆郡名;

石炭系之"石炭"因该地层富含煤层而得名;二叠系之"二叠"因该地层有明显的二分性得名;三叠系之"三叠"因该地层有明显的三分性得名;侏罗系之"侏罗"取自法国与瑞士交界的侏罗山脉名;白垩系之"白垩"因该地层产出白色细粒的碳酸钙而取的拉丁文名。

思考题

1. 什么是地层?如何理解地层层序律、化石层序律及切割率?
2. 什么叫相对地质年代?它是如何确定的?
3. 熟悉地质年代表。

第十章 地质构造

地质构造是指组成岩石圈的岩层和岩体在内、外动力地质作用下发生变形、变位而形成的诸如褶皱、断层、节理以及其他各种面状和线状构造。其中由内动力地质作用形成的构造，无论其分布范围、规模及数量等方面都占绝对的优势，是地质构造中主要的研究对象。对地质构造的研究主要包括各种地质构造的形态、产状、规模、分布和组合规律及其演化历史与形成机制，并进而探讨其形成的地壳运动的方式、规律和动力来源。通过应用地质构造的客观规律可以指导油气及其他矿产的勘探，也可以对水文地质、工程地质、地震地质及环境地质等方面有重要的指导。

地质构造具有不同的级别和尺度，大者规模成百上千千米甚至具有全球规模，小者则在一块岩石上就可以观察到，而更小级别的构造则需要借助显微镜才能观察到。根据课程的要求，本章主要介绍中、小尺度构造（包括褶皱、节理和断层）的形态特征、分类组合和识别方法。

第一节 岩层的产状、厚度及出露特征

岩层是指由两个平行或近于平行的界面所限制的、岩性基本一致的层状岩体。岩层的上下界面称作层面，上层面又称顶面，下层面又称底面。岩层顶底面之间的垂直距离是岩层的厚度。

一、岩层的产状及其要素

岩层的产状是指岩层的空间方位和产出状态，包括岩层的走向、倾向和倾角，称产状三要素（图10-1）。

（一）走向

岩层面同水平面的交线为走向线，走向线两端所指的方向就是岩层的走向。岩层的走向表示岩层在空间上的延伸方向，以方位角来表示。任何岩层的走向都有两个方位角数值。

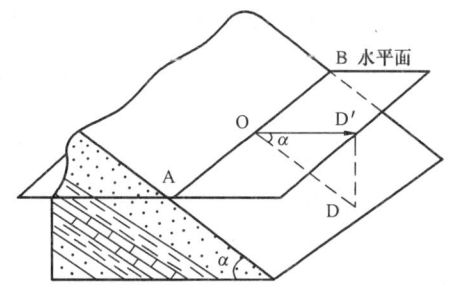

图 10-1 岩层产状要素示意图
AOB—走向线；OD—倾斜线；OD′—倾斜线水平投影，其中由 O 向 D′ 的箭头方向为岩层的倾向；α—倾角

（二）倾向

岩层面上与走向线垂直并沿倾斜面向下延伸的线为倾斜线（图10-1之OD）。倾斜线在水平面上的投影所指的方向就是岩层的真倾向，简称倾向（图10-1之OD′），以方位角表示。倾向只有一个方向，且与走向垂直。在层面上凡是与走向线不直交并沿层面向下的射线都叫视倾斜线，视倾斜线在水平面上的投影所指的方向被称为岩层的视倾向。

(三)倾角

真倾斜线与其在水平面上投影线之间的夹角,即岩层面与水平面之间的夹角为真倾角,简称倾角(图10-2中的α)。视倾斜线与水平面之间的夹角都叫视倾角(图10-2中的β和β'),任何视倾角都小于真倾角。

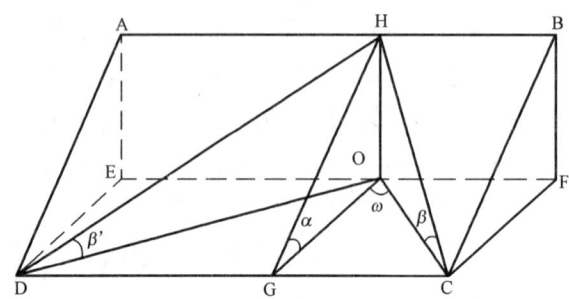

图10-2 真倾角与视倾角的关系
α—真倾角;β,β'—视倾角;ω—真倾向与视倾向之间的夹角

真倾角和视倾角的关系如图10-2所示,可用数学关系式表示为:

$$\tan\beta = \tan\alpha \cdot \cos\omega \tag{10-1}$$

从以上公式可以得知:

(1)视倾向越接近于真倾向,则其倾角值越大,当视倾斜线与真倾向线重合时,$\beta=\alpha$。
(2)视倾向越接近走向,其倾角值越小,当视倾向线与走向线重合时,$\beta=0$。
(3)一个岩层可以有许多视倾角,但只有一个真倾角,所有倾角中以真倾角为最大。

(四)产状要素的测量和表示方法

岩层的产状要素可以由地质罗盘直接测量得到,也可以根据钻井资料、地形地质图等资料用间接的方法计算得到。岩层产状要素的表示方法有两种:文字表示法和符号表示法。

(1)文字表示法。文字表示法的方法有多种,但常用的是方位表示法,具体如下:

只记倾向和倾角,走向可以按倾向±90°推算,如岩层倾向为125°、倾角为40°,则记为SE125°∠40°。

(2)符号表示法。在地质图上,岩层产状用符号来表示,常用的符号如下:

⊢70→ 表示倾斜岩层,其中长线为走向,短线箭头为倾向,数字为倾角,长短线按实际方位标绘。

┼ 表示岩层产状是水平的。

┼→ 表示岩层直立,箭头指向新的岩层。

⌒70 表示倒转地层,长线表示走向,箭头指向倒转后的倾向,即指向老岩层,数字表示倾角。

二、岩层的产状类型

地质时期形成的各种岩层,其原始产状大多数呈水平或近水平状态。岩层形成后,由于受到构造运动的影响,会产生不同程度的变形、变位,其产状也会发生不同程度的改变。变形后的岩层有些可以基本保持原始水平状态,有的则变为倾斜、甚至直立或倒转。因此,岩层的产状类型包括水平岩层、倾斜岩层、直立岩层和倒转岩层四种类型。

(一)水平岩层

岩层产状近于水平,倾角小于 5°的岩层称为水平岩层。在广阔的海洋盆地或湖盆中沉积形成的岩层,其原始产状大都是水平或近于水平的。因此,水平岩层多出现在受构造运动比较微弱的地区,如广西桂林泥盆系融县灰岩的水平地层(图 10-3)。

图 10-3 广西桂林泥盆系融县灰岩的水平岩层(据蓝淇锋等,1979)

在岩层没有发生倒转的情况下,水平岩层的时代越新,其出露位置越高;岩层越老,其出露位置越低,新地层一定位于老地层之上。因此,当地形切割强烈时,老地层出露于河谷和冲沟中,新地层则分布于山头和分水岭上。

水平岩层的露头宽度取决于岩层的厚度和地面坡度(图 10-4)。当地面坡度相同时,露头宽度与地层厚度成正比,即厚度越大,露头宽度越宽,反之亦然。当岩层厚度相同时,露头宽度与地面坡度呈反比,坡度越陡,露头宽度越小,坡度越缓,露头宽度越大。在坡度直立的陡崖处,露头宽度为零。水平岩层在地形地质图中的表现为其地质界线与等高线平行、沟谷处 V 尖指向上游。

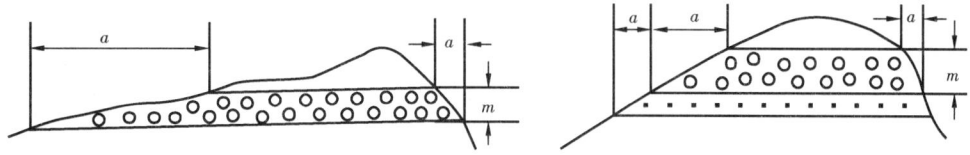

图 10-4 水平岩层露头宽度的变化
a—露头宽度; m—岩层厚度

(二)倾斜岩层

岩层面与水平面之间的夹角在 5°~85°之间的岩层称为倾斜岩层。绝大多数的倾斜岩层是原始水平岩层受构造运动、岩浆活动影响后产生变形的结果。但也有部分岩层是原始倾斜岩层,例如在沉积盆地的边缘形成的岩层以及山坡山口形成的残积、洪积层和堆积在火山口周围的熔岩及火山碎屑层等,常常是原始堆积时就是倾斜的。

在一定范围内所出露的一套岩层,若倾向和倾角基本一致时,则称其为单斜岩层。单斜岩层往往是某个构造的一部分,如为褶皱的一翼或断层的一盘。

倾斜岩层的露头形态既受地形的影响也受岩层产状(主要是倾角大小)的影响,表现出复杂的规律。其露头宽度则主要取决于岩层的厚度、岩层倾角和坡角,另外还受地面坡向、坡角和岩层倾向、倾角间相互关系的影响。

在地形地质图上,倾斜岩层地质界线与地形等高线之间关系非常复杂,但也有规律可循,其规律可称为"V"字形法则。附录中,对此有详细介绍。

(三)直立岩层

岩层层面与水平面直交或近于直交(倾角一般大于85°)的岩层称为直立岩层。直立岩层一般是受到强烈挤压形成的。直立岩层的露头宽度不受地形的影响,露头宽度等于其真厚度。地质界线一般为直线,界线的弯曲反映岩层走向的变化,界线之间宽度的变化反映厚度的变化。

(四)倒转岩层

岩层翻转、老岩层在上而新岩层在下的岩层称为倒转岩层,这种岩层主要是在强烈挤压下岩层褶皱倒转过来形成的。

三、倾斜岩层的厚度和埋藏深度

(一)倾斜岩层的厚度

倾斜岩层的厚度一般指岩层顶底面之间的垂直距离,也叫真厚度。除了真厚度外,在不同剖面上还可以测量倾斜岩层的铅直厚度。铅直厚度是指岩层顶、底面之间沿铅直方向的距离。钻井过程中,直井所钻遇的地层厚度实际上是地层的铅直厚度。真厚度与铅直厚度之间的关系如下:

$$h = H \cdot \cos\alpha \tag{10-2}$$

式中 h——真厚度;

H——铅直厚度;

α——岩层真倾角。

由上式可知,岩层的铅直厚度大于等于岩层的真厚度,若岩层的厚度和产状稳定不变,在任何位置、任何方向所测得的岩层铅直厚度都相同(图10-5)。

(二)倾斜岩层的埋藏深度

倾斜岩层的埋藏深度是指从地面某点到所测目标岩层顶面的铅直距离(图10-6中AC)。在钻井中直井所钻遇的目标层顶面的进尺深度,就是该井处目标层位的埋藏深度。

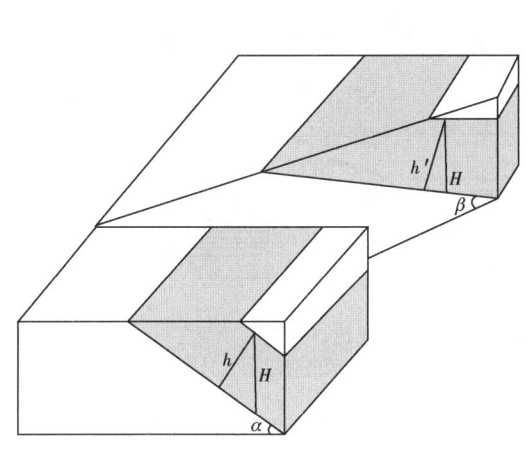

图 10-5 真厚度、铅直厚度和视厚度
h—真厚度；H—铅直厚度；h′—视厚度；
α—岩层真倾角；β—岩层视倾角

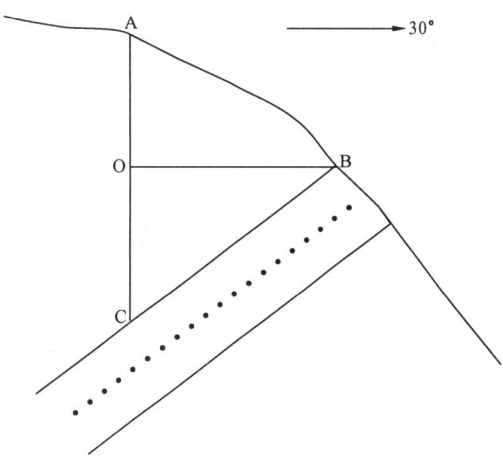

图 10-6 岩层的埋藏深度示意图

第二节 地层接触关系

不同地质时代形成的地层之间的相互关系叫作地层接触关系。它从一个方面记录了一个地区构造运动的发展演化历史。

一、地层接触关系的基本类型

由于构造运动很复杂，地层接触关系类型也多种多样，错综复杂。但从成因特征上看，可以分为整合接触和不整合接触两种类型。

（一）整合接触

连续沉积的一套地层的接触关系，叫作整合接触。整合接触的特征如下：
（1）上下地层在沉积层序上连续沉积、没有间断；
（2）岩性和所含化石是一致的或逐渐递变的；
（3）产状也基本一致。

地层整合接触关系反映了在这些地层接受沉积的地质时期内，该地区地壳处于持续缓慢下降状态，即使有上升，也是小幅度的，没有引起沉积间断；或者地壳运动与沉积作用处于一个相对平衡的状态，这样，沉积物连续不断的沉积形成了整合接触的一系列地层。

（二）不整合接触

1. 平行不整合接触

平行不整合接触也叫假整合接触，是指上、下两套地层的产状平行或基本一致，但有明显的沉积间断。

平行不整合接触的存在，说明原来的沉积区曾经上升为古陆剥蚀区，在上升过程中地层没有发生明显褶皱或倾斜，只是露出水面造成沉积间断并遭受剥蚀，直到该区再度下降为沉积区,接受新的沉积。因此平行不整合接触的上下两套地层之间缺失了一部分地层,但彼此的产状基本一致。缺失地层的多少可以差别很大,可缺失一个系以上地层或缺失很少地层(图 10-7)。

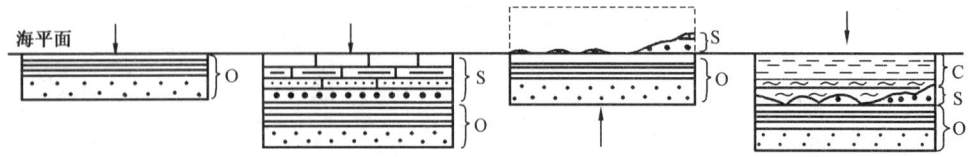

图 10-7　平行不整合接触的形成过程(据李叔达,1983)
O—奥陶系;S—志留系;D—泥盆系;C—石炭系;箭头指示地壳运动方向

我国华北和东北南部地区中石炭统本溪组(C_2b)直接覆盖在奥陶系马家沟组(O_2m)的石灰岩剥蚀面上,其间缺失了奥陶系马家沟组之上及志留系、泥盆系和下石炭统的一系列地层,而上下两套地层的产状基本上是平行的,这是平行不整合接触的一个典型例子(图 10-8)。其下伏岩系由于风化剥蚀可见喀斯特地形(岩溶地貌),顶面凹凸不平,下伏岩系顶部有代表风化壳的铁铝沉积物;而上覆岩系底部有些地区可以见到底砾岩。在不同地区,平行不整合接触面可以是平整的,也可以是高低起伏的,它反映上覆新地层沉积前的古地貌形态。

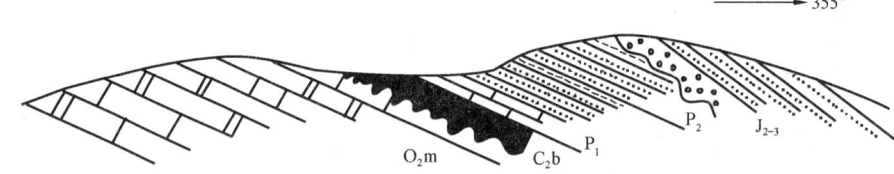

图 10-8　山东新汶地区平行不整合与角度不整合形成时代示意图
O_2m—中奥陶统马家沟组;C_2b—中石炭统本溪组;P_1—下二叠统;P_2—上二叠统;J_{2-3}—中—上侏罗统

2. 角度不整合接触

当下伏地层形成以后,由于受到地壳运动而产生褶皱、断裂、岩浆侵入等也可以造成地壳上升,使地层遭受风化剥蚀。当地壳再次下沉接受沉积,形成上覆的新时代地层。上覆新地层和下伏老地层产状不同,其间有明显的地层缺失和风化剥蚀现象。这种地层接触关系为角度不整合接触。

这种接触关系的特征是:上、下两套地层的产状不一致,以一定的角度相交;两套地层的时代不连续,两者之间有代表长期风化剥蚀与沉积间断的剥蚀面存在。

角度不整合接触的形成过程如图 10-9 所示:

(1)在地壳稳定下降的情况下,在沉积盆地中形成一定厚度的原始水平沉积岩层。

(2)地壳发生水平挤压运动,使岩层产生褶皱、断裂等变形,岩层伴随着水平方向上缩短的同时,在垂直方向上则不断上升,并到达陆上的一定高度或成为山地,在此过程中还可能伴有岩浆作用与变质作用发生。

(3)在陆上环境下,变形的地层遭受长期的风化剥蚀,形成凹凸不平的剥蚀面,同时在

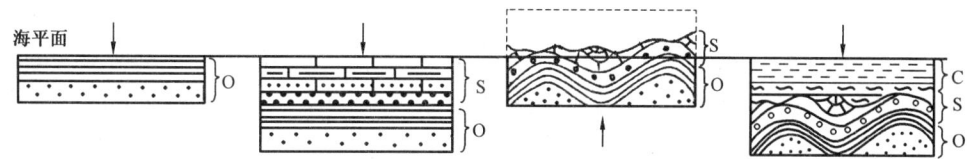

图 10-9　角度不整合接触的形成过程（据李叔达，1983）
O—奥陶系；S—志留系；D—泥盆系；C—石炭系；箭头指示地壳运动方向

剥蚀面上形成古风化壳、残积矿产等。

（4）地壳重新下降,在剥蚀面上又形成了新的沉积岩层（其底部常有底砾岩），新形成的地层与不整合接触面大致平行，但与不整合面以下的地层以一定的角度相交。所以，角度不整合接触反映了一次显著的水平挤压运动及伴随的升降运动。

二、不整合的识别标志

不整合是地壳运动的产物，而地壳运动在地表除了引起沉积间断、产生不整合外，还会影响到其他一些地质作用，如沉积作用、成岩作用、构造变形、岩浆作用等，所有这些与地壳运动相关的地质作用产生的现象，都可作为确定不整合的标志。

（一）地层古生物方面的标志

上下两套地层中的化石所代表的地质时代相差较远，或两者反映的生物演化存在不连续或突变，或两者的生物群迥然不同。这些都说明两者之间有了沉积间断，可能有不整合的存在。如果根据化石和区域地层对比，确认两套地层间缺失了某些地层，且又能证明不是由断层造成的，则是不整合存在的证据。

（二）沉积方面的证据

不整合面就是古风化剥蚀面，因此两套地层间的接触面往往是一个起伏不平的古风化剥蚀面，在这个面上可能存在古风化壳、古土壤层或者与风化有关的残积矿床（铁、锰、磷、稀土和铝土矿等）；上下地层在岩性和岩相上截然不同；上覆地层的底部有时有由下伏岩石碎块、砾石组成的底砾岩。

（三）构造方面的标志

不整合面上下两套地层的产状不一致；构造变形强弱程度不同，一般说来，下伏地层的变形程度要大于上覆地层的变形程度，两套地层的构造线方向往往不同；下伏地层中的某些构造线有时延至不整合面就被截断。这些都是确定不整合的标志。

（四）岩浆活动和变质作用的标志

不整合面上下两套地层及其构造是不同时期构造运动的产物，所以往往具有不同特点的岩浆活动和变质作用。下伏地层遭受比上覆地层更强烈的、更多次的构造运动的影响，因而会显示出较强的岩浆活动和变质作用特征。

三、不整合形成时代的确定

不整合形成时代可近似的认为是上下两套地层之间缺失的那部分地层所对应的时代。一般根据不整合面上覆地层的最老地层的时代与下伏地层中的最新地层的时代来确定，即不整合形成时间为不整合面以下最新地层形成之后、不整合面以上最老地层形成之前（图10-8）。

在山东新汶地区，中奥陶统和中石炭统之间存在平行不整合，其形成时代为中奥陶世到中石炭世；上二叠统和中—上侏罗统之间存在角度不整合，其形成时代为晚二叠世到中侏罗世。

如果上下两套地层时代相距不远，不整合的时代可以较确切地定出；如果上下两套地层时代相差很远，就只能确定不整合是在这段很长的时间内形成的，更确切的形成时间则需要对大范围内的上下地层进行详细研究后，才可能得出结论。

第三节 褶 皱

一、褶皱的概念及其要素

（一）褶皱的概念

褶皱是指层状岩石受力后所产生的弯曲变形。褶皱是岩层塑性变形的结果，是地壳中广泛发育的地质构造的基本类型之一。褶皱的规模可以长达几十到几百千米，也可以小到在手标本上出现，有的甚至需要在显微镜下才能观察到。

图10-10 褶皱的基本类型
（a）背斜构造；（b）向斜构造
D—泥盆系；S—志留系；O—奥陶系

褶皱的形态是多种多样的，但基本形式只有背斜和向斜两种（图10-10）。

一般来说，背斜是岩层向上突出的弯曲，两翼岩层从中心向外倾斜，核部地层较老，而两翼地层较新。向斜是岩层向下突出的弯曲，两翼岩层自两侧向中心倾斜，核部地层较新，而两翼地层较老。

（二）褶皱要素

褶皱要素是指褶皱的各个组成部分和确定其几何形态的要素。它是描述和研究褶皱的基础。褶皱要素主要包括以下几种（图10-11）：

（1）核：也称核部，是指褶皱的中心部分。通常指褶皱两侧同一岩层之间的部分。但也往往只把褶皱出露地表最中心部分的岩层叫核。

（2）翼：也称翼部，是指褶皱核部两侧的岩层。

（3）转折端：从褶皱的一翼转到另一翼的过渡部分。它可以是一点，也可以是一段曲线。

（4）枢纽：指褶皱岩层的同一层面最大弯曲点的连线。枢纽可以是水平的、倾斜的或波状起伏的。它可以表示褶皱在其延长方向上产状的变化。

(5)轴面(也称枢纽面):各相邻褶皱面枢纽连成的面。轴面对于某些褶皱而言是一个假想的平分褶皱两翼的对称面。轴面可以是简单的平面,也可以是复杂的曲面;其产状可以是直立的、倾斜的或水平的。轴面的形态和产状可以反映褶皱横剖面的形态。

(6)轴迹:褶皱轴面在地表的出露痕迹,即各褶皱面最大弯曲点在地表出露点的连线。

(7)脊线和槽线:背斜同一褶皱面的各横剖面上的最高点称为"脊",它们的连线称为"脊线"。向斜同一褶皱面的各横剖面上的最低点称为"槽",它们的连线称为"槽线"。

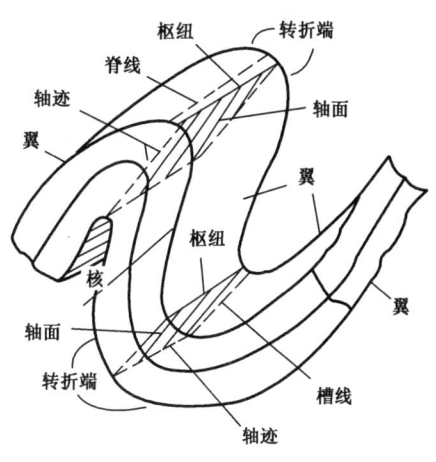

图 10-11 褶皱要素示意图

二、褶皱的形态分类

褶皱的形态分类是描述和研究褶皱的基础,它不仅在一定程度上反映褶皱形成的力学背景,而且对地质测量、找矿和地貌研究等都具有实际的意义。

(一)褶皱横剖面形态分类

1. 根据轴面产状并结合两翼特点分类

(1)直立褶皱:轴面直立,两翼向不同方向倾斜,两翼倾角相等,两翼对称,故又叫对称褶皱[图 10-12(a)]。

(2)斜歪褶皱:轴面倾斜,两翼向不同方向倾斜,两翼倾角不等,两翼不对称,故又叫不对称褶皱[图 10-12(b)]。

(3)倒转褶皱:轴面倾角更小,两翼向同一方向倾斜,其中一翼岩层发生倒转,两翼角相等或不等[图 10-12(c)]。

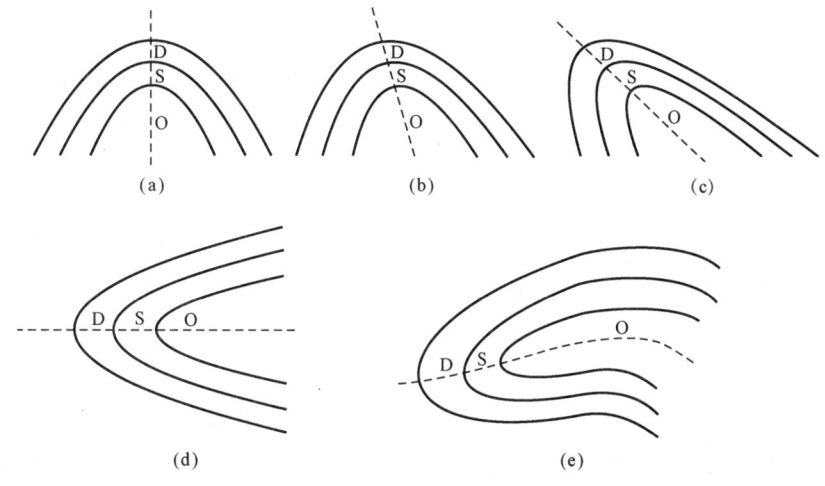

图 10-12 根据轴面产状和两翼特点的褶皱分类
O—奥陶系;S—志留系;D—泥盆系;虚线代表褶皱轴面

（4）平卧褶皱：也叫横卧褶皱，轴面水平或近于水平，两翼岩层的产状也近于水平；一翼岩层是正常的，另一翼岩层发生倒转［图10-12（d）］。

（5）翻卷褶皱：轴面翻转向下弯曲，通常由平卧褶皱转折端部分翻卷而成［图10-12（e）］。

上述五种褶皱，基本上反映了褶皱变形程度从轻微到强烈、从简单到复杂的过程以及水平挤压力的不同强度。但有时与岩性和构造条件等也有关。

2. 根据转折端形状及两翼特点分类

（1）圆弧褶皱：转折端呈圆滑弧形［图10-13（a）］。

（2）尖棱褶皱：剖面上，转折端是一个点，呈尖角状；这种褶皱常发生在岩性较坚硬且脆的岩层中［图10-13（b）］。

（3）箱形褶皱：转折端平直而两翼陡峭，在两翼转折处呈膝状弯曲，形似箱状［图10-13（c）］。

（4）扇形褶皱：转折端平缓而两翼岩层均倒转，在背斜中两翼岩层向轴面倾斜；在向斜中则自轴面向外倾斜。此种褶皱反映了两翼受到两侧压力较大逐渐向轴面运动的情况［图10-13（d）］。

（5）挠曲：在平缓岩层中，一段岩层突然变陡而表现出褶皱面的膝状弯曲［图10-13（e）］。

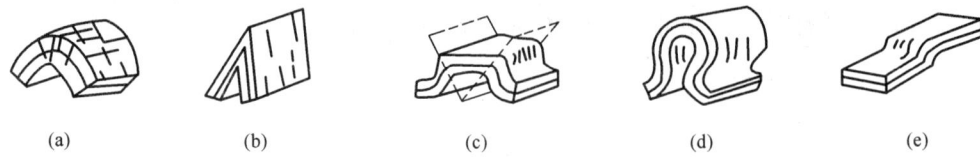

图10-13 褶皱面的弯曲形态（据徐开礼，朱志澄，1989）
（a）圆弧褶皱；（b）尖棱褶皱；（c）箱形褶皱；（d）扇形褶皱；（e）挠曲

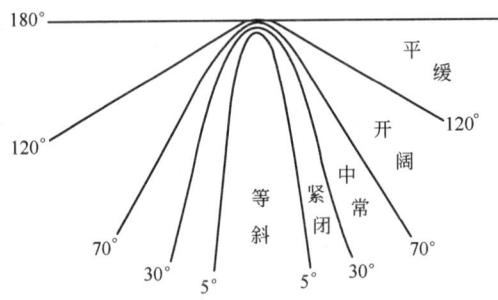

图10-14 根据翼间角大小对褶皱的分类

3. 根据翼间角的大小分类

翼间角是指正交剖面上两翼夹角，根据翼间角的大小可以分为（图10-14）：

（1）平缓褶皱：翼间角120°～180°。

（2）开阔褶皱：翼间角70°～120°。

（3）中常褶皱：翼间角30°～70°。

（4）紧闭褶皱：翼间角<30°。

（5）等斜褶皱：翼间角近于0°。

（二）褶皱的平面形态

不同类型的褶皱，其平面形态也不一样，根据褶皱某一岩层在地面（平面）上出露的椭圆的纵向长度和横向宽度之比可对褶皱进行分类（图10-15）：

（1）线状褶皱：褶皱沿轴向一定方向延伸很远，从几十千米到数百千米或者更远，长与宽之比大于10∶1［图10-15（a）］。

（2）长轴褶皱：长与宽之比在10∶1到5∶1之间的褶皱构造。

（3）短轴褶皱：长与宽之比在5∶1到3∶1之间的褶皱构造，包括短轴背斜和短轴向斜。在含油气盆地中，短轴背斜一般形态较简单，保存也较完整，可形成良好的储油构造［图10-15（b）］。

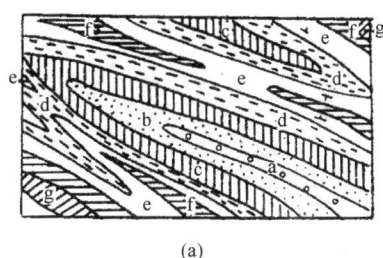 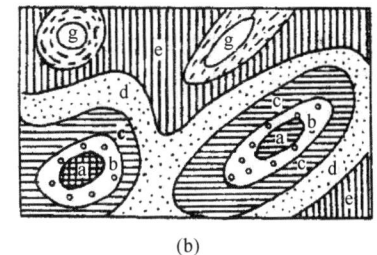

(a)　　　　　　　　　　　(b)

图 10-15　褶皱的平面露头形态（据戴俊生，2006）

(a)线状褶皱；(b)短轴褶皱和穹隆、构造盆地

a,b,c,…,f—由老到新的地层

（4）穹隆构造：长与宽之比小于3∶1的背斜构造，褶皱层面呈浑圆形隆起。

（5）构造盆地：长与宽之比小于3∶1的向斜构造，褶皱层面从四周向中心倾斜［图10-15（b）］。

三、褶皱的组合类型

一个地区的褶皱大都不是孤立产出，而是成群出现的。同一次构造运动影响下形成的褶皱，在平面上和剖面上都具有一定的组合特征，研究褶皱的组合类型及其分布规律，对于探讨褶皱的形成机制、地壳运动的方式和强度，对于研究与褶皱有关的矿产的分布等，都具有重要的意义。下面介绍几种常见的褶皱组合类型。

（一）褶皱在平面上的组合类型

在平面地质图上，常见的褶皱组合类型有以下几种：

平行状褶皱：由一系列背斜和向斜相间平行排列而组成的褶皱组合类型。它们显示区域性水平挤压的特征。

分枝状褶皱：一个主褶皱沿其延伸方向分为若干个分枝小褶皱，如川东华蓥山背斜，在其西南延伸方向上分成数个背斜和向斜（图10-16）。

帚状褶皱：相间排列的一系列背斜和向斜，其一端收敛，另一端散开，平面上形如扫帚。它是由区域性水平旋扭运动造成的，如广西巴马帚状构造就是这种褶皱的实例。

弧状褶皱：单个或一系列褶皱成明显的弧状弯曲排列。这是由区域性不均匀的水平挤压运动所造成的。

雁行式褶皱：一系列短轴褶皱，其轴线成斜列（雁行式）分布，故称雁行式褶皱或斜列式褶皱。它是区域性水平力偶作用形成的（图10-17）。

以上各种褶皱的组合类型，特别是平行褶皱，一般出现在构造运动比较强烈，褶皱较为发育的地区，褶皱延伸有一定的走向，平行延伸较远。

（二）褶皱在横剖面上的组合类型

褶皱在横剖面上的组合类型，常见有以下几种：

复背斜和复向斜：复背斜和复向斜是由于系列次一级甚至更低级的褶皱组成的巨大背斜或向斜。组成复背斜和复向斜的次级褶皱大都是较紧闭的斜歪褶皱或倒转褶皱，也有较宽缓的圆弧褶皱和箱状褶皱，次级褶皱的轴面常向复背斜或复向斜的核部收敛。规模大的复背斜和复向斜常出现在强烈褶皱的地区。

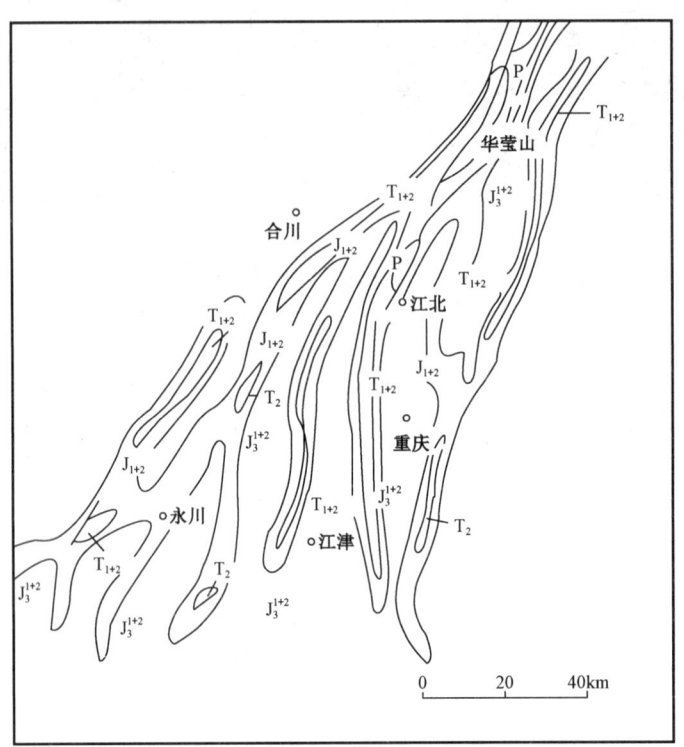

图 10-16 重庆地区地质图

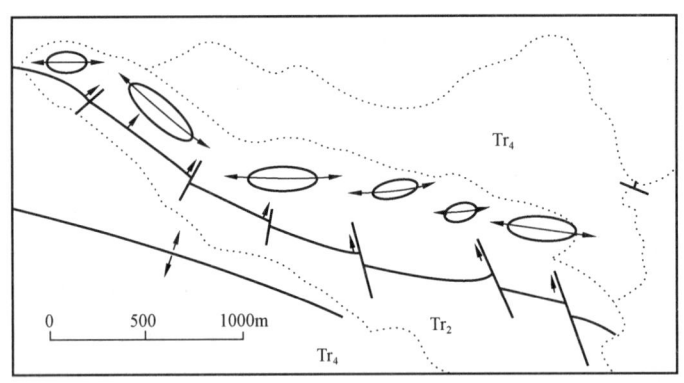

图 10-17 柴达木盆地红三旱地质图

隔档式和隔槽式褶皱：由轴向平行，发育不等的一系列背斜和向斜组成。其中，隔档式褶皱为背斜狭窄而紧闭，向斜呈平缓开阔的褶皱组合类型[图 10-18（a）]；隔槽式褶皱为背斜开阔，而相邻向斜呈紧闭狭窄的褶皱组合类型[图 10-18（b）]。这类褶皱在我国西南地区较常见，如四川盆地东部的隔档式褶皱和贵州省北部的隔槽式褶皱。

四、褶皱的形成时代

褶皱是地壳运动的产物，一般来说褶皱是岩层受到水平方向挤压的结果。从形成时间来说多数褶皱是在一次构造运动中形成的，有一些褶皱是在缓慢的地壳运动中形成的，还有的褶皱是多次构造运动的结果。因此确定褶皱的形成时代具有重要的意义。

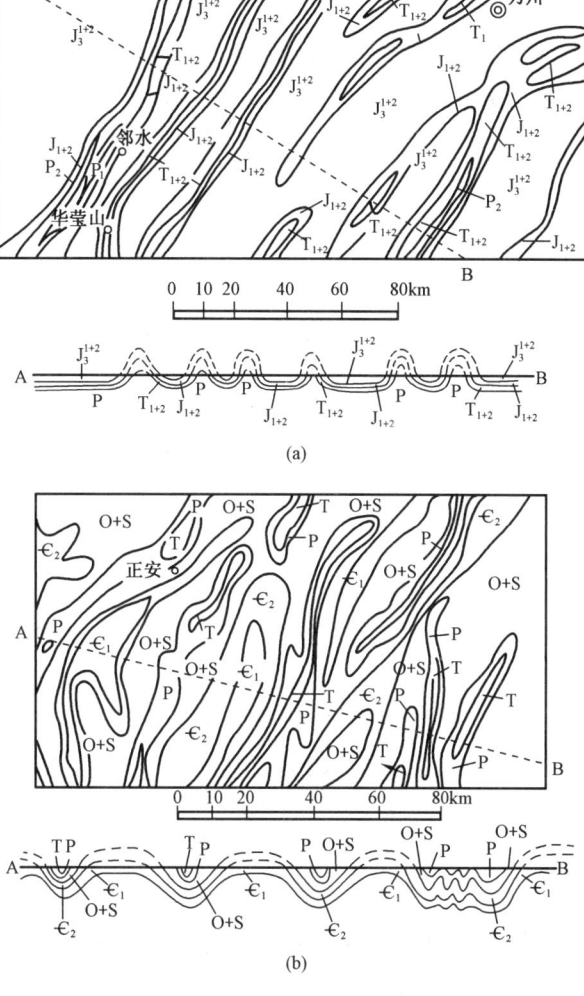

图 10-18 隔档式褶皱和隔槽式褶皱
(a)隔档式褶皱;(b)隔槽式褶皱

褶皱的形成时代可以通过角度不整合分析法、岩性厚度分析法、同位素年龄测定法等手段来进行确定。其中,角度不整合分析法是最常用的一种方法。如果不整合面以下的地层均褶皱变形,而其上的地层未褶皱,则褶皱的形成时代通常可看成是与角度不整合的形成时代相同,即在不整合面以下的褶皱中的最新地层沉积之后,不整合面以上的最老地层沉积之前。图 10-19 中褶皱的形成时代为 T（三叠纪）之后,K_1（早白垩世）之前。

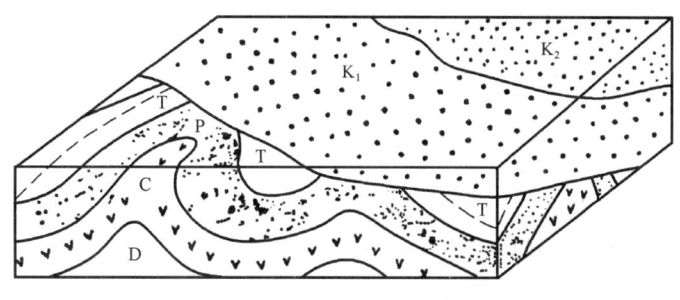

图 10-19 褶皱不整合与角度不整合

第四节 节 理

地壳中岩石(岩层或岩体),特别是脆性较大和靠近地表的岩石,在受力情况下容易产生断裂和错动,总称为断裂构造。断裂构造是地壳中普遍发育的基本构造形式之一。通常根据断裂岩块相对位移的程度,把断裂构造分为节理和断层两大类,本节及下节将分别对节理和断层进行介绍。

一、节理的定义

节理是指破裂面两侧的岩块沿破裂面没有明显位移的断裂构造(在石油行业中多称之为裂缝)。节理的长度、密度相差很悬殊,有的可延伸几米、几十米,有的只有几厘米;有的密度很大,有的则比较稀疏。沿着节理劈开的面称节理面。节理面的产状和岩层的产状一样,用走向、倾向和倾角表示。

研究节理的类型、成因和分布规律有着重要的理论和实际意义。首先,研究节理的分布、性质和组合情况,有助于推断区域应力场的特点和各种应力的分布规律以及与各种构造的相互关系。共轭节理的锐角等分线的方向,从理论上讲,代表挤压作用力的方向。其次,研究节理有很大实际意义。有些节理,主要是张节理常提供岩浆活动侵入的通道,并控制矿体的形成和分布。富含张节理的岩层,对于地下水的运动和富集有密切关系,有时构成地下水的含水层。此外,在进行隧道、水工建筑(水库大坝等)、矿井坑道、桥梁等工程设计和施工时,都必须对施工区的岩石节理做详细的调查和测量,以防止可能引起的破坏作用和不良影响。

二、节理的分类

有些节理是在成岩过程中形成的,如玄武岩中的柱状节理、细粒沉积岩中的泥裂等,这些节理被称为原生节理。还有一些节理是在外动力地质作用下形成的,如各种风化节理,这些节理称为非构造节理。地质构造中所指的节理一般是构造节理,它是指在构造运动作用下形成于岩层中的节理,常常成组成群有规律地出现。构造节理往往与其他构造如褶皱、断层等有一定的组合关系和成因联系。

节理的分类主要依据两个方面:一是节理与相关构造的几何关系;二是节理形成的力学性质。实际上,这两者是相互联系的。节理与其他构造的几何关系反映了它们的力学成因,而同一力学成因的节理与褶皱、断层又具有一定的几何关系。

(一)节理与相关构造的几何关系分类

节理是一种小型构造,往往发育在褶皱等其他构造上,并与岩层有一定的相关关系。

(1)根据节理与所在岩层的产状关系可将节理划分为(图10-20):

走向节理:节理走向与岩层走向平行;

倾向节理:节理走向与岩层走向垂直;

斜向节理:节理走向与岩层走向斜交;

顺层节理:节理面平行于岩层层面。

（2）根据节理走向与所在褶皱枢纽间的关系，可将节理划分为（图10-21）：

纵节理：节理走向与褶皱枢纽平行。

横节理：节理走向与褶皱枢纽垂直。

斜节理：节理走向与褶皱枢纽斜交。

对于发育于水平岩层中的节理，一般根据其走向来划分，如北东向节理、南东向节理等。

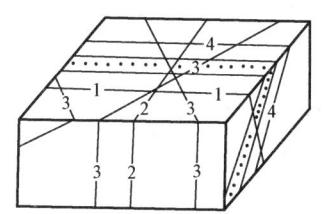

图10-20 根据节理与所在岩层产状关系的节理分类
1—走向节理；2—倾向节理；
3—斜向节理；4—顺层节理

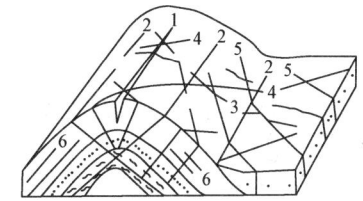

图10-21 节理形态分类示意图
1，2—走向节理或纵节理；3—倾向节理或横节理；
4，5—斜向节理；6—顺层节理

（二）节理的力学性质分类

节理按其形成时的力学性质可分为张节理和剪节理两类。

三、张节理与剪节理的特征

（一）张节理

张节理是岩石在张应力作用下所产生的节理，图10-22为湖北省某地砂岩中张节理的侧列形式。张节理常具有如下的特征：

（1）产状不稳定，在岩层中延伸不远，单个节理短而弯，若干条张节理常侧列出现；

（2）张节理面粗糙不平，发育在砾岩中的张节理往往绕砾石通过；

（3）垂直张节理面方向上往往有轻微裂开，但节理面上一般无擦痕；

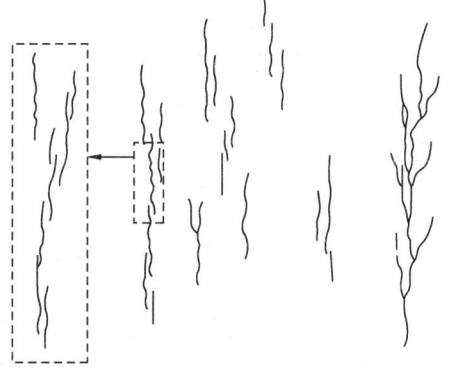

图10-22 湖北省某地砂岩中张节理的侧列形式（据马宗晋等，1965）

（4）节理间距较大，分布稀疏而不均匀，很少密集成带；

（5）张节理常呈开口状或楔形，节理两壁之间的距离较大，常被后期地质作用形成的物质所充填，形成各种脉体；

（6）张节理的尾端变化形式有两种，即树枝状分叉和杏仁状结环。

（二）剪节理

剪节理又称剪切节理，是岩层在剪切应力作用下所产生的破裂面。剪节理具有下述特征：

（1）产状比较稳定，在平面上沿走向延伸较远，在剖面上向下延伸较深；

（2）常具紧闭的裂口，节理面平直而光滑，沿节理面可有轻微位移，因此在面上常具有擦痕、镜面等；

（3）碎屑岩中的剪节理常切开较大的碎屑颗粒或砾石，或切开结核、岩脉等（图10-23）；

（4）节理间距较小，常呈等间距均匀分布，密集成带；

（5）常平行排列、雁行排列，成群出现，或两组交叉，称"X节理"，或称"共轭节理"（图10-24），两组节理有时一组发育较好，一组发育较差。

图10-23　剪节理直切砾岩中的砾石
（据蓝淇锋等，1979）

图10-24　陕西铜川砂岩层中的共轭剪节理
（据蓝淇锋等，1979）

四、节理的组合

在一定范围内，在同一构造应力场作用下，可形成不同规模、不同类型的构造。如褶皱、断层及其各种伴生和派生构造，但它们总是按一定的方式和方向有规律地组合在一起。因此，可以将各种构造现象的有规律的组合和分布作为一个有机的联系体来进行剖析研究，探讨区域应力场的性质、方位及构造应力的大小和分布。研究时应注意同一构造应力场作用下形成的节理组合及其与褶皱和断层的关系。

第五节　断　　层

断层是岩块沿着断裂面有明显位移的断裂构造。断层的规模有大有小，所切割的深度有深有浅（深可切穿岩石圈或地壳，浅可切穿盖层或只在地表）；形成的时代有老有新；有的是一次构造运动的结果，有的是多次构造运动的结果；有的已不活动，有的还在继续活动；形成断层的力学性质或张或压或剪，各不相同。

一、断层几何要素

断层几何要素包括断层本身的基本组成部分以及与阐明断层空间位置和运动性质有关的具有几何意义的要素（图10-25）。

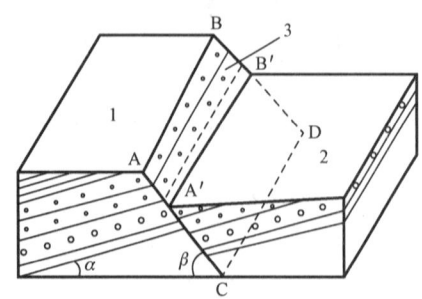

图10-25　断层要素示意图
1，2—断盘；3—断层面

(一)断层面

岩层或岩体断开后,两侧岩体沿着断裂面发生显著位移,这个断裂面称为断层面。它可以是平面,也可以是弯曲或波状起伏的面。它也可以是直立的,但大多是倾斜的。断层面的产状,和岩层、节理面一样,用走向、倾向、倾角来表示。同是一条断层,其产状在不同部位常有很大变化,甚至倾向完全相反。大规模断层不是沿着一个简单的面发生,而往往是沿着一系列密集的破裂面或破碎带发生位移,这时称之为断层带或断层破碎带。

(二)断层线

断层面与地面的交线称断层线,它表示断层的延伸方向。它可以是一条直线,也可以是一条曲线或波状弯曲的线。断层线的形状取决于断层面的产状和地形起伏条件。当地面平坦时,断层线是直是曲,决定于断层面本身的产状;如果地形起伏很大,而断层面是倾斜的,尽管断层面是平的,断层线的形状也是弯曲的。特别是在大比例尺地形地质图上,断层线随地形变化而弯曲的现象就更为明显。

(三)断盘

断层面两侧发生显著位移的岩块称为断盘。如果断层面是倾斜的,位于断层面以上的岩块叫上盘,位于断层面以下的岩块叫下盘。如果断层面是直立的,可根据断块与断层线的平面位置关系命名,如断层线的走向为东西,则可分别称两盘为南盘和北盘。

从运动角度看,很难确定断层面两侧岩盘究竟是怎样移动的,也许是一侧上升,另一侧下降;也可能是两侧同向差异上升或两侧同向差异下降。因此,在实际工作中是根据相对位移的关系来判断上升和下降,相对上升的岩块叫上升盘,相对下降的岩块叫下降盘。应该指出,上升盘与上盘,下降盘与下盘,切勿混淆,上升盘可以是上盘,也可以是下盘;下降盘可以是下盘,也可以是上盘。

(四)位移

断层两盘的相对移动统称位移。在实际工作中,经常要推断断层两盘相对位移的方向和测算位移的距离。为此,必须以相当点或相当层为根据。相当点是指未断前的一个点在断层位移以后出现在两盘上的两个点。两个相当点必定位于断层面上(图10-26的a和b)。两个相当点的实际距离,表示断层的真位移距离,称为总滑距(ab);总滑距在断层面走向方向和倾斜线上的分量,称为走向滑距(ac)和倾斜滑距(ab)。总滑距在铅直方向的分量称为铅直滑距(bm),在水平面上的投影称为水平滑距(cm)。

但在自然界,在断层面上找相当点是困难的,所以在实际工作中(在野外或在地质图上)总是根据相当层被错开的距离来测量位移。同一个层由于断开移动,分别在上下盘出现,好像变成了两个层,这两个层就是相当层。相当层之间的距离叫断距。通常是在垂直岩层走向的剖面(图10-27的dnf面)上来测量相当层之间的位移,这样可以得到如下参数:

地层断距:断层两盘相当层层面之间的垂直距离(ho),相当于二相当层之间重复或缺失的那一部分地层的厚度。

铅直地层断距:断层两盘相当层层面在铅直方向上的距离(hg)。

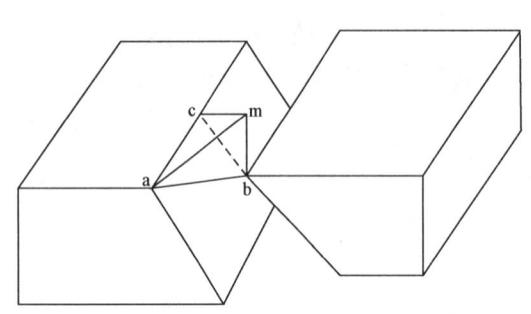

图 10-26 断层位移示意图

ab—总滑距；ac—走向滑距；cb—倾斜滑距；
am—水平滑距；cm—倾向滑距

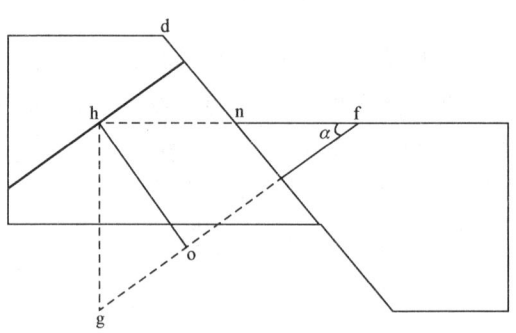

图 10-27 垂直于被错断地层走向的剖面上断层断距示意图

α—地层倾角；ho—地层断距；hg—铅直地层断距；hf—水平断距

水平断距:在断层面上同一高度的两侧相当层层面之间的距离(hf),这个断距代表断层面两侧相当层被拉开的水平距离或两侧相当层掩覆的水平距离。

二、断层的分类

为了认识断层的几何特征及成因,可以从以下几个方面对其进行分类。

(一)根据断层走向与两盘岩层产状的关系分类

(1)走向断层:断层的走向与岩层的走向一致[图10-28(a)]。
(2)倾向断层:断层的走向与岩层的走向垂直[图10-28(b)]。
(3)斜交断层:断层的走向与岩层的走向斜交[图10-28(c)]。
(4)顺层断层:断层与岩层面大致平行[图10-28(d)]。

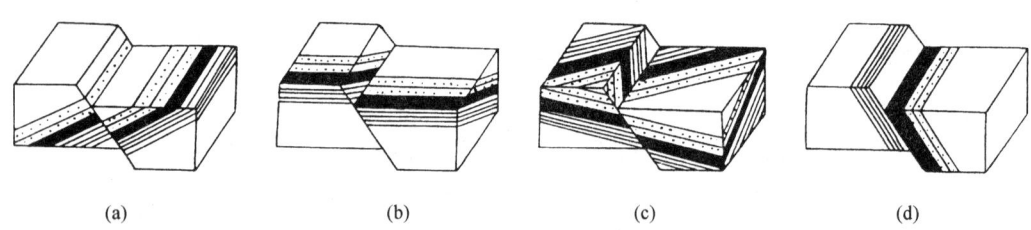

(a)   (b)   (c)   (d)

图 10-28 断层走向与两盘岩层产状关系的断层分类

(a)走向断层；(b)倾向断层；(c)斜交断层；(d)顺层断层

(二)根据断层走向与褶皱轴或区域构造线的关系分类

(1)纵断层:断层的走向与褶皱的轴向或区域构造线一致。实际上,纵断层基本是走向断层(图10-29F_1)。

(2)横断层:断层的走向与褶皱的轴向或区域构造线直交。实际上,横断层基本是倾向断层(图10-29F_2)。

(3)斜断层:断层的走向与褶皱的轴向或区域构造线斜交。实际上,斜断层基本是斜交断层(图10-29F_3)。

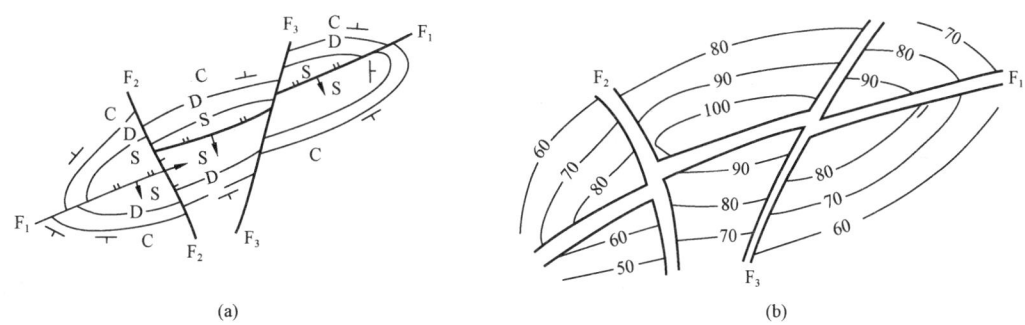

图 10-29 断层走向与褶皱轴向间的关系
S—志留系；D—泥盆系；C—石炭系；F_1—纵断层；F_2—横断层；F_3—斜断层；等值线单位为 m

（三）根据断层两盘相对位移的关系分类

（1）正断层：上盘相对下降，下盘相对上升的断层叫正断层。正断层断层面的倾角一般较陡，多在 45° 以上 [图 10-30（a）]。

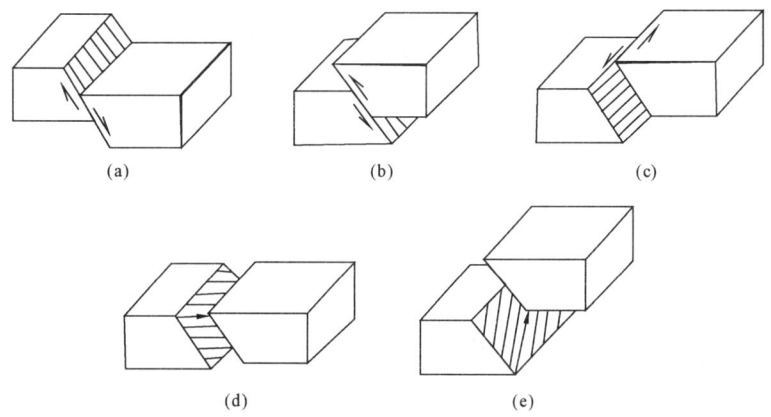

图 10-30 按照两盘相对运动方向所采取的断层分类
（a）正断层；（b）逆断层；（c）平移断层；（d）正—平移断层；（e）逆—平移断层

（2）逆断层：上盘相对上升，下盘相对下降的断层叫逆断层 [图 10-30（b）]。

根据断层面的倾角，逆断层又可分为：

① 高角度逆断层：断层面倾角大于 45° 的逆断层，也叫逆冲断层，断层线比较平直。

② 低角度逆断层：断层面倾角小于 45° 的逆断层。其中将断层面倾角平缓（一般小于 30°）、规模巨大、上盘沿断层面远距离推移，推移距离在数千米以上的低角度逆断层称为推覆构造。推覆构造所表现的突出特征是老岩层推覆在新岩层之上。这些盖在较新岩层之上的来自远处的老岩层，称为外来岩块或推覆体（图 10-31 中 b）；相对地停留在原地的岩层岩块，称为原地岩块或下伏岩块（图 10-31 中 a）。

如果在推覆构造的上盘岩块中，由于差异侵蚀局部露出下盘的较新的原地岩块，这种构造称为构造窗（图 10-31 中 c）。相反，如果由于强烈侵蚀，上盘的外来岩块只局部残留于较新的原地岩块之上，这种构造称为飞来峰（图 10-31 中 d）。构造窗和飞来峰，在平面图上都表现为和周围的岩层呈断层接触，构造窗表现为新岩层的周围都是老岩层，而飞来峰则是老岩层的周围都是新岩层。

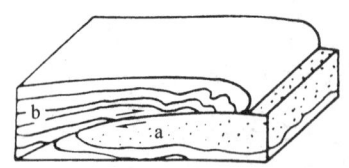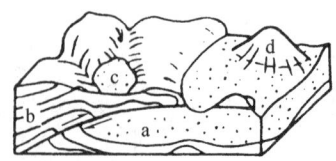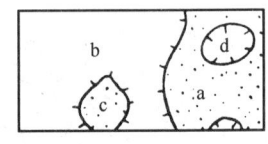

图 10-31　构造窗和飞来峰的形成或发育过程（据 M.Mattauer，1980）
a—原地岩块；b—外来岩块；c—构造窗；d—飞来峰

（3）平移断层：指断层两盘沿着断层面在水平方向发生相对位移的断层，又叫走滑断层 [图 10-30（c）]。实际上无论是正断层或逆断层，很多是斜向滑动的，如果其走向断距大于倾斜断距，皆可归入平移断层一类，可分别称为正—平移断层 [图 10-26（d）] 和逆—平移断层 [图 10-30（e）]。

（4）枢纽断层：正断层、逆断层和平移断层的两盘位移都是直线运动的，但有些断层运动具有旋转性质，好像上盘围绕着一个轴做旋转运动，这样的断层叫枢纽断层或旋转断层（图 10-32）。两盘运动方式有两种情况，一种是旋转轴位于断层的一端，其特点是在同一条断层的不同地段其位移量不等 [图 10-32（a）]；另一种是旋转轴位于断层的中间，其特点是除了位移量随断层不同地段而变化外，还表现为在旋转轴的两侧，一侧为正断层，一侧为逆断层 [图 10-32（b）]。自然界，这种带有枢纽旋转性质的断层是经常可见的。

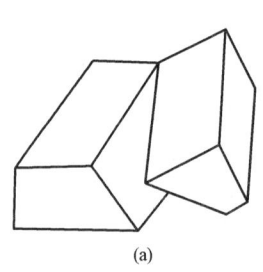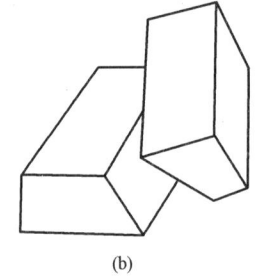

图 10-32　枢纽断层的两种旋转方式
（a）旋转轴位于断层的一端；（b）旋转轴位于断层的中间

三、断层的组合类型

断层可以孤立地出现，但更多的是若干断层组合在一起，以一定的组合形式出现。按照断层在平面和剖面上的组合形式，可划分为以下类型：

在剖面上，可组合成阶梯状、叠瓦状、地堑和地垒等类型；在平面上，断层可组合成平行式、斜列式、环状和放射状等类型。现介绍几种主要的组合类型。

（一）阶梯状断层

由若干产状基本一致的正断层组成，各断层的上盘依次向同一方向断落，在剖面上看为阶梯状的断层组合形态，叫作阶梯状断层（图 10-33）。

（二）叠瓦式断层

一系列产状大致相近的逆冲断层，其上盘依次向上逆冲，在剖面上成叠瓦状，故称叠瓦式断层（图 10-34）。叠瓦式断层常出现在构造挤压强烈的地区。

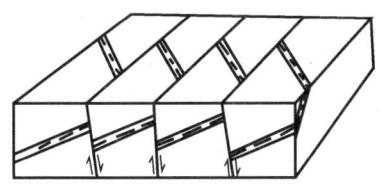
图 10-33 阶梯状断层

图 10-34 叠瓦式断层

(三)地堑

地堑主要由两条走向基本一致的相向倾斜的正断层构成,两条断层之间有一个共同的下降盘。构成大中型地堑边界的正断层往往不只是一条单一的断层,而是由数条产状相似的正断层组成一个同向倾斜的阶梯式断层系列。多数地堑是由正断层组成,但也有少数地堑是由逆断层甚至逆冲断层组成。巨型地堑系应属裂谷,它常控制着沉积盆地的发育(如华南地区的一些古近—新近红色盆地),有的还是板块间的分界线,是板块扩张的初期表现形式。

(四)地垒

地垒主要由两条走向基本一致的相背倾斜的正断层构成,两条断层之间有一个共同的上升盘(图 10-35)。控制地垒的两侧正断层可以单条产出,也可由数条产状相似的正断层组成,形成两个依次向两侧断落的阶梯状断层带。

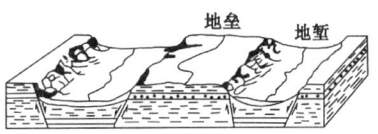
图 10-35 地堑和地垒
(据李叔达,1983)

(五)环状断层和放射状断层

若干个弧形或半环状断层围绕一个中心成同心状排列,便构成环状断层;若干条断层自一个中心成辐射状向外发散排列,即构成放射状断层(图 10-36)。环状断层和放射状断层常见于穹隆构造、火山口、岩浆底辟构造(因岩浆挤入而使上覆岩层局部上升形成穹隆或短轴背斜)等处。

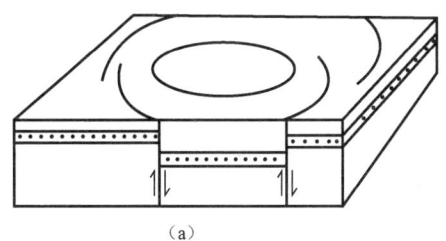
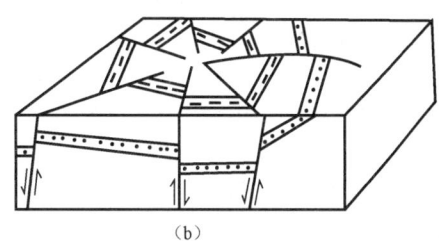

(a) (b)

图 10-36 环状断层和放射状断层
(a)环状断层;(b)放射状断层

四、断层的野外识别标志

研究断层首先要判断是否有断层存在,野外常见的断层识别标志如下。

(一)断层的地貌标志

(1)断层崖和断层三角面:断层面露出地表形成悬崖,叫断层崖。多数断层崖形成后,受到流水的侵蚀切割,形成"V"形谷,谷与谷间形成一系列三角形面,称断层三角面(图10-37)。这种面有时也可呈梯形面。山西太谷、关中华山北麓等都有明显的断层崖或断层三角面。

（2）山脉错开或中断:山脉的山脊或山峰一般顺着岩层的走向延伸,如果突然错开、中断或呈大角度拐弯,或突然与平原相接触,则可考虑有断层的可能性。

图10-37　河南偃师五佛山断层形成的断层三角面(据马杏垣等,1980)

（3）断层谷、断陷湖、断层泉:顺断层线或地堑常形成断层谷,或形成一系列断陷湖盆,有时沿断层线出现一系列泉。如内蒙古凉城县岱海,就是一个断陷湖。水系突然呈直角转折也可能与断层(或节理)有关。

（4）火山分布:第四纪火山锥常沿着断层线或断层的交叉点分布。

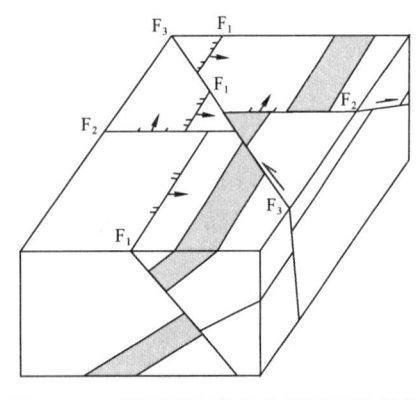

图10-38　断层引起的构造线不连续现象

（二）构造线的不连续

断层常把原来连续的地层、矿脉、岩脉、变质带以及各种构造线错开,使它们发生不连续或中断现象,特别是横断层、倾向断层和平移横断层,这种现象非常明显(图10-38)。

（三）地层的重复或缺失

走向断层或纵断层会产生岩层重复或缺失的现象。岩层重复或缺失的特点取决于断层性质、断层产状和被切断岩层的产状三者之间的关系(图10-39)。

（四）断层面和断层带上的标志

（1）断层擦痕:断层两盘相对错动,常在断层面上留下平行细密而均匀的擦痕,有时形成相间平行排列的擦脊和擦槽。这些擦痕有时呈一头粗深一头浅细的"丁"字形,由粗向细的方向代表对盘运动的方向。用手触摸擦痕,有不同方向的滑涩的手感,光滑方向代表对盘移动方向。

（2）断层镜面:断层两盘相对错动,可引起断层面上的温度升高,使一些铁、锰、钙、硅等成分的物质粉末重熔,敷在断层面上形成一层光滑的薄膜,叫断层镜面。在扭性、压扭性断层面上更容易出现断层镜面。

（3）阶步:断层两盘相对错动,在断层面上所形成的小陡坎(台阶)称阶步(图10-40)。

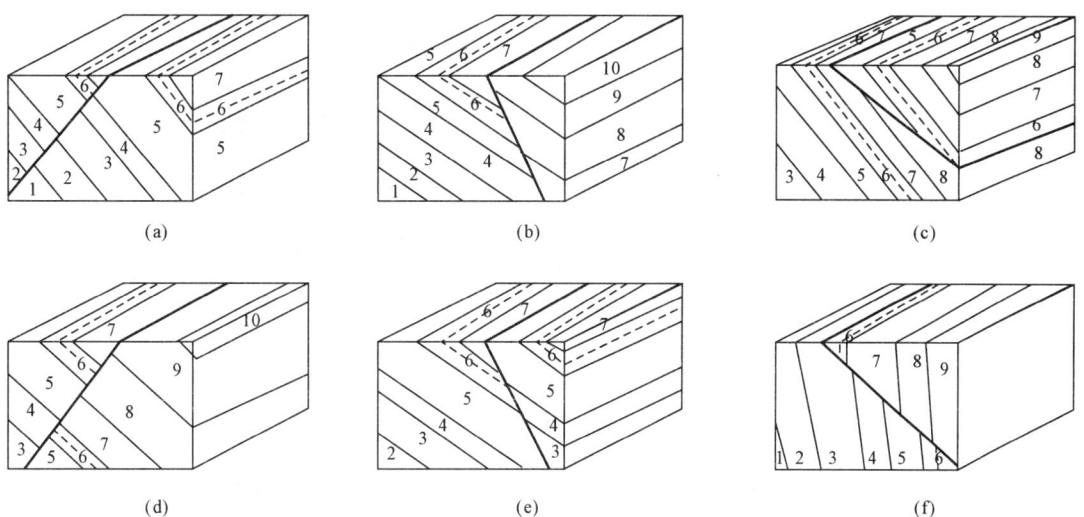

图 10-39 走向断层引起的地层重复与缺失现象(据徐开礼,朱志澄,1999)
(a)平面重复,垂向缺失;(b)平面缺失,垂向缺失;(c)平面重复,垂向重复;
(d)平面缺失,垂向重复;(e)平面重复,垂向重复;(f)平面缺失,垂向缺失

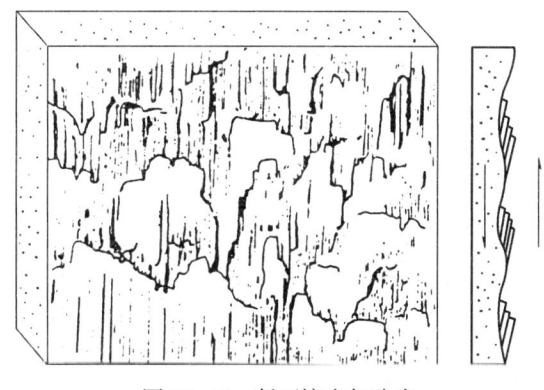

图 10-40 断面擦痕与阶步

阶步常垂直擦痕方向延伸,但延伸一般不远,阶步间彼此平行排列。阶步陡坎方向指示对盘运动方向。

(4)断层构造岩:断层作用常在断层带形成各种构造岩。最常见的构造岩有断层角砾岩(图 10-41),其中的角砾棱角显著,大小不一,一般无定向排列,角砾的成分与断层两盘的成分相同。断层角砾常被钙、硅、铁、黏土等物质胶结。典型的断层角砾岩常见于正断层。

(五)断层两侧的伴生构造标志

在断层面的一侧或两侧,常形成一些伴生的褶皱、节理等构造。它们可以作为断层存在的证据,并可用以判断断层的力学性质和两盘的移动方向。

(1)拖曳褶皱,又名牵引褶皱(图 10-42)。柔性较大的岩层断开时,断层面一侧或两侧常发生一些拖曳而成的小褶皱,这种小褶皱的特点是:①多为倾斜或倒转褶皱;②离开断层面一定距离,这种小褶皱即渐消失;③正断层和逆断层的拖曳褶皱形态不同。根据拖曳褶皱的形态可判断两盘的运动方向,从而进一步确定断层的性质。其方法是:拖曳褶皱的弧顶所

· 167 ·

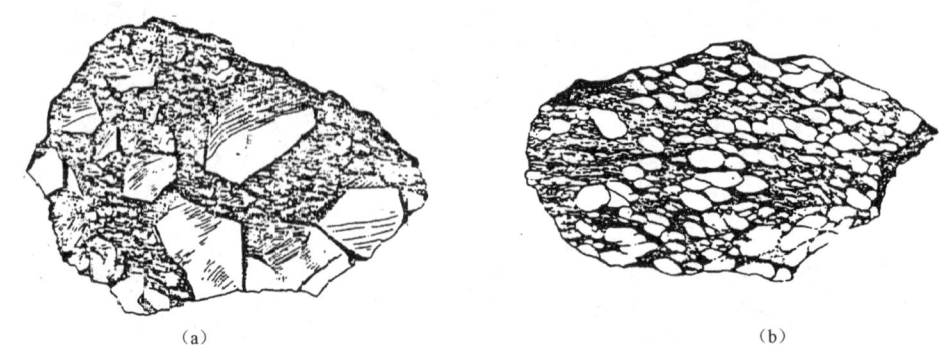

图 10-41　断层角砾岩素描（据孙岩，韩克从，1979）
（a）张裂角砾岩；（b）压碎角砾岩

图 10-42　断层带中的牵引构造及其指示的两盘滑动方向

指的方向指示其所在盘的移动方向。

（2）伴生节理：在断层面的一侧或两侧，常因两盘错动产生有规律分布的节理。

五、断层形成时代的确定

（一）利用断层与不整合面的关系

确定断层的活动时代主要利用断层与不整合面的关系进行。对于一次构造运动形成的断层，如果它切穿一套较老的地层，并终止于该不整合面上，而不切穿不整合面之上较新的地层，则该断层的活动时间与不整合面及其所代表的构造运动的时间是一致的，即该断层形成于该不整合面下伏地层中的最新地层之后，而在其上覆的地层中的最老地层之前。

（二）利用断层和岩体、岩脉等的关系

若断层切断岩体，则断层形成于岩体侵入之后；若断层被岩体、岩脉所填充，则断层形成于岩体侵入之前。如果能测出岩体的同位素年龄，则可较确切地推断断层的时代。

（三）利用断层互相错断的关系

在许多相交的断层中，被切断的断层时代较老，切断其他断层者较新。

思　考　题

1. 如何理解岩层的产状要素？
2. 地层的接触关系有哪几种？分别是如何形成的？
3. 如何识别褶皱并判断其类型？
4. 如何识别断层并判断其类型？
5. 张节理与剪节理特征有何不同？

第十一章 板块构造

板块构造学说是在继承大陆漂移和海扩张学说的合理内容和吸收最新科技成就的基础上诞生的。

德国气象学家 A. 魏格纳于 1912 年在总结前人有关大陆漂移概念的基础上提出一种大地构造假说——大陆漂移说,并在 1915 年出版的《海陆的起源》一书中对大陆漂移问题进行了系统论述。大陆漂移说认为:地球上所有大陆在中生代以前曾为统一的大陆,魏格纳称其为联合古陆(泛大陆);周围的海洋称为泛大洋。从中生代开始,这个泛大陆逐渐分裂、漂移,一直漂移到现在的位置。大西洋、印度洋、北冰洋则是在大陆漂移过程中出现的,太平洋是泛大洋的残余。

在大量海洋科学资料的基础上,赫斯(H. H. Hess)和迪茨(R. S. Dietz)于 20 世纪 60 年代提出了海底扩张学说。该学说认为:大洋中脊是新地壳不断产生的地带,软流层物质由大洋中脊涌出,形成新的洋底条带,并推动较早形成的洋壳向外扩张,越扩张越远,洋壳在遇到大陆壳时即俯冲下沉而返回软流层,这样造成一个物质循环。由于洋壳一面生长、一面消亡,不断更新,洋底上就没有比中生代更老的沉积和岩石。

1967 年,美国普林斯顿大学的摩根(J. Morgan)、英国剑桥大学的麦肯齐(D. P. Mckenzie)、法国的勒皮雄(Le Pichon)等人,把海底扩张说的基本原理扩大到整个岩石圈,并总结提高为对岩石圈的运动和演化的总体规律的认识,这种学说被命名为板块构造学说,或新的全球构造理论。

第一节 板块构造基本问题

一、板块构造基本原理

(1)板块构造学强调地球的物理性质截然不同的两个圈层——上部的刚性岩石圈和下部的塑性软流圈。

(2)岩石圈可划分为若干大小不一的板块。板块是运动的,其边界有三种类型:①分离扩张型,伴随着洋壳新生和海底扩张;②俯冲汇聚型,伴随着洋壳消亡或大陆碰撞;③平移剪切型,沿着转换断层发生。地震、火山和构造活动主要集中在板块边界。

(3)岩石圈板块横跨地球表面的大规模水平运动为一种球面上的绕轴旋转运动。在全球范围内,板块沿分离型边界的扩张增生与沿汇聚边界的压缩消亡相互补偿抵消,从而使地球半径保持不变。

(4)岩石圈板块运动的驱动力来自地球内部,最可能是地幔物质的对流。

二、板块的划分

板块一词,由威尔逊于1965年在论述转换断层时首次提出。板块是岩石圈受洋中脊、转换断层、海沟或年轻造山带等构造活动带分割的结果。

通常,可以把地震带当作板块划分的首要标志。一条明显的地震带一般对应于两个现代板块的边界;如果不存在地震带,不管其他标志多明显,也不可能称为现代板块的边界。地貌特征是板块划分的另一标志,现代板块边界一般在地表上有很突出的表现,如中洋脊、海沟、褶皱山系等;在古板块边界的鉴别中,岩石学、岩石地球化学等标志也具有决定性的意义。

依据地质和地球物理资料,法国地球物理学家勒皮雄将全球岩石圈划分为六大板块:欧亚板块、非洲板块、美洲板块、印度板块、太平洋板块和南极洲板块,这六大板块属于一级板块,它们决定了全球板块运动的基本特点。后来,英国的麦肯齐等根据浅源地震的集中分布带,将美洲板块分为南美洲板块、北美洲板块、可可板块、加勒比板块及纳兹卡板块等次一级小板块,又将欧亚板块分为菲律宾板块等次一级小板块(图11-1)。

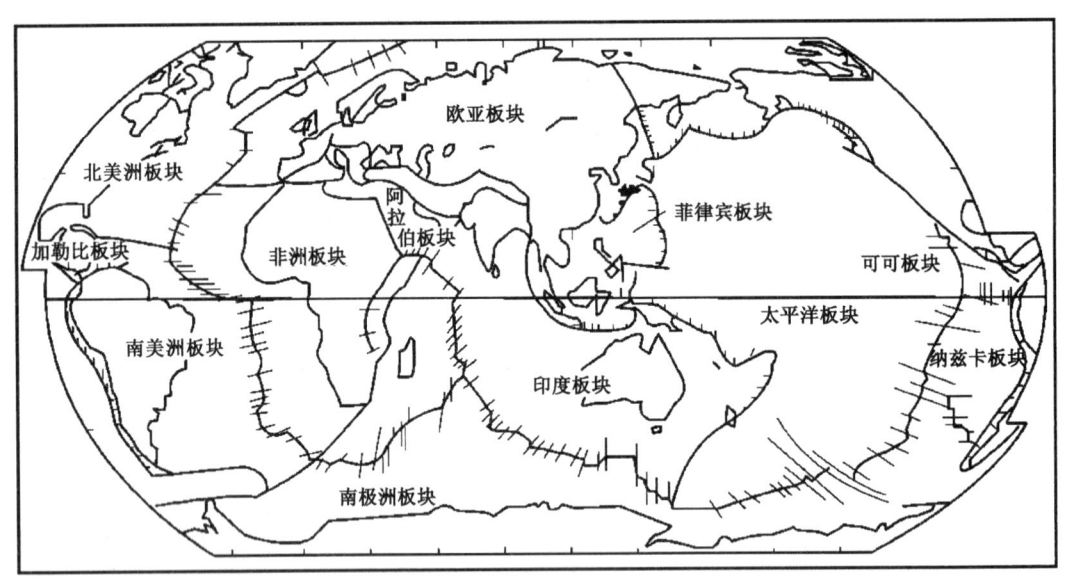

图11-1 全球板块划分与分布

三、板块边界类型

板块边界的性质及其地质特征是由其两侧板块的相对运动特征决定的。全球地震带描绘出了板块的轮廓,这些地震带又相当于大洋中脊、转换断层、岛弧—海沟系及年轻造山带等板块活动带。它们分别对应于不同的板块运动方式。根据板块间的相对运动方式,可将板块边界分为离散型边界、汇聚型边界和转换边界三种基本类型(表11-1)。

表 11-1 板块边界的类型

类型	两侧板块的运动方向	应力状态	地震活动特征	岩石圈演化特点	两侧板块地壳性质	实例	
离散型边界	垂直于边界的相背运动	拉张	浅震,正断层型	大陆岩石圈分裂、大洋岩石圈生长	陆壳—陆壳	裂谷带	大陆裂谷带东非裂谷带
					洋壳—洋壳		大洋裂谷带、洋中脊
汇聚型边界	垂直于边界的相向运动	挤压	浅、中、深震,冲断层型并随深度变化	大洋岩石圈消亡、大陆岩石圈生长	洋壳—洋壳	俯冲带	洋内弧沟系(岛弧型)
					陆壳—洋壳		陆缘弧沟系(安第斯型)
					陆壳—陆壳	碰撞带(喜马拉雅、阿尔卑斯等)	
转换型边界	平行于边界的走滑运动	剪切	浅震,走滑断层型	不生长、不消亡	各种类型	转换断层(门多西诺断裂带等)	

(一)离散型边界

两侧板块做垂直于边界走向的相背运动,使板块向两侧分离、散开,其应力状态是拉张的。地球上巨大规模的张裂构造带都发育在这种边界上。离散边界可发生在大洋岩石圈板块之间,也可发生在大陆岩石圈板块之间或之内。前者为大洋裂谷带,如大西洋中脊、东太平洋中隆;后者为大陆裂谷带,如东非大裂谷等。大陆裂谷带使统一的大陆岩石圈板块分裂、散开并进而演变为大洋裂谷带,大洋岩石圈的增生就发生在大洋裂谷带,故离散型边界又称建设型板块边界。

(二)汇聚型边界

两侧的板块垂直于边界彼此相向运动,其应力状态是挤压的。沿汇聚型边界地壳强烈变形,伴有大量岩浆活动,形成海沟及造山带。汇聚型边界也可以与板块的运动方向斜交,但相邻板块之间必定包含有一定的汇聚运动分量。汇聚型边界又可进一步划分出俯冲型边界和碰撞型边界两种类型。

1. 俯冲型边界

当大洋岩石圈板块与大陆岩石圈板块相互汇聚运动时,洋壳板块的密度较大,所受浮力较小,位置低,俯冲、消亡在陆壳板块之下。这种以俯冲作用为主的边界就是通常所说的俯冲带或消亡带。俯冲型边界主要分布在太平洋周缘,沿这种边界大洋板块潜没于地幔之中,故又称太平洋型汇聚边界、消亡型或破坏型板块边界。

俯冲型边界又包括:岛弧—海沟系,岛弧远离大陆、发育于洋壳之上,如马里亚纳弧、汤加弧,一大洋板块沿着岛弧俯冲于另一大洋板块之下;安第斯型大陆边缘,大洋板块沿陆缘俯冲于大陆之下。

2. 碰撞型边界

当汇聚型边界两侧都是陆壳板块,或陆壳与岛弧相互汇聚时,由于两者密度小,所受浮力较大,陆壳板块难以俯冲进入另一个陆壳板块之下的地幔中,于是两个板块最终碰撞,这种边界称为碰撞带。由于它使两个大陆板块缝合在一起,故又称缝合带。沿此带地壳厚度显著增加,强烈变形,形成宏伟的褶皱山系,并伴有广泛的区域变质和岩浆侵入。

除上述几种基本类型外,还有许多过渡类型,如转换断层—海沟型、转换断层—洋脊型等。

(三)转换断层

有些边界是岩石圈既不生长,也不消亡,两侧板块只有平行于边界的走滑运动,转换断层就属于这种性质的边界。

美国海洋地质学家米纳德于1958年在北太平洋发现了第一条转换断层——门多西诺断裂带。随后又发现了一系列垂直于大洋中脊并将大洋中脊切割错断的断裂带,这些断裂带的间距大约50～300km,但当时并没有提出转换断层的概念。

加拿大学者威尔逊在对洋底扩张研究的基础上于1965年提出转换断层的概念。他认为,转换断层不同于一般的平移断层,是那种位移突然终止或改变形式和方向的平移断层。

如图11-2所示,转换断层与平移断层的形成机制不同,表现特征差异显著:

(1)随着时间的推移,平移断层两侧的中脊越离越远;但对于转换断层来说,虽然中脊轴两侧海底不断扩张,断层两侧中脊之间的距离并不加大。

(2)平移断层的剪切作用沿整个断层面发生;转换断层的水平剪切运动只发生在转换断层两侧的洋中脊之间的地段,其他地段没有相对的剪切运动。

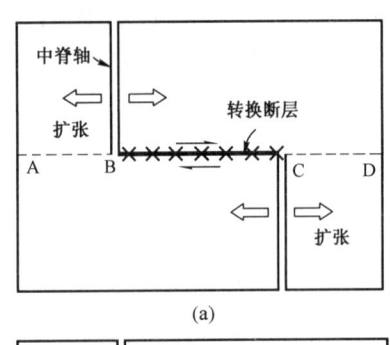

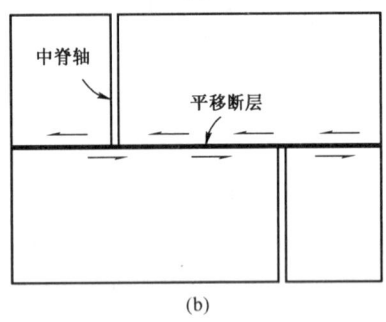

图11-2 转换断层(a)与平移断层(b)
叉号代表地震频繁的转换断层活动

(3)平移断层的剪切方向与断层两侧中洋脊所显示的位移方向一致;转换断层的水平剪切方向与断层两侧洋中脊所显示的错开方向恰好相反。

(4)转换断层的水平剪切运动在转换点终止,并转变为拉张或挤压构造带;平移断层无此现象,仅在其端点逐渐变为规模很小的剪切裂隙。

(5)转换断层与平移断层所产生的地震特点不同。对于转换断层,地震只发生在洋中脊之间的断裂带上,并且都是浅震,其外延地段基本上没有地震发生。洋中脊轴部的浅震由拉张引起,洋中脊之间断裂带上的地震则是由水平剪切所产生,并且它的错动方向与转换断层运动方向符合。若为平移断层,在整个断裂带上都可能发生地震。

四、贝尼奥夫带与板块运动

(一)贝尼奥夫带

环太平洋地震带是全球最强烈的地震带,这里既有浅源地震(震源深度 0~70km),也有中源地震(震源深度 70~300km)和深源地震(震源深度 300~700km)。沿深海沟向岛弧和大陆边缘,这三类地震的分布特点是:浅源地震多集中在海沟的陆侧斜坡(有少数出现于岛弧、海沟底以及海沟的洋侧斜坡),中源和深源地震则见于弧后地区(包括边缘海)。震源深度通常靠洋侧较浅,靠陆侧较深,构成一个倾斜的震源带,称为贝尼奥夫带。

岛弧下的贝尼奥夫带较陡,倾角大多数超过 45°;安第斯山型大陆边缘以下的贝尼奥夫带较平缓,通常倾角不超过 30°。随深度的增大,贝尼奥夫带的倾角往往变陡。

贝尼奥夫带的长度或最大深度在各地不尽相同。震源深度超过 3000km,延伸到 600~700km 深处的有:千岛—堪察加、日本及其附近地区、菲律宾海沟局部、南美西缘、汤加、印度尼西亚。即使在具深源地震的区域,贝尼奥夫带也仅在 200~300km 深度以上表现较为清楚。强烈地震的数量和最大震级均随震源深度增大而减小。

贝尼奥夫带的长度和倾角与板块俯冲速度有关。俯冲速度越大,贝尼奥夫带越长,倾角越小。

贝尼奥夫带与海沟相伴随,除分布在太平洋周边地区外,也见于印度洋北缘的爪哇海沟、大西洋的波多黎各海沟和南桑德维奇海沟以及地中海克里特岛南缘的海伦尼海沟。不管是岛弧—海沟系或是安第斯型大陆边缘,贝尼奥夫带一般倾向大陆。但也有例外,在澳大利亚东北部的新不列颠、所罗门和新赫布里底群岛一带,贝尼奥夫带倾向大洋一侧。台湾以南至吕宋岛一线,贝尼奥夫带也有向洋倾斜的趋势。

在一些海沟(如日本海沟、千岛海沟)之下,发现另有一列较弱的震源带,其倾向于贝尼奥夫带相反(倾向大洋一侧),长度也比较有限。这种震源带可能与大洋板块向下俯冲弯曲导致板块断裂有关,故该震源带的长度不超过大洋板块的厚度。

(二)板块的运动

板块运动的核心是海底扩张。沿着大洋中脊轴部,地幔物质不断上升形成新的洋底岩石圈。由于岩石圈板块具有一定的刚性,当新的岩石圈在中脊轴部形成时,两侧的板块将被推向两边,逐渐分离开来。板块构造认为,地球表面积(或地球半径)并未发生过显著的增加或减小。要维持地球表面积基本不变,全球岩石圈(板块)扩张新生的总量应与全球岩石圈(板块)消亡压缩的总量相抵偿,扩张新生的洋底岩石圈必在海沟处俯冲潜没。

全球板块的运动相互协调、彼此关联。环太平洋的板块汇聚边界把全球分成不对称的两大部分(即太平洋部分以及地球表面的其他部分),太平洋外围的欧亚板块、印度—澳大利亚板块及美洲板块向太平洋推挤(其后缘是大西洋和印度洋的张开)。阿尔卑斯—喜马拉雅造山带的形成,与非洲板块、阿拉伯板块和印度板块向北朝欧亚板块方向推挤作用有关,这一推挤作用又是大西洋和印度洋扩张的结果。太平洋内的太平洋板块、可可板块和纳兹卡板块则向太平洋周缘海沟之下俯冲潜没(其后缘是东太平洋海隆的扩张)。由于大洋中脊大部分分布在南半球,各大洋中脊在南端相互串联,北端却没入大陆之下,这就使得全球板块具有向北运动的趋势。

五、大洋的演化——威尔逊旋回

威尔逊总结了大洋开合的不同发展趋势,将大洋盆地的演化归纳为六个发展阶段(表11-2)。前三个阶段表征了大洋的形成和张开;后三个阶段则标志了大洋的收缩和关闭。

表 11-2 大洋盆地演化旋回及不同阶段的特征

演化阶段	主导运动	特征形态	典型火山岩	典型沉积	变质作用	实例
Ⅰ	胚胎期	抬升	裂谷	拉斑玄武岩溢流,碱性玄武岩	少量沉积作用	可忽略	东非裂谷
Ⅱ	幼年期	扩张	狭海	拉斑玄武岩溢流,碱性玄武岩	陆架与海盆沉积,可能有蒸发岩	可忽略	红海、亚丁湾、加利福尼亚湾
Ⅲ	成年期	扩张	有活动中脊的洋盆	拉斑玄武岩溢流,碱性玄武岩,但活动集中于大洋中脊	丰富的陆架沉积	少量	大西洋
Ⅳ	衰退期	收缩	环绕边缘的岛弧及其毗邻的海沟	边缘的安山岩及花岗闪长岩	大量源于岛弧的沉积	局部	太平洋
Ⅴ	终了期	收缩并抬升	年轻山系	边缘的火山岩及花岗闪长岩	大量源于岛弧的沉积但可能有蒸发岩	局部	地中海
Ⅵ	遗痕期	收缩并抬升	年轻山系	少量	红层	广泛	喜马拉雅山的印度河一带

注:此表原表头顺序为 演化阶段|主导运动|特征形态|典型火山岩|典型沉积|变质作用|实例

六、板块的驱动机制

合理的板块驱动机制要满足以下条件:第一,能产生足够大的力;第二,必须符合物理学,包括流体动力学、热力学、力学的基本原理;第三,应符合地球物理观测得出的地球内部的性质;第四,驱动机制所产生的效应要与现代岩石圈的特点和动态一致,应能解释板块运动在地质历史中的演变过程(Jacobs 等,1974)。

关于板块的驱动机制,讨论最多的是地幔对流。地幔对流是热力对流和重力对流联合作用的结果。热而低密度的地幔物质上涌,在近岩石圈处向两侧扩散转为平流,在平流过程中因热传导而变冷,冷而重的物质沉降到地幔深处,在深处重新加热而再升起,如此往复循环构成了地幔对流。地幔对流是地球热能传递和消耗的重要机制,板块运动的能量可能主要是通过地幔对流产生的。一般认为,覆盖于软流圈之上的岩石圈板块是由于地幔对流的拖拽作用而运动的。地幔对流的上升流使板块分离,下降流则使板块汇聚。

关于地幔对流的形式,存在着不同的认识(图 11-3)。20 世纪 60 年代,朗克恩提出深地幔对流模式,认为地幔对流发生在整个地幔中,引起对流的热能是由外地核供给的。但地震资料表明,深地幔的高黏度使之难以形成对流。于是,在 20 世纪 60 年代末、70 年代初有

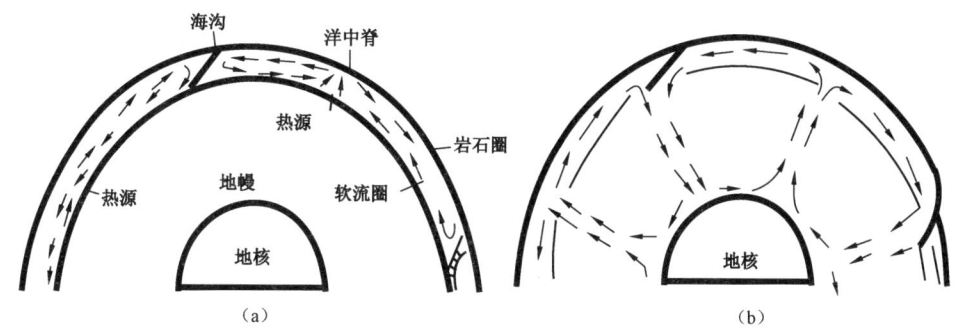

图 11-3 浅地幔对流和深地幔对流模式
(a)浅地幔对流,仅在软流圈对流;(b)深地幔对流,在整个地幔内对流

人提出了浅地幔对流模式,认为地幔对流发生在软流圈中,引起对流的热能是上地幔岩石中局部浓集的放射性元素蜕变而供给的。热点说可以看作是浅地幔对流和深地幔对流相结合的一种对流模式,它的热能由外地核供给,上升流在核幔边界上产生,水平流只发生在软流圈中,变冷的物质在平流过程中逐步下降而回到地幔深处。

第二节 板块活动与地质作用

岩浆活动、变质作用、沉积作用与其所处的大地构造环境息息相关,板块构造将岩浆活动、变质作用、沉积作用纳入到统一的全球构造模式中。大规模的岩浆活动发生于板块的边界,板块相互运动所产生的动力和热力作用也会使板块边界发生强烈的变质作用,同时板块间的相互运动又可以形成多种类型的沉积盆地。本节介绍板块活动与岩浆作用、板块活动与变质作用两部分,板块构造与沉积作用部分将在含油气盆地一章介绍。

一、板块活动与岩浆作用

板块运动与岩浆活动联系密切。实际上,这两者不过是两种不同的地球物质运动表现形式。在地壳运动中,地球的物质主要是以固体状态移动;在岩浆活动中,地球的物质则主要呈液态运移。

(一)岩浆系列及其分布

根据岩浆岩中的钾含量、氧化铁含量及其他地球化学指标,通常可划分三种岩浆系列:拉斑玄武岩岩浆系列(TH)、钙碱性岩浆系列(CA)和碱性岩浆系列(A)。岩浆系列的分布受板块构造环境的控制。

拉斑玄武岩系列主要由不含或含少量橄榄石的拉斑玄武岩组成,有少量安山岩、英安岩、流纹岩,二氧化硅饱和或弱饱和,贫碱,贫钾;钙碱系列以安山岩及高铝玄武岩为主,有少量拉斑玄武岩、流纹英安岩、流纹岩及橄榄安粗岩,二氧化硅弱饱和,碱质较拉斑系列略高;碱性系列由碱性玄武岩、霞石岩、粗面岩、安粗岩、响岩等组成,二氧化硅不饱和,富碱质,且钾高,可进一步分为钠质系列(Na_2O 含量 ≥ K_2O 含量)和钾质(Na_2O 含量 ≤ K_2O 含量)系列。这三个系列的化学成分特征见表 11-3。

表 11-3　不同系列火山岩化学成分比较表

		TH	CA	A
组合指数 $\delta=\dfrac{([K_2O]+[Na_2O])^2}{[SiO_2]-43}$		<1.8	1.8～2.3	>3.3
钙碱指数 CA*		>61	61～56	<56
SiO_2 含量为 50%～62%	$[Ka_2O]+[Na_2O]$, %	<4	4～5	>5
	$[Ka_2O]/[Na_2O]$, %	<0.35	0.35～0.75	>0.75
玄武岩中	$[SiO_2]$, %	>48	>48	<48
	$[TiO_2]$, %	1.5～2	<1.5	>2.0
	$[Fe_2O_3]+[FeO]$, %	>11	<11	>11
	$[Fe_2O_3]/[FeO]$, %	低	高	较高
	$[Al_2O_3]$, %	<16	>16	<16
稀土分布（与球粒陨石比较）		轻稀土略亏损或球粒陨石型	轻稀土略富集	轻稀土富集

*钙碱指数 CA 为火山岩系中 $CaO-SiO_2$ 与 $K_2O+Na_2O-SiO_2$ 两变异曲线交点所对应的 SiO_2 含量。

不仅大多数岩浆岩分布在板块边界上，岩浆系列的类型也与板块运动速度有紧密联系。杉崎（Sugisaki，1979）发现汇聚速率大的地区安山岩类占优势，离散速率大的地区玄武岩占优势。

（二）裂谷带及板内环境的岩浆活动

1. 大洋裂谷——洋中脊的岩浆活动

洋中脊的玄武质喷发活动十分强烈，具有典型的拉斑系列化学成分，特征是：硅弱饱和，SiO_2 的众数为 49%，钾和钛（Na_2O 含量 < 0.4%，TiO_2 含量平均为 0.8%）极低，这种低钾的拉斑玄武岩又称为洋脊（或大洋、深海）拉斑玄武岩。

此外，在太平洋洋隆还发现低铝安山岩（冰岛岩）质玻璃，大西洋中脊的许多火山岛上还发现有碱性玄武岩，因此，洋中脊岩浆系列是以拉斑系列为特征，但也可出现拉斑系列与碱性系列的组合。

2. 大洋岛的岩浆活动

位于大洋板块内部以及洋中脊上的大洋火山岛，大多数出露碱性系列的橄榄玄武岩、碱性玄武岩、粗面岩、碱流岩、霞石岩、碧玄岩等。

3. 大陆内的岩浆活动

大陆内的岩浆活动大多集中在大陆裂谷带。大陆熔岩中分布最广的是玄武岩，而且主要是拉斑系列和碱性系列的玄武岩、超碱性的碳酸岩和超钾质熔岩以及与它们有关的分异物。大陆裂谷的喷出岩以溢流玄武岩组合和双峰火山杂岩组合这两种组合或其中之一为特征。双峰组合以基性岩和酸性岩的紧密共生为特点，其间很少有中间成分的中性岩。

在裂谷带的溢流玄武岩或其外围，往往分布有辉绿岩岩床或岩墙群。在化学成分上，可以是拉斑玄武质,也可以是碱性橄榄玄武质,与溢流玄武岩的岩浆同源。它们通常产于未褶皱的裂谷盆地,贯入于较厚的顶板岩层时成岩床,顶板岩层较薄时成锥形岩席或岩墙。许多岩墙群往往延伸到盆地之外很远的地方。

总体成分相当于辉长岩的层状侵入体,是大陆裂谷带的典型岩浆岩组合之一。岩体规模变化很大,小至一个岩株,大的可以构成岩基。整个侵入体在化学成分上是拉斑玄武质的,并且大部分都是硅不饱和的,有的含铝较高,有的具碱性的趋势。

金伯利岩是一种富镁富钾的超基性岩,通常以岩颈和岩脉的形式,产于前寒武纪地区的大陆裂谷带。碳酸岩是一种主要由碳酸盐矿物组成的火成岩。它的 SiO_2 含量低于20%,主要矿物是方解石、白云石、铁白云石及 Fe、Mn、Na 的碳酸盐,还有一些硅酸盐(碱性长石、透辉石、霞石、碱性角闪石、黑云母等)及其他副矿物。碳酸岩多呈圆形或椭圆形岩颈、锥形岩席、外倾环状岩墙产出,有的则是喷出的碳酸岩质熔岩。

(三)俯冲带的岩浆活动

俯冲带的岩浆活动主要发生在岩浆弧的范围内,距海沟轴约150~300km,平行于海沟或岛弧展布,主要岩石系列有:

(1)岛弧拉斑玄武岩系列:主要有岛弧拉斑玄武岩、岛弧安山岩和少量英安岩。

(2)钙碱系列:主要有安山岩、英安岩、高铝玄武岩、流纹岩等。

(3)岛弧碱性系列:主要以玄武岩、安山岩为主。

(四)蛇绿岩套

蛇绿岩为由细碧岩和玄武岩到辉长岩和橄榄岩规则排列的镁铁质和超镁铁质火成岩的组合,岩石中含有由后期变质作用产生的蛇纹石、绿泥石、绿帘石和钠长石。蛇绿岩套指由超镁铁质、粗粒辉长岩、粗粒辉绿岩、火山岩和放射虫燧石岩构成的一套岩石组合。后人把这种镁铁质和超镁铁质的深成岩、喷出岩和沉积岩的紧密共生称为"斯梯曼三位一体"。

蛇绿岩套是鉴定古板块边界的重要证据之一,一般认为,蛇绿岩套形成于中洋脊环境。虽然不同时代、不同地区的蛇绿岩套具有相似的剖面,但其内部结构却相当复杂,上覆的火山岩和沉积岩系也颇有差异。都城秋穗等强调,蛇绿岩套具有不同的类型,它们应产于不同的原生环境。

根据蛇绿岩套所伴生的岩石组合,可以判断其原生环境。若蛇绿岩与岛弧型钙碱性火山岩伴生,可能属于岛弧或边缘盆地环境;如果该蛇绿岩与大陆架碳酸盐地层相叠覆,常表明其产于开阔大洋。另外,倘若蛇绿岩的原生年龄与侵位年龄相当接近,这种蛇绿岩很可能产于边缘盆地(或小洋盆)。因为边缘盆地规模较小,有可能在较短时期内俯冲而关闭,伴随着发生蛇绿岩的构造侵位。

二、板块活动与变质作用

板块边界同样也是重要的区域变质作用带。不同运动性质的边界具有不同的区域变质特征;离散板块边界可以发生大规模的洋底变质作用;双变质带出现在汇聚板块边界,即俯冲带上;在碰撞造山带出现的则是与造山作用相伴的区域变质作用;在转换边界出现的是与断裂活动有关的碎裂变质作用。

（一）裂谷带的区域变质作用

自 1966 年以来,在大西洋中脊和印度洋中脊上多处挖掘到变质岩,这使人们认识到变质作用不仅发生于造山带,而且也发生于洋中脊。这种发生在洋中脊附近的变质作用,其变质程度自上而下主要为沸石相、葡萄石—绿纤石相和绿片岩相,深部也可出现角闪岩相,都城秋穗称之为洋底变质作用。

正常大洋盆地之下的地壳底界温度约 120~180℃。在这样的温度—压力条件下,最多能在下部地壳中发生沸石相的初级变质作用,而明显的变质结晶作用尚不能发生。这就是说,在正常大洋盆地环境,上述洋壳区域变质作用是不可能发生的。洋壳变质作用的发生必定与洋脊下所特有的高地温梯度和高热流体运动有关。在这种热状态下,地壳浅处发生沸石相变质。地壳深处温度可达约 350℃,会发生绿片岩相变质作用,角闪岩相重结晶作用可能会在最上部地幔的辉长岩质囊中发生。在海底向洋中脊两侧扩张运动的过程中,洋壳的深度变化不大,地热状态变化大,等温线普遍下降,都可导致退化变质的发生。

（二）俯冲带的区域变质作用

双变质带是俯冲带的重要特征之一。双变质带指的是变质时代接近、在空间上平行分布的高压低温变质带和低压高温变质带。低压高温变质带一般位于大陆一侧,沿岩浆弧分布,是由岩浆弧的火山岩和沉积岩在高地温梯度下区域变质而形成的;高压低温带位于海沟附近,其温度不高,一般不超过 250~400℃。双变质带具有如下特征：

（1）高压低温变质带和低压高温变质带之间往往有大断层,常为冲断层,向大陆方向倾斜。

（2）高压低温变质带结构不对称,变质程度(变质温度)向陆增加,变质重结晶年龄和沉积物年龄向陆变老;低压高温变质带结构比较对称,变质程度自热轴(最高温度线)向两侧递降。

（3）高压低温变质带常常伴有蛇绿岩套,它的年龄比变质时代老得多,许多高压变质矿物组合就形成于蛇绿岩套岩石中;低压高温变质带可以看成是一条花岗质深成作用和安山质火山作用带,花岗质岩石的侵位多发生在区域变质作用的晚期或变质结束之后。

（4）高压低温变质带的沉积岩一般较低压高温变质带年轻(如新西兰、加利福尼亚)或者时代相近(如西南日本)。两个带的变质作用时代大体相当(如新西兰、加利福尼亚),它们达到最高温的时代大体相同,但其冷却年龄可相差很大。

（三）碰撞带的区域变质作用

碰撞阶段发生的区域变质作用,大部分属于中压型和低压型区域变质作用。大陆碰撞产生的中压和低压型区域变质作用,显然是与碰撞产生花岗岩浆的机制是一致的。碰撞产生花岗岩浆的机制主要有：

（1）大陆碰撞产生极厚的花岗质地壳可使其底部发生部分熔融(都城秋穗,1982)；

（2）受阻的陆壳与上地幔之间的水平滑动产生的摩擦热而引起高热流；

（3）沿巨大剪切带发生的断裂重熔作用；

（4）如果受阻的陆壳与其下的地幔岩石圈脱离,后者深深扎进了软流圈,受阻的陆壳可能直接受到软流圈的加热(伯德,1978)。这些机制都会使碰撞造山带的地温梯度增高,从而产生中压或低压型区域变质作用。

(四)转换断层带的碎裂变质作用

由于断层的剪切运动使岩石发生碎裂变质作用,沿板块的转换边界可形成碎裂岩、糜棱岩等。例如,在大西洋的圣保罗转换断层上,发现有糜棱化完全的橄榄岩;加利福尼亚的圣安德列斯转换断层,实际上是被许多准平行的断层所切割的碎裂杂岩带。都城秋穗(1972)认为,一条转换断层应从地表延伸到岩石圈底部。随着深度、温度和围压的增加,碎裂作用性质将发生变化。

思 考 题

1. 板块构造学说的主要观点如何概括?
2. 板块构造的主要证据有哪些?
3. 板块边界有哪几种类型?全球板块是如何划分的?
4. 威尔逊旋回的主要内容是什么?
5. 不同构造环境内产出的岩浆岩有何不同?
6. 在不同的板块边界,变质作用的特点有何不同?

第十二章 含油气盆地

第一节 含油气盆地的概念

一、盆地的概念

盆地的概念由来已久,不同学者对盆地的定义也不尽相同,但基本上可以将盆地划分为地貌盆地、沉积盆地和构造盆地三种类型(R. C. Selly,1985)。

(一)地貌盆地

地貌盆地是被天然高地围绕的一块低地。大陆地貌盆地可以是较小的山间平原,也可以是横贯大陆的河谷。水下的地貌盆地可以从小型的冰碛湖到大型的大洋盆地。

(二)沉积盆地

沉积盆地是指沉积岩或沉积物分布的地区。前者是地质历史时期中的沉积盆地,如华北板块广泛发育古生界,是古生代的沉积盆地;后者是现在正发生沉积作用的沉积盆地,如华北平原、塔里木盆地等,现在仍发生沉积作用。在沉积作用发生时,沉积盆地既可以具有盆形地貌,也可以不具有盆形地貌,如大陆坡的沉积作用就发生在斜坡上。对沉积盆地而言,有一定沉积岩厚度的要求,一般要求大于1000m。

(三)构造盆地

构造盆地也称沉积后盆地,是指沉积物堆积后受地壳构造运动所形成的盆地。在这种盆地中,岩相带的走向、古水流方向与盆地的现今构造无关。

盆地是含油气区的基本单位。世界上99%以上的油气资源是在沉积岩中,那些在非沉积岩中储存的油气也与附近的沉积盆地有关。为了评价、预测油气远景和找寻油气资源,必须要研究沉积盆地。

二、含油气盆地的基本概念

含油气盆地是指已经发现有油气的盆地,确切地说,含油气盆地是具备成烃要素、有过成烃过程并已发现有商业价值的油气聚集的沉积盆地。并非所有盆地都是含油气盆地,世界上有近600个盆地,其中已找到巨型油气田的有75个,约占13%;已找到油气者约215个,约占37%以上。

含油气盆地的形成必须具备三个基本条件:首先,要有一个稳定持续下降的大地构造条件,以便具有巨厚的沉积物和大量的有机质;其次,要有一个有机质赖以繁殖、聚集和沉积下来得以避免氧化而向石油转化的环境。实践证明,这种环境就是具有一定水体深度的内陆湖泊和陆棚浅海地带;第三,必须经受一定程度的构造运动,这样不仅可以促进油气运移和为油气运移创造必要的构造条件,而且为油气聚集提供圈闭场所。

总之,含油气盆地是油气生成、运移、聚集的基本地质单位。在油气勘探中,总是把含油气盆地作为一个整体来考虑,从整个盆地的沉积发育史、构造发展史以及水文地质演化史等出发,研究油气生成、运移和聚集的条件,有效预测油气聚集的有利地区。

三、含油气盆地的结构

含油气盆地的结构包括三个部分:基底、盖层和周边。

(一)盆地的基底

盆地的基底是指盆地下面的变质岩或结晶岩。盆地的基底岩性、形态上的差异强烈地控制着后期沉积物的分布方式。盆地的基底通常有两种:

(1)前震旦纪的变质岩系:由于刚性较大,构造活动性较小,使得其上的含油气盆地一般都具有较大规模,形态上大都呈椭圆形。覆于基底之上的沉积盖层以古生界和中生界为主,一般厚度不大、褶皱规模大、产状平缓、断裂不发育。

(2)年轻的褶皱带:由于褶皱带往往呈长条形,所以盆地大都呈长条形,规模相对较小。刚性小,由于基底下降深而沉积厚度大,面积不大,褶皱和断裂比较剧烈。沉积盖层以中、新生代为主。

(二)盆地的盖层

含油气盆地的盖层就是含油气盆地内覆盖于基底之上的沉积岩层。一个盆地总是由下降到上升、又由上升到下降,不停地活动着,盆地由开始下降到上升结束呈现出一个周期。盆地活动的周期性会带来沉积物的由粗到细再到粗的旋回性。

(三)盆地的周边

盆地的周边是盆地的沉积盖层与盆地周围古老岩层相接触的部分。二者之间的接触关系包括超覆接触和断层接触:

(1)超覆接触:以前震旦结晶岩系为基底,坳陷型,沉积中心与沉降中心一致。

(2)断层接触:往往为同生断层,盆地以断陷为主,平面上为长条形,剖面上为槽形。

含油气盆地的基底、盖层和周边,三者有机结合,共同组成一个沉积盆地,缺一不可。

第二节 含油气盆地分类

没有盆地,就没有石油。含油气盆地分类实际上就是沉积盆地分类。依据不同的分类原则,可以把沉积盆地分为各种不同类型,从而有利于认识沉积盆地的特点以及不同盆地之间的差别。

一、沉积盆地的分类原则

影响沉积盆地特征的地质因素很多,如沉积物类型、水动力系统、盆地结构(包括地壳结构和盆内构造等)和空间形态等。因此,盆地分类是一个复杂的系统工程,盆地分类原则可概括为五个方面。

(一)盆地赋存的大地构造位置

作为地壳的一种构造单元,沉积盆地的形成和发展受控于其所处大地构造环境。不同的大地构造位置上发育的沉积盆地特点不同。在板块构造理论流行之前,国内外学者根据槽台学说,将沉积盆地分为发育在活动区(带)、稳定区和过渡区的盆地。还可以依据沉积盆地的大地构造位置进一步将盆地分为山间盆地、山前盆地、地台或克拉通内部盆地、地台或克拉通边缘盆地等不同的类型。板块构造理论流行之后,很多学者根据沉积盆地所处的板块构造位置来划分盆地类型,如将盆地分为与不同类型的板块边缘有关的盆地(离散型边缘、聚敛型边缘、转换型边缘)和板块内部盆地。

(二)盆地形成的动力学环境

不同的动力学环境中形成的盆地,其结构、构造、沉降与沉积充填特点等方面都有差异。因此,盆地形成的动力学环境也是划分盆地类型的一个重要标志。通常可以依据盆地形成的动力学环境将沉积盆地划分为引张型(或裂陷型)盆地、挤压型盆地、扭动型盆地等。

(三)盆地的形态、规模和结构

沉积盆地的形态、规模和结构都存在很大差异,可把它们作为划分盆地的依据。依照盆地的规模可以划分为:超巨型盆地,面积大于 $100 \times 10^4 km^2$;巨型盆地,面积为 $(50 \sim 100) \times 10^4 km^2$;大型盆地,面积为 $(10 \sim 50) \times 10^4 km^2$;中型盆地,面积为 $(1 \sim 10) \times 10^4 km^2$;小型盆地,面积小于 $1 \times 10^4 km^2$。

(四)盆地的沉降与充填

盆地沉积或沉降速率等参数也可作为盆地分类的依据,如快速下沉盆地、慢速下沉盆地、高聚集速率盆地、低聚集速率盆地、加速和减速盆地等。

根据盆地下沉和充填补偿的关系可分为过补偿盆地、补偿盆地和欠补偿盆地等。

(五)盆地的含油气性和含矿性

根据沉积盆地的含油气和含矿情况,可以划分为含油气盆地、含煤盆地和含盐盆地等。有些沉积盆地的液态烃含量很少,却含有大量天然气,可称为含气盆地。

二、盆地分类方案实例

(一)Miall 的盆地分类

A.D.Miall(1984)将盆地分为五类(表12-1),并将前四类进一步分出不同的次级类型。

表 12-1　A. D. Miall（1984）的盆地分类

Ⅰ．离散边缘盆地 　A．裂谷盆地 　　1．拱起张裂盆地 (rifted arch basins) 　　2．边缘盆地 (rim basins) 　　3．凹陷盆地 (sag basins) 　B．大洋边缘盆地 　　1．红海型（年轻的） 　　2．大西洋型（成熟的） 　C．拗拉谷和衰退裂谷
Ⅱ．聚敛边缘盆地 　A．海沟和俯冲杂岩 　B．弧前盆地 　C．弧间盆地和弧后盆地 (backarc basins) 　D．弧后前陆盆地 (retroarc foreland basins)
Ⅲ．转换断层和横推断层 (transcurrent fault) 盆地 　A．盆地背景 　　1．板块边界转换断层 　　2．离散边缘转换断层 　　3．聚敛边缘横推断层 　　4．缝合带横推断层 　B．盆地类型 　　1．网状断层系中的盆地 　　2．断层终端盆地 (fault termination basins) 　　3．雁列断层系中的拉分盆地 (pull-apart basins) 　　4．扭动旋转系中的盆地 (transrotational basins)
Ⅳ．大陆碰撞和缝合期发育的盆地 　A．周缘前陆 (peripheral foreland) 或周缘前渊盆地（在俯冲板块上） 　B．在缝合带内的海湾盆地 (embayment basins)（残留洋盆） 　C．内陆前陆盆地、走滑盆地和地堑盆地（在仰冲板块上）
Ⅴ．克拉通盆地

（二）刘和甫的盆地分类

按地球动力学特征，刘和甫（1987）将沉积盆地划分为三大序列、12 种类型，并将张、压、剪作为盆地地球动力学分类的三个端元，而将克拉通内盆地视为可能是叠置在早期古裂谷盆地之上的缓慢热沉降盆地，置之于图解中部（图 12-1）。

第三节　含油气盆地内部构造单元

为了勘探石油和天然气，需要划分盆地内部的构造单元。其原则有二：一是依据盆地内部的构造特征，包括基底的起伏、盖层的厚薄、构造变形特征和断层的分割作用；二是依据主力含油层系的分布。含油气盆地的内部构造单元的划分见表 12-2。

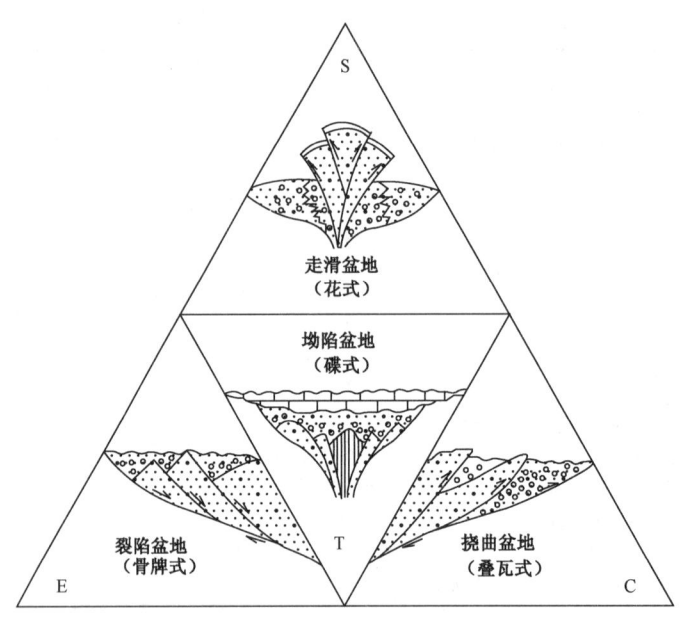

图 12-1　沉积盆地三元分类图解（据刘和甫，1987）

表 12-2　含油气盆地内部构造单元划分

一级单元	亚一级单元	二级单元	三级单元
隆起	凸起	二级构造带	背斜
坳陷	凹陷	洼陷	鼻状构造
斜坡			断块

一、一级构造单元

盆地的一级构造单元是盆地内部的基本构造单元，通常包括隆起、坳陷和斜坡。

隆起是盆地基底相对隆起的地区。其上的沉积盖层往往发育不全，甚至有时古老的褶皱基底露出水面而成为剥蚀区。由于隆起在盆地中起着分割或围限坳陷的作用，它与坳陷邻接的部分经常有地层超覆和岩层尖灭现象。

坳陷是盆地内基底下陷最深的地区。具有沉积盖层发育全、连续性好和厚度大等特征，是沉积盆地内生油最有利的地区。因而，它也是含油气盆地的油源区。

含油气盆地的一级构造内还有一种叫斜坡，它的特点是盆地的基底向边缘升起、向中心下陷呈斜坡状。

如渤海湾盆地可分为九个一级单元（图 12-2），六个坳陷和三个隆起。六个坳陷的基底埋藏深，盖层发育全、厚度大，而且主力含油层系——古近系地层发育。三个隆起基底埋藏浅，盖层发育不全、厚度小，古近系基本不发育。

二、亚一级构造单元

在含油气盆地一级构造单元内，基底又表现出了一定的起伏，盖层的发育程度和厚度也

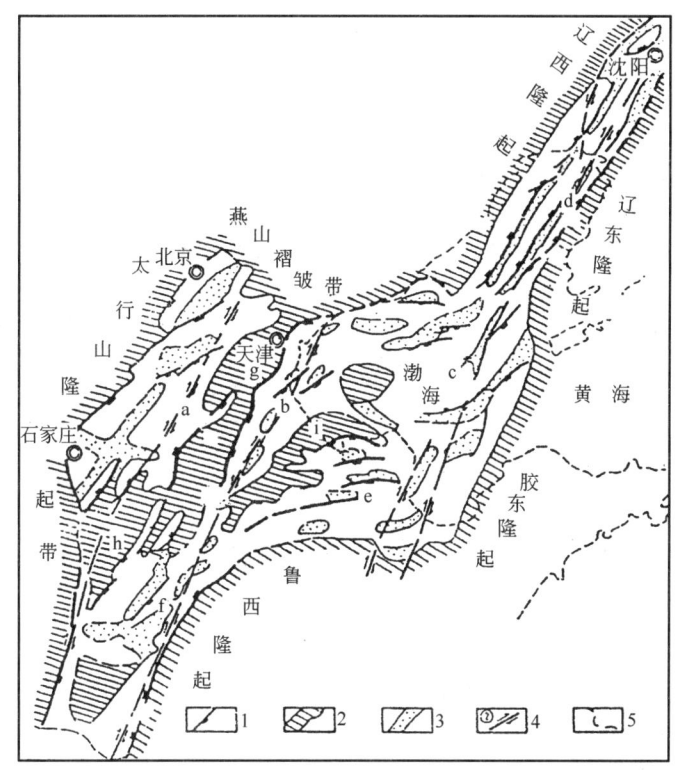

图 12-2　渤海湾盆地一级构造分区图（据戴俊生，2006）
1—正断层；2—古近系隆起；3—凸起和低凸起；4—走滑断层；5—海岸线；
a—冀中坳陷；b—黄骅坳陷；c—渤中坳陷；d—下辽河坳陷；e—济阳坳陷；f—临清坳陷；
g—沧县隆起；h—邢衡隆起；i—埕宁隆起

不同。据此划分出亚一级构造单元——凸起和凹陷。

凸起是坳陷内相对隆起的地区，基底埋藏较浅，盖层发育不全，主力含油气层系基本不发育。凹陷是坳陷内相对下陷的地区，基底埋藏深，盖层发育全，主力含油气层系发育，是油气生成的地区。

如渤海湾盆地中的济阳坳陷存在车镇凹陷、沾化凹陷、惠民凹陷、东营凹陷、青东凹陷、无棣凸起、义和庄凸起、滨县凸起、陈家庄凸起、垦东青坨子凸起和广饶凸起 11 个亚一级构造单元（图 12-3）。

三、二级构造单元

二级构造单元位于亚一级构造单元内部，正向单元称为二级构造带，负向单元称洼陷，洼陷基底埋藏深，盖层发育全，生油岩厚度大，是油气生成的基本单元。

准确地说，盆地的二级构造带是位于一定的构造部位上，由同一种构造运动形成的若干形态相似的三级构造组成的正向构造。二级构造带控制着三级构造的形态、规模、分布、发展史和力学机制。

二级构造带的种类很多，如逆牵引构造带、潜山构造带、断鼻带、断阶带、背斜带、斜坡带、地层尖灭带、超覆带、盐丘带、披覆带等。

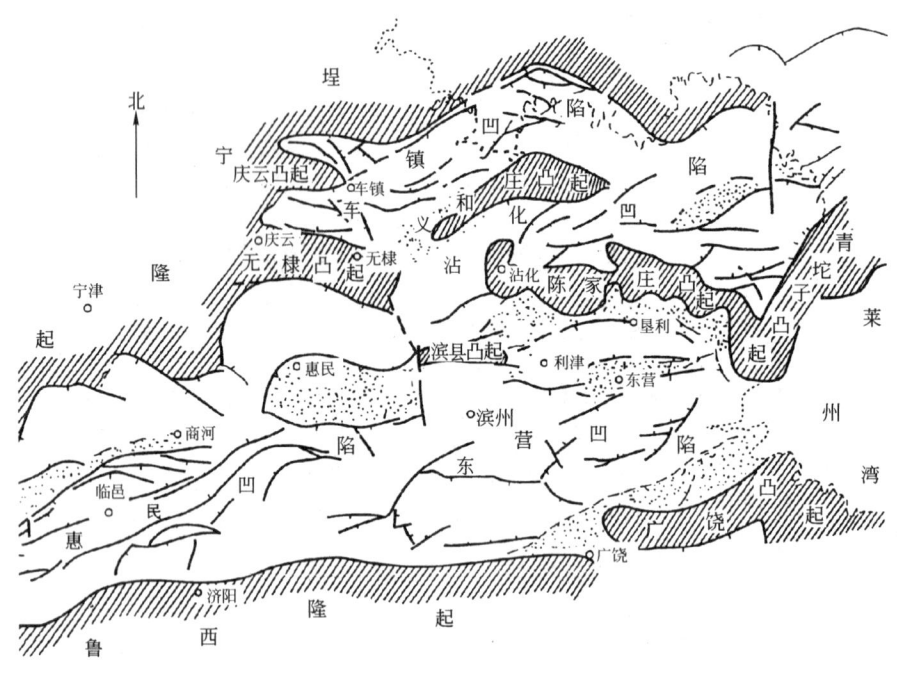

图 12-3 济阳坳陷构造分区图（据翟光明等，1990）

四、三级构造单元

三级构造是二级构造带的基本组成单元,含油气盆地三级构造单元指盆地内的局部构造。正向局部构造是油气勘探和开发中寻找和研究的重点,也是最基本的油气构造圈闭,主要包括背斜、鼻状构造和断块三种。

第四节 中国含油气盆地的基本特征

中国是个幅员辽阔且拥有广阔近海大陆架的国家,构造背景特殊,油气田形成条件复杂。中国以中朝(华北)、扬子、塔里木三个古板块为核心,集合了20多个微板块或地块,经过漫长的地史岁月,逐渐拼合而成,其内形成了众多大大小小的盆地,拥有沉积岩面积可达 $670 \times 10^4 km^2$ 以上,面积大于 $1 \times 10^4 km^2$ 的盆地62个(邱中建等,1999)。根据地质、地球物理及钻井资料的综合分析,可将中国沉积盆地分为西部、东部与中部盆地：以贺兰山—六盘山分界,以西包括准噶尔盆地、塔里木盆地、柴达木盆地、酒泉盆地和吐哈盆地等属于挤压型沉积盆地,统称为西部盆地；以太行山—武陵山为界,以东包括松辽盆地、渤海湾盆地、江汉盆地、南襄盆地、苏北盆地、珠江口盆地和北部湾盆地等属于拉张型沉积盆地,统称为东部盆地；介于东部、西部盆地之间的四川盆地、鄂尔多斯盆地等属于过渡型沉积盆地,统称为中部盆地。

一、西部盆地特征

中国西部地区主要受印度洋板块和西伯利亚板块的相互作用。这里的盆地形成与造山带的挤压活动有关,因而多为挤压性盆地。图 12-4 为准噶尔盆地的剖面构造特征。

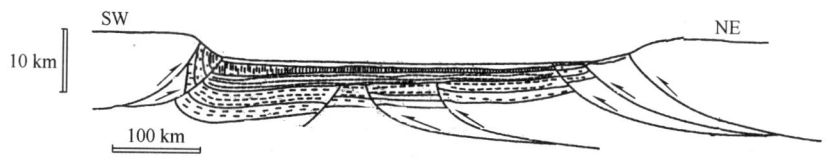

图 12-4 准噶尔盆地剖面构造特征

二、东部盆地特征

中国东部地区主要受太平洋板块和印度洋板块的作用,产生北北东向为主的张性断裂。地幔物质的上涌,加速了水平拉张的发展,从而形成了北北东向的巨大沉陷区,发育了许多大小不等的拉张型沉积盆地。典型盆地如松辽盆地、渤海湾盆地、珠江口盆地等。图 12-5 为渤海湾盆地济阳坳陷的剖面构造特征。

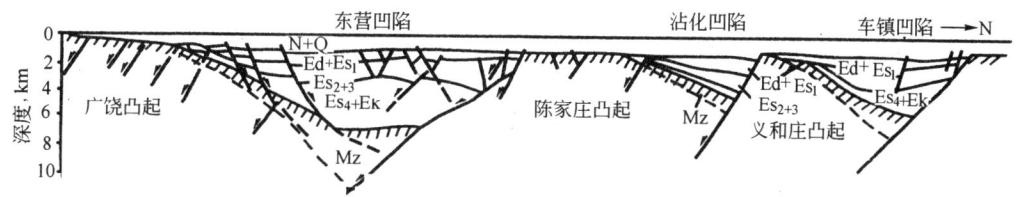

图 12-5 济阳坳陷新生代构造横剖面图(据翟光明等,1993)

三、中部盆地

中国中部盆地包括了四川盆地、鄂尔多斯盆地两个大型盆地和一些小型沉积盆地。这些盆地的基底较为坚硬,是中国陆块上最稳定的部分之一。

中部盆地一般向西部活动性大,向东部逐渐趋于稳定,总的面貌为东西不对称。盆地的西部边缘发育有逆冲断裂带,中、新生代的坳陷中心在西部。如鄂尔多斯盆地,自西向东具有褶皱—挠曲—西倾斜坡的明显变化特征,西部断褶带是由一系列的西倾逆冲断裂组成的褶皱隆起带(图 12-6)。

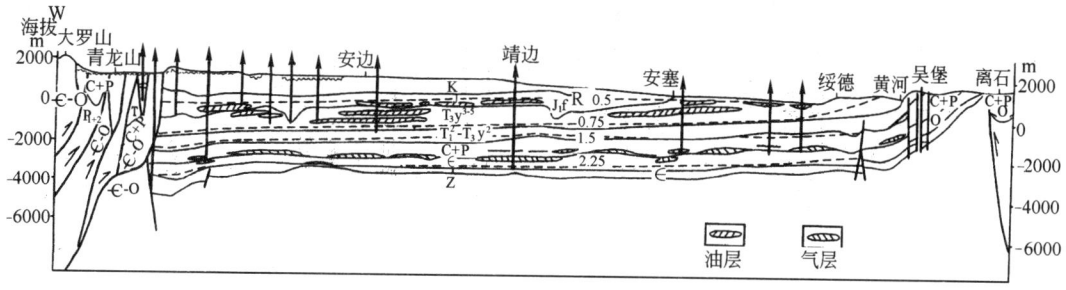

图 12-6 鄂尔多斯盆地东西向构造剖面图(据何自新等,2003)

思 考 题

1. 什么是盆地?什么是含油气盆地?
2. 盆地可划分为哪些类型?形成机理有何不同?
3. 按照不同级别,可以怎样描述含油气盆地内部的构造单元?
4. 中国主要有哪些含油气盆地?基本特征如何?

参 考 文 献

陈琦,刘永祥.2004.地质学概论.长春:吉林大学出版社.

陈清华,吴孔友,王绍兰.1997.构造地质学(CAI).北京:北京大学出版社.

成都地质学院普通地质教研室.1978.动力地质学原理.北京:地质出版社.

戴俊生.2006.构造地质学与大地构造.北京:石油工业出版社.

黄定华.2004.普通地质学.北京:高等教育出版社.

李叔达.1983.动力地质学原理.北京:地质出版社.

李亚美,严寿鹤,陈国勋,等.1984.北京:地质出版社.

李亚美,陈国勋.1994.地质学基础.北京:地质出版社.

柳成志,冀国盛,许延浪.2010.地球科学概论.北京:石油工业出版社.

陆廷清,陈晓慧,胡明.2009.地质学基础.北京:高等教育出版社.

吕洪波.2008.地球科学概论.东营:中国石油大学出版社.

石玉章,杨文杰,钱峥.2006.地质学基础.东营:中国石油大学出版社.

宋青春,张振春.1996.地质学基础.北京:高等教育出版社.

宋青春,邱维理,张振春.2005.地质学基础.北京:高等教育出版社.

苏文才,朱积安.1991.地质学简明教程.上海:华东师范大学出版社.

陶晓凤,吴德超.2007.普通地质学.北京:科学出版社.

夏邦栋.1995.普通地质学.北京:地质出版社.

徐九华,谢玉玲,李建平,等.2008.地质学.北京:冶金工业出版社.

徐成彦,赵不亿.1998.普通地质学.北京:地质出版社.

许至平.1990.普通地质学.北京:煤炭工业出版社.

严宗源.1987.普通地质学.北京:石油工业出版社.

杨伦,刘少峰,王家生.1998.普通地质学简明教程.武汉:中国地质大学出版社.

叶俊林.1984.地质学基础.武汉:中国地质大学出版社.

叶俊林,付振家,徐定洋.1987.地质学基础.北京:地质出版社.

叶俊林,黄定华,张俊霞.1996.地质学概论.北京:地质出版社.

翟光明,等.1900—1997.中国石油地质志.北京:石油工业出版社.

张宝政,陈琦.1983.地质学原理.北京:地质出版社.

张家环.1986.普通地质学.北京:石油工业出版社.

Aydin A, et al.1982.Evolution of pull-apart basins and their scale independence.Tectonics,1(1):91-105.

DeCelles P G, Giles K A.1996.Foreland basin systems.Basin Research,8(2):105-123.

Dickinson W R, Yarbough H.1976.Plate tectonics and hydrocarbon accumulation.AAPG continuing education course notes, Series:1.

Dickinson W R.1977.Plate tectonics evolution of sedimentary basin.AAPG continuing education course notes, Series:1.

Dickinson W R.1995.Forearc basin//Busby C J, Ingersoll R V.Tectonics of sedimentary basins.Oxford:Blackwell Science.

Einsele, Gerhard.2000.Sedimentary basins:evolution, facies, and sediment budget.Berlin :Springer-Verlag.

Flint R F, et al.1977.Physical geology.New York:John Wiley & Sons Inc.

Foster R J.1979.Physical geology.New York:John Wiley & Sons Inc.

Karig D E.1971.Origin and development of marginal basins in the western Pacific.Journal of Geophysical Research, 76.

Press F, Siener R.1982.Earth.New York:John Wiley & Sons Inc.

Selly R C.1982.An introduction to sedimentology.2nd Ed.New York:Academic Press.

Strahlor A N.1977.Principles of physical geology.London:Thomas Nelson and Sons Ltd.

Wilson J T.1965.A new class of faults and their bearing on continental drift.Nature(207):343-347。

附录 实验指导

实验一 认识常见矿物

一、实验目的和要求

(1)通过观察和认识矿物的形态、光学性质、力学性质以及其他性质,学习和掌握肉眼鉴定矿物的方法;

(2)认识常见的矿物。

二、实验用品

标本、摩氏硬度计、小刀、放大镜、白瓷板、磁铁、稀盐酸(浓度5%)。

三、肉眼鉴定矿物的方法与工作流程

形态→颜色→条痕→光泽→透明度→解理或断口→硬度→其他物理性质—化学性质—定名。

(一)矿物的概念

矿物是自然形成的单质或化合物,它具有一定的化学成分和内部结构以及确定的物理性质和化学性质。

用肉眼或借助放大镜,从矿物的外表形态入手,细致地观察矿物的物理性质,必要时再考虑它的化学性质,可以达到识别矿物的目的。

(二)矿物的形态

矿物的形态是多种多样的。不同的矿物,由于内部结构、成分等不同,往往有其特定的形态;同一种矿物,因为形成条件不同,也可能以不同的形态出现。因此,矿物的形态不仅是识别矿物的标志,也是分析矿物成因的依据。

依据其内部质点排列有无规律,矿物可分为晶质矿物和非晶质矿物两类。

1. 晶质矿物的形态

晶质矿物其内部质点作规律的排列,因此具有一定的几何外形。在观察和描述矿物形态时,应区分矿物的单体和集合体,矿物的单个晶体叫单体,许多个同种矿物的单体共同组成的矿物群整体叫集合体。

根据矿物晶体在三维空间的发育特征,单体矿物的形态分为三类:一向延伸型——晶体沿一个方向特别发育,如纤维状、针状、柱状等;二向延伸型——晶体沿两个方向特别发育,如片状、板状等;三向等长型——晶体在三维空间发育程度近于相等,如粒状、立方体状等。

矿物集合体的形态,根据集合体中矿物单体的大小,可分显晶集合体和隐晶集合体。

肉眼能分辨出矿物单体的集合体叫显晶集合体,其形态可以结合矿物单体的形态来描述。柱状、针状、纤维状、放射性集合体:主要由一向延伸型的晶体颗粒构成;片状、板状集合体:主要由二向延伸型晶体颗粒构成;粒状集合体:主要由三向等长型晶体颗粒构成。

肉眼分辨不出矿物单体的集合体叫隐晶集合体,其形态从整体来描述,如葡萄状集合体、鲕状及豆状集合体等。

2. 非晶质矿物的形态

非晶质矿物内部质点排列无规律性、无固定的几何形态,如玛瑙等。自然界中,非晶质矿物仅占少数,其形态受生长空间和生长方式的控制,只能从整体来描述,如葡萄状、肾状、鲕状、钟乳状、结核状、土状等。

(三)矿物的光学物质

矿物的光学性质包括颜色、条痕、光泽和透明度等。

1. 颜色

颜色反映矿物对不同波长的可见光的吸收程度。矿物颜色命名及描述方法通常有两种。

标准色谱法:利用标准色谱中红、橙、黄、绿、青、蓝、紫及白、灰、黑等色来描述矿物的颜色。当矿物颜色与标准色谱的颜色有深浅等差别时,可在标准色谱色名前加上适当的形容词,如浅灰色、淡红色等;当矿物颜色介于两种标准色谱的颜色之间时,可将次要颜色名称作为主要颜色的形容词写在主要颜色名称之前,如黄绿色表示以绿色为主,其中带有黄色色调。

类比或比拟法:以生活中常见实物的颜色来描述矿物的颜色,如黄铁矿的金黄色、赤铁矿的猪肝色。

2. 条痕

将矿物在白色无釉瓷板(条痕板)上擦划后留下的矿物粉末的颜色称条痕。一般,用矿物去划无釉白瓷板,如矿物比白瓷板软,则在白瓷板上会留下矿物的条痕。条痕色比较稳定和可靠,因为它消除了假色,减弱了他色。条痕色的描述与颜色相同。

3. 光泽

矿物表面对可见光的反射能力称光泽。根据矿物晶体平坦或较平坦表面反射光由强到弱的顺序,通常将光泽分为三类:

(1)金属光泽:反射光强,呈明显的金属状光亮的光泽。

(2)半金属光泽:反射光较强,如同未经磨光的金属表面的光泽。

(3)非金属光泽:反射光弱,但有的具有特殊的反射现象,主要有:

油脂光泽:解理不发育的透明矿物在断口上表现的油脂状光亮。

玻璃光泽:类似平板玻璃表面光亮的光泽。

丝绢光泽:透明矿物纤维状集合体表面的丝绢状光亮。

珍珠光泽:部分透明、理解完全或极完全的矿物,由于内层解理面反射光相互干涉形成类似珍珠或贝壳表面的光亮。

土状光泽:粉末或土状、疏松多孔状矿物集合体表面暗淡无光,它们所具有的光泽称土状光泽。

4. 透明度

矿物允许可见光透过的程度称为矿物的透明度。肉眼观察矿物的透明度时,通常隔着矿物薄片或碎块的刃边观察光亮处的近物,并根据所见矿物的清晰程度将透明度分为三级:

(1)透明:矿物整体透明,允许绝大部分可见光透过。

(2)半透明:矿物边缘较薄部分透明,允许部分可见光透过。

(3)不透明:矿物边缘较薄部分不透明,基本上不允许可见光透过。

(四)矿物的力学性质

矿物的力学性质是指矿物在外力作用下表现出来的解理、断口、硬度、延展性、弹性、脆性等物理性质,其中的解理、断口、硬度等对矿物鉴定最有意义。

1. 解理与断口

矿物晶体受力后,沿一定方向裂开成一系列光滑平面的性质称解理,裂成的光滑平面称解理面。

根据产生的难易程度、平滑程度以及解理面的大小可将解理分为五级:

(1)极完全解理:极易产生解理,解理片极薄,解理面大而平坦光滑。

(2)完全解理:容易产生解理,并形成规则的解理块,解理面较大,且平坦光滑。

(3)中等解理:较易产生解理,但解理面不大,且平坦及光滑程度较差。

(4)不完全解理:较难产生解理,解理面小且平坦光滑程度差,碎块上以断口为主。

(5)极不完全解理(无解理):肉眼无法见到解理面,碎块上只发育断口。

矿物受力后,只产生不规则的破裂面称之为断口。根据断口的形状特征,可将其分为:

(1)参差状断口:断口呈参差不齐的形状。

(2)贝壳状断口:断口呈贝壳形的曲面上有不规则的同心纹,形似贝壳状。

(3)锯齿状断口:断口呈尖锐的锯齿状。

(4)土状断口:断口面呈细粉状,为高岭石等土状矿物集合体所具有的断口。

有解理的矿物只描述解理,没有解理的矿物描述断口。有的矿物只有一组解理,有的矿物有两组解理,还有的矿物有三组解理。在观察解理时,要注意观察解理的等级和组数。

2. 硬度

矿物的硬度是指矿物抵抗外力机械作用的能力。根据外力性质,矿物的硬度有刻划硬度、压入硬度和研磨硬度三种。肉眼鉴定矿物主要涉及刻划硬度,为了方便起见,一般描述矿物的相对硬度,即相对于摩氏硬度计里的矿物而言。

用摩氏硬度计中的标准矿物去刻划被测矿物,如果刻得动,则标准矿物的硬度大于被测矿物的硬度。这时,再换一块硬度低一级的标准矿物去刻划被测矿物,假如刻不动,则说明被测矿物的硬度大于标准矿物。因此,被测矿物的硬度介于这两个标准矿物的硬度之间。如某矿物能轻微刻动正长石,但不能刻动石英,因此,其摩氏硬度为6.5左右。

野外,人们常采用简易的方法去测定矿物的硬度,用指甲、小刀、石英去刻划矿物,它们的硬度分别为 2.5、5.5、7.0。

(五)其他物理性质

1. 密度

矿物依其密度的大小,一般可分为轻矿物和重矿物两类。其界线一般定在 $2.85g/cm^3$,大于 $2.85g/cm^3$ 归重矿物,小于 $2.85g/cm^3$ 属轻矿物。

2. 磁性

有的矿物还具有磁性,可利用这一性质来鉴别磁性物质。

(六)化学性质

用稀盐酸滴到方解石和白云石之上,起泡多者为方解石,不起泡或起泡少者为白云石,这一方法在野外十分常用。

四、描述下列矿物,并写出实验报告

石英、正长石、斜长石、石膏、方解石、白云石、萤石、重晶石、白云母、高岭石、石墨、褐铁矿、赤铁矿、磷灰石、黑云母、角闪石、辉石、橄榄石、黄铁矿、石榴子石。

实验二 认识常见岩浆岩和变质岩

一、实验目的和要求

(1)通过观察认识各类岩浆岩和变质岩的代表性岩石,学习肉眼鉴定岩浆岩和变质岩的方法;
(2)认识常见的岩浆岩和变质岩。

二、实验用品

(1)岩浆岩标本:橄榄岩、辉长岩、闪长岩、花岗岩、辉绿岩、闪长玢岩、似斑状花岗岩、玄武岩、安山岩、流纹岩。
(2)变质岩标本:板岩、千枚岩、片岩、片麻岩、大理岩、石英岩、碎裂岩。
(3)实验用具:小刀、放大镜、稀盐酸等。

三、描述岩浆岩和变质岩的方法

肉眼观察描述岩浆岩和变质岩,通常从颜色、成分、结构、构造四个方面进行,最后对岩石定名。

(一)岩浆岩

岩浆是指处于地下深处的高温、高压、富含挥发组分、以硅酸盐为主的成分复杂的熔融体,岩浆冷凝形成的岩石称为岩浆岩。

岩浆岩的类型很多,依其二氧化硅的含量(w)可分为四类:超基性岩($w<45\%$)、基性岩($45\% \leq w \leq 52\%$)、中性岩($52\% \leq w \leq 65\%$)和酸性岩($w>65\%$);按照岩浆岩产出状态,又分为深成侵入岩、浅成侵入岩和喷出岩。不同的岩浆岩,具有不同的特征,可以从它的颜色、成分、结构和构造这四个方面来认识岩浆岩。

1. 颜色

岩浆岩特别是深成岩的颜色,主要取决于组成岩浆岩的矿物成分及含量多少。组成岩浆岩的主要矿物包括橄榄石、辉石、角闪石、黑云母、石英、钾长石、斜长石等。其中,橄榄石、辉石、角闪石、黑云母的颜色较深,FeO 和 MgO 含量高,故称为暗色矿物或铁镁矿物;石英、钾长石、斜长石的颜色较浅,SiO_2 和 Al_2O_3 含量较高,故称为浅色矿物或硅铝矿物。

通常,暗色矿物含量多,颜色则深,反之颜色则浅。

2. 成分

组成岩浆岩的矿物有很多,其中含量较多(通常 >15%)的称为主要矿物,如橄榄石、辉石、角闪石、黑云母、石英、钾长石、斜长石等,是划分岩浆岩大类的依据;含量较少(通常 <15%)的称为次要矿物,只作为确定种属的依据。不同的岩浆岩类型,其主要矿物的组合规律也不相同。超基性岩以橄榄石为主;基性岩以辉石、基性斜长石为主;中性岩以角闪石、中性斜长石为主;酸性岩以石英、钾长石、酸性斜长石为主。

在肉眼观察描述岩浆岩时,要细致观察岩浆岩主要矿物及含量。另外,从岩浆岩的颜色上,也可大体反映岩浆岩的类型,颜色越深,岩石类型越偏近超基性岩或基性岩;颜色越浅,岩石类型越偏近中性岩或酸性岩。

3. 结构

岩浆岩的结构是指岩石中矿物的结晶程度、颗粒大小、形状以及颗粒间的相互关系。

(1)根据矿物结晶程度可划分为三级:

① 全晶质结构:全部由结晶的矿物组成。

② 半晶质结构:既有晶质矿物又有非晶质矿物组成。

③ 非晶质结构:全部由非晶质矿物组成。

(2)按矿物结晶颗粒的相对大小可分为:

① 等粒结构:岩石中同种主要矿物结晶颗粒大小大致相当。

② 不等粒结构:岩石中同种主要矿物颗粒大小不等,但由大到小连续变化。

③ 斑状结构:岩石中矿物颗粒可明显地分为大小截然不同的两群,其中大的叫斑晶,小的叫基质,基质多为隐晶或非晶质,多形成于喷出岩、超浅成岩中。

④ 似斑状结构:岩石中矿物颗粒可明显地分为大小不同的两群,但大小相差并不悬殊,基质常为显晶质,与斑晶成分基本相同,多形成于浅成岩中。

(3)按矿物结晶颗粒的绝对大小分类。

用肉眼或借助放大镜能分辨出矿物结晶颗粒者叫显晶结构,分不清颗粒者叫隐晶结构。对于显晶结构,又可以进一步划分为:

① 粗粒结构:颗粒平均直径 >5mm。
② 中粒结构:颗粒平均直径为 5～2mm。
③ 细粒结构:颗粒平均直径为 2～0.2mm。
④ 微粒结构:颗粒平均直径 <0.2mm。

从岩浆岩的结构上可反映出岩浆岩的产状,一般来说,喷出岩往往具有非晶质结构、半晶质结构或斑状结构,浅成岩具有中细粒结构、似斑状结构,深成岩具有中粗粒结构。

4. 构造

岩浆岩的构造是指岩石中各种组成部分之间的空间排列和充填方式以及它们所反映出来的外部特征。常见的构造有以下四种:

(1)气孔构造:岩浆喷溢出地表后,在冷却过程中,岩浆中尚未逸出的气体,上升汇集于熔岩流顶部,冷凝后留下的气孔称为气孔构造。

(2)杏仁构造:气孔被岩浆后期矿物(如方解石、石英等)充填,则形成杏仁构造。

(3)流纹构造:岩浆岩中拉长的气孔、长条形的斑晶以及不同颜色的条带等沿某方向排列所表现出来的特征。

(4)块状构造:岩浆岩中各种组成部分均匀分布。

岩浆岩的构造与岩浆岩的形成部位和冷凝过程有密切的关系,从构造上可以推测岩浆岩的产状。通常,侵入岩往往具有块状构造,而气孔构造、杏仁构造是喷出岩常有的构造。

(二)变质岩

由变质作用形成的岩石叫变质岩。变质岩的分类是根据变质作用的类型划分的,包括动力变质岩、热接触变质岩、交代变质岩、区域变质岩、混合岩。其中,区域变质岩最为常见。

变质岩一方面可以保留原岩的某些特点,另一方面也产生了自身的新特征,因此变质岩的总特征是"旧"与"新"的统一,人们正是从这两个方面来认识变质岩的。

1. 颜色

变质岩的颜色取决于所含矿物的种类及含量的多少,在描述时,可遵循"远观近瞧"来描述岩石的整体颜色。

2. 成分

与岩浆岩相比,变质岩由许多矿物组成。一般来说,可将它们分为两类:一类是母岩残留下的矿物,如石英、长石、云母等;另一类是在变质过程中产生的新矿物,如红柱石、刚玉、蓝晶石等,它们对指示原岩成分和说明变质作用性质、强度有特殊意义,因此又称为特征变质矿物。

通过变质岩中母岩残留下的矿物及其组合可推测母岩的成分和类型,通过变质岩中新生矿物及其矿物组合特点去了解变质过程。需注意的是,在肉眼观察变质岩的成分时,特征变质矿物成分往往含量少,不易观察。

3. 结构

变质岩的结构是指岩石组分的形状、大小和相互关系等所反映的岩石特征,着重于矿物个体的性质和特征。根据成因,变质岩的结构可分为变余结构、变晶结构、碎裂结构等。

1)变余结构

变余结构指变质岩中残留下的母岩结构,是原岩在变质作用过程中,由于重结晶作用不完全,一定程度上保留了原岩的结构特征,常出现在低级变质岩中。描述时,在原岩结构名称前加上变余二字,如花岗斑岩经浅变质后,其斑状结构仍然可见者,称之为变余斑状结构;泥岩经低级变质作用后,泥质结构仍然可见者,称之为变余泥质结构。

2)变晶结构

变晶结构是指变质过程中受到温度升高的影响,矿物质点发生重结晶或变质结晶作用而形成的结构。在描述时,可从以下几个方面进行。

(1)按照主要矿物颗粒的形态分类:

① 粒状变晶结构:岩石大致由等轴状(粒状)矿物颗粒组成。

② 鳞片(或片状)变晶结构:岩石主要由云母、滑石等片状、鳞片状矿物颗粒组成。

③ 纤状变晶结构:岩石主要由纤维状、针状或长柱状矿物颗粒组成。

(2)按变晶矿物颗粒的相对大小分类:

① 等粒变晶结构:大部分主要变晶矿物的粒度大致相近。

② 不等粒变晶结构:岩石中同种主要变晶矿物的粒度大小不等,呈连续变化。

③ 斑状变晶结构:在粒度较细小的矿物集合体中有相对较粗大的变晶矿物,两者粒度差别悬殊,较粗大的晶体称变斑晶。

(3)按变晶矿物颗粒的绝对大小分类:

① 粗粒变晶结构:主要矿物颗粒的平均直径 >3mm。

② 中粒变晶结构:主要矿物颗粒的平均直径 1~3mm。

③ 细粒变晶结构:主要矿物颗粒的平均直径 <1mm。

④ 显微变晶结构:主要矿物颗粒的平均直径 <0.1mm,用肉眼和放大镜不能分辨矿物颗粒,需要在显微镜下鉴定。

3)碎裂结构

碎裂结构指岩石受到机械破坏而产生的结构,是动力变质岩的典型结构,可依碎裂程度进一步划分为:碎裂结构、碎斑结构、糜棱结构等。

4. 构造

变质岩的构造最为直观,是指变质岩中各种组分的空间分布特点及其排列状态,大多表现为定向构造。按成因分为三类:

(1)变余构造:岩石经变质后,仍保留有原岩的构造特征。描述时,在原岩构造名称前加上变余二字,如变余层理构造、变余气孔构造等。

(2)变成构造:经变质作用形成的构造,常见者有以下几种:

① 板状构造。岩石在应力作用下产生一组密集平行的破裂面,破裂面一般与层面斜交、平整光滑。组成岩石的矿物基本没有重结晶,肉眼分辨不出矿物颗粒。

② 千枚状构造。板状构造进一步变质,岩石中的鳞片状矿物呈定向排列,沿方向可劈成薄片,片理面上具丝绢光泽。组成岩石的矿物基本重结晶,但颗粒较小,肉眼尚难分辨。

③ 片状构造。岩石中的片状、板状或针状矿物含量较多(含量 >30%)、呈连续的平行排列,沿片理面极易劈成薄片,而且常呈波状弯曲。组成岩石的矿物全部重结晶,颗粒较大,肉眼能分辨其矿物颗粒。

④ 片麻状构造。岩石中以粒状矿物为主,含一定量的片状和柱状矿物(含量 <30%),两者沿某方向呈条带状断续相间排列。组成岩石的矿物重结晶都比较高,颗粒粗大,常呈中粗粒变晶结构。

从板状、千枚状、片状到片麻状构造,反映了压力的影响由弱到强、变质程度由低级到高级。

⑤ 块状构造。岩石中的矿物成分和颗粒大小在空间上均匀分布,不具定向性,也是一种常见的变质构造。

(3)混合构造:混合岩特有的构造。以其形态特点分类,有角砾状构造、阴影状构造、肠状构造等。

5. 变质岩的命名

在肉眼识别变质岩时,应重视观察它的构造特征,因为部分变质岩就是依据其构造特点命名的。

对于区域变质岩,具有定向构造者,岩石名称以构造名称来命名,如板岩、片麻岩等;具有块状构造者,以成分来定岩石基本名称,如石英岩、大理岩等。

四、实验报告和作业

(1)认真观察岩石标本,并按照附表2-1的格式写出实验报告。

附表2-1 常见岩浆岩和变质岩标本鉴定表

序号	颜色	成分	结构	构造	岩石名称

(2)在观察描述岩石标本的基础上,指出下列几组岩石的主要区别:

① 花岗岩、花岗斑岩、流纹岩。
② 辉长岩、辉绿岩、玄武岩。
③ 闪长岩、辉长岩。
④ 流纹岩、安山岩、玄武岩。
⑤ 片岩、片麻岩。
⑥ 花岗岩、片麻岩。

实验三　认识常见沉积岩

一、实验目的和要求

（1）学习肉眼鉴定和描述沉积岩的方法；
（2）认识常见沉积岩。

二、实验用品

（1）碎屑岩标本：砾岩、角砾岩、长石砂岩、石英砂岩、岩屑砂岩、粉砂岩、页岩、泥岩。
（2）碳酸盐岩标本：泥晶石灰岩、叠层灰岩、鲕状灰岩、竹叶状砾屑灰岩、介壳灰岩、礁灰岩、白云岩。
（3）实验用具：小刀、放大镜、稀盐酸。

三、描述方法

沉积岩是在地表或地表附近的条件下，由母岩风化剥蚀的产物、火山碎屑、生物物质等组成沉积岩的原始物质成分，经搬运、沉积和成岩作用形成的一类岩石。

按照原始物质成分的来源，沉积岩划分为三类：

第一类：主要由母岩风化剥蚀产物组成的沉积岩，又进一步分为碎屑岩（砾岩、砂岩、粉砂岩和黏土岩）和化学岩（碳酸盐岩、硫酸盐类、卤化物岩、硅岩等）；

第二类：主要由火山碎屑物质组成的火山碎屑岩；

第三类：主要由生物遗体组成的沉积岩，包括可燃生物岩和非可燃生物岩。

沉积岩中，分布最广的是黏土岩，其次为砂岩和碳酸盐岩。在野外，可以从沉积岩特有的构造如层理、层面构造与岩浆岩和变质岩区别开来，在室内可以从它的颜色、成分结构、构造等方面来认识沉积岩的不同类型。

（一）碎屑岩

碎屑岩是主要由陆源碎屑组成的沉积岩，其中陆源碎屑含量占50%以上。

1. 颜色

碎屑岩的颜色主要与成分和沉积环境有关，所以从沉积岩的颜色，可对沉积环境作一些推测和分析。根据成因，碎屑岩的颜色可分为三类：

（1）继承色——岩石的颜色主要继承了原来母岩物理风化后所形成的碎屑的颜色，如长石砂岩为肉红色，是继承了正长石的颜色。

（2）自生色——是沉积或成岩时形成的自生矿物的颜色，往往反映沉积时的地理环境，如海绿石石英砂岩呈现灰绿色，反映了浅海环境等。

（3）次生色——沉积岩在风化过程中所产生的颜色。

继承色可用来分析物质来源，自生色在推测沉积环境方面意义较大，灰色、黑色一般代表还原环境，红色、褐色、紫色一般反映了氧化环境，而次生色则意义不大。

2. 成分

碎屑岩由碎屑颗粒、杂基和胶结物三部分组成。

（1）碎屑颗粒：包括矿物碎屑和岩石碎屑。矿物碎屑主要有石英、长石、云母、黏土矿物等，此外还有少量的重矿物。岩石碎屑是母岩经机械破碎而形成的岩石碎块，保留着母岩的特点，是判断母岩成分及沉积来源的重要标志，多分布于粗碎屑岩中。

（2）杂基：指与粗粒碎屑同时沉积下来的细小的碎屑物质，它充填于粗碎颗粒之间，起到部分的胶结作用。

（3）胶结物：指从溶液或胶体中沉淀出的化学物质，将碎屑颗粒黏结成一个整体。常见的胶结物有钙质、铁质、硅质和泥质，肉眼鉴定时可以从颜色和固结程度等来区分胶结物类型（附表3-1）。

附表3-1 沉积岩的胶结物类型及其特征

胶结类型	肉眼鉴定或简易化学测定特征
钙质胶结	多为白色或无色，硬度小于小刀；加 HCl 起泡；胶结较疏松
铁质胶结	多为红色或褐色；硬度中等；加 HCl 不起泡
硅质胶结	无色；硬度大于小刀；加 HCl 不起泡；胶结紧密、坚固
泥质胶结	无色或杂色多变；硬度小于小刀；加 HCl 不起泡；胶结疏松

3. 结构

碎屑岩的结构是指岩石中碎屑颗粒的粒度、圆度、球度、分选性以及外部特征，肉眼鉴定时，通常从以下几个方面描述。

1）颗粒大小及粒度分级

碎屑粒度是矿物稳定性、风化强度、搬运距离的综合反映，肉眼鉴定时常采用十进制分级。

砾：>2mm。

砂：2～0.1mm，其中 2～0.5mm 为粗砂；0.5～0.25mm 为中砂；0.25～0.1mm 为细砂。

粉砂：0.1～0.01mm。

泥：<0.01mm。

2）颗粒的圆度

颗粒的圆度指颗粒的棱角被磨蚀、圆化的程度，一般分五级：

滚圆状——棱角全部磨损，颗粒原始轮廓消失；

圆状——棱角全部磨损，但颗粒原始轮廓仍保存；

次圆状——棱角已磨损而圆化，但其基本轮廓尚存，只是其棱缘、顶端呈弧形；

次棱角状——棱角清晰可见，但其顶缘已稍现磨蚀；

棱角状——颗粒棱角比较尖锐，不显磨损痕迹。

3）球度

球度指碎屑颗粒被磨蚀后接近球体的程度，它主要取决于原始的颗粒形状。

4）胶结类型

常见的胶结类型有：

（1）基底式胶结：碎屑颗粒互不接触，颗粒均匀分布于胶结基底之上。

（2）孔隙式胶结：碎屑互相接触，胶结物充填于颗粒间的孔隙中。

（3）接触式胶结：碎屑相互接触，胶结物仅黏着于颗粒接触点上。

另外，还有充填胶结、镶嵌胶结等。但胶结类型一般需要在镜下鉴定，肉眼往往不易观察。

4. 构造

由于标本所限，除了黏土岩能观看到它的页理、石英细砂岩能观察到平行层理外，其余岩石标本往往观察不到沉积岩的构造。

5. 碎屑岩的命名

（1）首先，根据粒度分析，进行三级命名，确定岩石的基本名称。

（2）对于砾岩，进一步按照砾石的圆度，分为砾岩和角砾岩。砾岩由圆状砾石占50%以上的砾石组成，角砾岩由50%以上的棱角状的砾石组成。

（3）对于砂岩，进一步按照石英、长石、岩屑的相对含量命名（附表3-2）。

附表3-2　砂岩主要分类简表

岩石名称	主要碎屑颗粒含量，%			备注
	石英	长石	岩屑	
石英砂岩	>50	<25	<25	
长石砂岩		>25		岩屑含量<长石含量
岩屑砂岩			>25	长石含量<岩屑含量

（4）再根据颜色、构造等进一步命名。

（二）碳酸盐岩

碳酸盐岩指主要由碳酸盐矿物组成的沉积岩。

1. 颜色

碳酸盐岩的颜色一般以灰色较多，可根据标本具体描述。

2. 成分

组成碳酸盐岩的矿物主要有方解石和白云石，根据二者的相对含量，碳酸盐岩可分为两大类：石灰岩和白云岩。肉眼鉴定时，可根据与稀盐酸反应的强度，具体命名。

3. 结构

碳酸盐岩的主要矿物成分比较简单，但其成因却十分复杂，既有机械沉积，也有生物和化学沉积，也有些属于交代作用的产物。不同的成因所产生的岩石结构完全不同，所以其结构多种多样，主要类型有粒屑结构、生物骨架结构和晶粒结构。

1）粒屑结构

粒屑结构指在沉积盆地内部，由化学作用、生物作用和波浪、流水的机械作用形成的碎屑状堆积物，经过短途搬运、沉积、成岩形成的碳酸盐岩所具有的结构，包括颗粒、泥晶基质和胶结物三部分。

（1）颗粒。在沉积盆地内形成，成分单一，均为碳酸盐，常见有以下几种：

内碎屑——水盆地内已沉积的弱固结碳酸盐沉积物经流水或波浪冲刷、搅动成碎块，原地堆积或近距离搬运沉积而成。依大小可分为砾屑、砂屑、粉屑和泥屑四级，分级标准可参考碎屑的粒度分级。

生物碎屑——包括破碎的生物化石碎块和微体化石（粒度 <2mm），如珊瑚碎块等，又称骨屑。

鲕粒——外形似鲕，粒度 <2mm，内部具核心和同心层结构的、石灰质的球状或椭球状的颗粒。

团粒或球粒——不具内部结构的颗粒，外形呈团粒状，生物成因。

（2）泥晶基质。泥晶基质是与颗粒同时沉积的碳酸盐质点，一般小于 0.01mm，可单独组成碳酸盐岩。

（3）胶结物。胶结物又称亮晶胶结物，是充填于颗粒之间的结晶方解石，晶粒一般大于 0.01mm，含量小于 50%，不能独立组成碳酸盐岩。

颗粒碳酸盐岩的组分与碎屑岩的结构组分比较见附表 3-3：

附表 3-3　颗粒碳酸盐岩的组分与碎屑岩的结构组分比较

颗粒碳酸盐岩	碎屑岩
颗粒	碎屑
泥晶基质	杂基
亮晶胶结物	胶结物

2）晶粒结构

晶粒结构是由生物化学作用、化学作用、交代作用和重结晶作用形成的碳酸盐晶粒，按晶粒大小，可分为：

（1）粗晶：粒度 1～0.5 mm。

（2）中晶：粒度 0.5～0.25mm。

（3）细晶：粒度 0.25～0.05mm。

（4）隐晶：粒度 <0.05mm。

3）生物骨架结构

生物骨架结构由原地固着生长的群体造礁生物构成。

4. 构造

由于标本所限，碳酸盐岩中常见的构造有水平层理和叠层构造，其他类型的沉积构造一般难以见到。

叠层构造是蓝绿藻分泌的黏液，将细屑碳酸盐物质逐层黏结后硬化而成。因为季节变化、水动力强弱,藻类分泌物的多少发生变化,形成了明暗相间的纹层。

5.命名

(1)碳酸盐岩的命名,首先根据方解石和白云石的相对含量,确定岩石的基本名称。

(2)对于石灰岩,再根据结构类型进一步命名。

四、实验报告

(1)对实验课上提供的标本进行观察和描述,并按照下列格式(附表3-4)完成实验报告。

附表3-4 常见沉积岩标本鉴定表

序号	颜色	成分	结构	构造	岩石名称

(2)通过观察和描述,分析下列问题:

① 海绿石石英砂岩反映的沉积环境;

② 长石砂岩形成的条件;

③ 紫红色竹叶状砾屑灰岩所反映的环境特征;

④ 最有利于鲕粒灰岩形成的条件。

实验四 分析地质图

一、目的要求

(1)学习地质图的基本知识;

(2)初步掌握阅读地质图的方法。

二、实验用品

地形地质图、直尺、铅笔、橡皮、计算器、半圆仪等。

三、实验内容与方法

(一)地质图的概念及图式规格

(1)地质图:指用一定的颜色、符号、花纹将某地区各种地质体和地质现象(如各种岩层、岩体、地质构造、矿床等的时代、产状、分布和相互关系),按一定的比例概括投影到平面图(地形图)上的一种图件。

(2)一幅正规的地质图应该有图名、比例尺、图例和责任表(包括编图单位或人员、编图日期及资料来源等)。

图名:表明图幅所在地区和图的类型,一般采用图区内主要城镇、居民点或主要山岭、河流等命名,图名用端正美观的字体书写于图幅上端正中或图内适当位置。

图号:是为了图件的保存、整理、查找方便而统一规定的。

比例尺:用以表明该图的缩小程度和精度。比例尺的形式主要有下面两种类型:数字比例尺,如1:200000,1:50000;线段比例尺,将比例尺做成尺子状,上面注明单位长度所代表的实际长度。比例尺一般都标注于图框外面上方或下放正中位置。

图例:指图的内容简要示例,是地质图不可缺少的部分。一般地质图图例是用各种规定的颜色和符号来表明地层的岩性、时代、地质界线、构造、产状要素和矿产等几个方面。图例一般放在图的右边或下方,并按一定顺序排列,图例两字应用醒目的字体注明。

图框:分内框和外框,内框用细实线,外框用粗实线。图框外注明图幅代号、制图单位、制图人和制图日期等。

(二)地质图的一般读图方法和步骤

(1)读图时,首先要浏览图幅的各种规格和要素。

(2)分析地形特征,如等高线的分布、山川河谷、村庄等地形地物。

(3)分析地质内容,一般的分析项目有:地层出露与分布情况,岩石类型,产状与时代,地层接触关系,褶皱和断裂的特点,规模与类型,岩浆岩、变质岩出露区的构造及它们之间的关系等。开始时最好先从老岩层着手,由老到新逐层分析,同时要边看、边记、边绘图以获得可靠的资料。

(4)综合分析,总结图区的地层以及构造情况,分析该地区构造发展简史。

(三)地质图上分析水平岩层

除上述一般读图方法和步骤外,对水平岩层地质图的分析应重点了解水平岩层在地质图上的表现特征,以便今后利用这些特征去分析判断一个地区是否为水平岩层。这些特征如下:

(1)同一岩层层面各点标高相同。

(2)地质界线与地形等高线弯曲情况彼此平行或二者重合。

(3)老岩层分布在地形的低处(如河谷地区);新岩层分布在地形的高处(如山峰、山脊上)。

(4)地质界线在山峰地区成为封闭的规则或不规则的孤立圆圈状;在河谷地区地质界线为"尖牙"状,其尖端指向河流上游。

(5)水平岩层上、下层面在地质图上出露的宽度,取决于岩层厚度和地形坡度的大小。

(6)水平岩层厚度是该岩层上下层面地质界线的标高值之差。

(四)地质图上分析倾斜岩层

1.倾斜岩层在地质图上的表现特征

(1)倾斜岩层的基本特点是向一个方向倾斜。当岩层层序正常时,顺倾斜方向依次是从老到新的地层。

（2）倾斜岩层在地表露头宽度的大小与地形、岩层厚度及其倾角有关（附图4-1至附图4-3）。

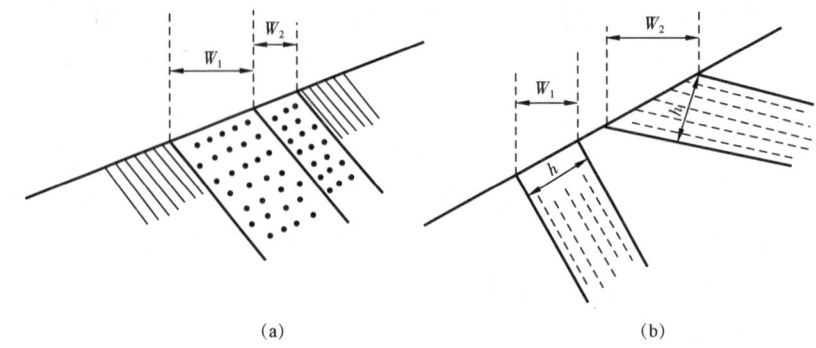

附图4-1　地形不变时露头宽度与倾斜岩层厚度、倾角的关系

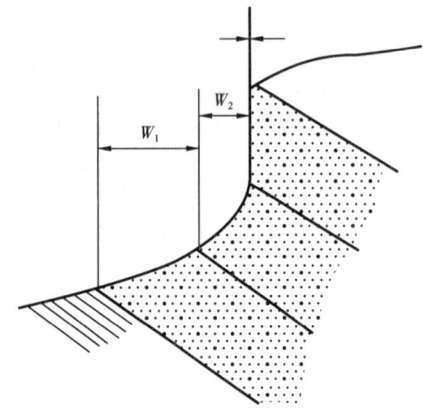

附图4-2　岩层产状与厚度不变时露头宽度与坡度的关系示意图

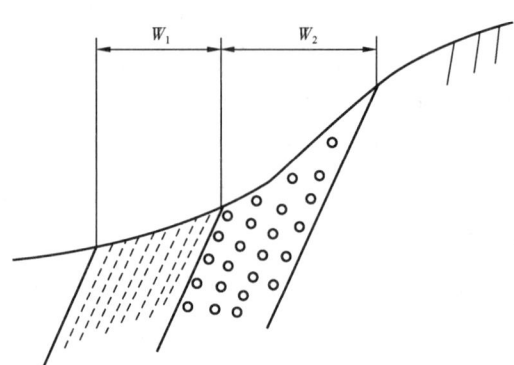

附图4-3　倾斜岩层露头宽度与坡角的关系

（3）倾斜岩层的地质界线与地形等高线相交，这和水平岩层截然不同。

（4）地质界线的形状与地形等高线的形状以及地形坡度与岩层的产状有关。

由于地形坡度及岩层产状的不同，在地质图上的弯曲方向也不同，并且具一定的规律，称为倾斜岩层的"V"字形法则。

① 当岩层倾向与地形坡向相反时，地质界线与地形等高线弯曲方向相同，地质界线弯曲程度小于地形等高线的弯曲程度。

② 当岩层倾向与地形坡向相同，岩层倾角大于地形坡度时，地质界线与地形等高线弯曲方向相反（附图4-4）。

③ 当岩层倾向与地形坡向相同，但岩层倾角小于地形坡角时，地质界线与地形等高线弯曲方向相同，地质界线弯曲程度大于地形等高线弯曲程度。

2. 在地质图上确定岩层的产状要素

在带有等高线的地质图上，可以用图解法求得岩层的产状要素。附图4-4是一幅倾斜岩层的地质图，图中有点子的条带代表某一岩层出露情况。按照岩层产状的定义，同一岩层层面的出露线与同一条等高线相交的两点连线即是该层面的走向线。图中岩层底面线与500m等高线相交于A、B两点，与400m等高线相交于C、D两点，AB与CD分别为岩层底

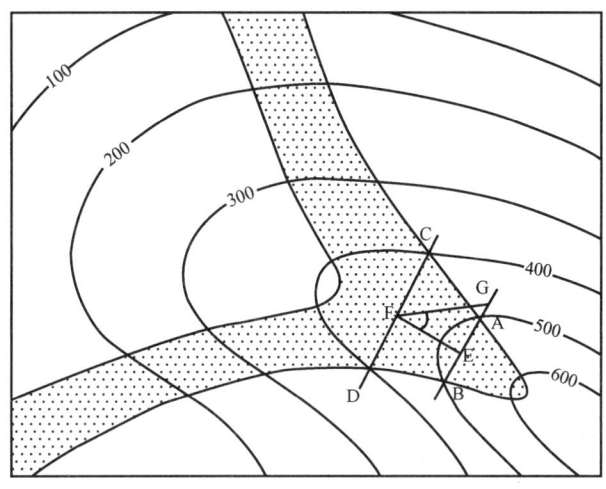

附图 4-4　图解法求岩层产状
等值线单位为 m

面的 500m 与 400m 两条走向线。作 EF⊥AB（或 CD），此线即代表岩层面的倾向。在 AB 线上截取 EG，使其长度等于由地质图比例尺换算后得到的这两条等高线间距；连接 FG，则 ∠EFG 即为该岩层的倾角。

（五）地质图上分析褶皱

（1）根据地层产状和地质界线的分布，了解区内地层的分布情况。

（2）垂直地质界线、从老地层出露处着手，沿其倾向或反其倾向穿越，了解不同时代地层的分布规律；从新、老地层的相对位置，确定向斜和背斜的核部、翼部的所在位置和组成地层及全区褶皱的数目。

（3）根据各褶皱构造两翼地层倾角大小、出露宽度，并参考地质剖面图，判别轴面位置、轴向及单个褶曲与褶曲组合的横剖面形态。

（4）根据两翼地层平面分布形态，判别各褶皱枢纽的产状及倾伏向；再按各褶皱轴的位置，判别褶皱的平面组合方式。

（5）综合上述内容，给褶皱命名并分析其形成时代。地质图上的地质构造与空间位置有密切联系，故命名时应以地名加褶皱类型，如黄陵背斜等。

（6）观察褶皱与其他地质体间的关系，如果发现地层被岩体、断层所切断或被不整合面所覆盖，应沿地层走向追索，推断被切断或被覆盖地层的归属，以便恢复褶皱的原来面貌。

（六）地质图上分析断层

断层存在的依据是不同时代地层的非对称重复或缺失；或沿地层走向突然中断。在地质图上，一般以特殊符号表示断层的存在及其性质。如以红色实线表示实测（虚线表示推测）断层的位置与长度；在大、中比例尺地质图还用特定的符号表示断层类型及其产状。当图上未标明断层性质时，可通过以下观察加以判断：

（1）观察断层线与褶皱轴线（或地层界线）间的关系。如果两者分别近于垂直、平行或斜交时，应分别属于横（倾向）断层、纵（走向）断层或斜向断层。

（2）观察断层线的形态及其与地形等高线的关系。确定断层面陡、缓及倾斜方向。

（3）一般情况下，走向断层不论发生在单斜地层、背斜或向斜中，其老地层出露的一盘为上升盘；但当断层面倾向与地层倾向一致且断层倾角小于地层倾角或地层倒转时，则相反。当横断层切断褶皱时，如果断层两盘核部出露同一时代的地层，则背斜核部变宽（或向斜核邻变窄）的断盘为上升盘；但当断层两盘褶皱的核部，出露不同时代的地层时，则无论是背斜或向斜，其核部是老地层的一盘为上升盘。当地质界线被横断层或斜断层切断并位移时，如断层面两侧地层出露宽度一致，则为平移断层。此外，还应参考剖面图上断层的表现特点。

（4）综合上述内容，根据断层命名原则，分别给各断层命名并分析其相互关系和形成时代。

（七）地质图上分析地层接触关系

（1）整合、平行不整合接触。二者在地质图上均表现为接触界面上、下的地层界线相互平行，如果上、下地层间是连续渐变的为整合；若其间有间断面（即有地层缺失）者为平行不整合。

（2）角度不整合接触。角度不整合接触在地质图上明显表现是在不整合界线两边的两套地层产状不一致，在剖面图上表现为上覆地层的底界覆盖其下伏一个或若干个较老地层的地质界线，两者呈明显的角度相交。

四、作业

（一）阅读南涧镇地形地质图

（1）南涧镇地形地质图（附图4-5）内出露有哪些时代的地层？依新老顺序列出。
（2）地质图所代表的面积有多大？何处最高？何处最低？地形有什么特征？
（3）图内地层分布的特点是什么？最高的山峰处是什么时代的地层？
（4）哪些地层是水平岩层？并求图中N1地层的厚度。
（5）图内地层接触关系有哪些类型？它们存在于什么时代的地层之间？

（二）阅读嘉阳坡地形地质图

在嘉阳坡地形地质图（附图4-6）上求 C_1^2 顶面或底面的产状，用文字和符号分别表示出来。

（三）阅读暮云岭地形地质图

（1）分析暮云岭地形地质图（附图4-7）中褶曲形态和形成时代。
（2）选择图区内一个褶曲进行文字描述。

（四）阅读四明山地形地质图

（1）分析四明山地形地质图（附图4-8），判别断层性质；
（2）求断层面产状和断距；
（3）确定断层形成时代。

附图4-5　南涧镇地形地质图

比例尺1：10000

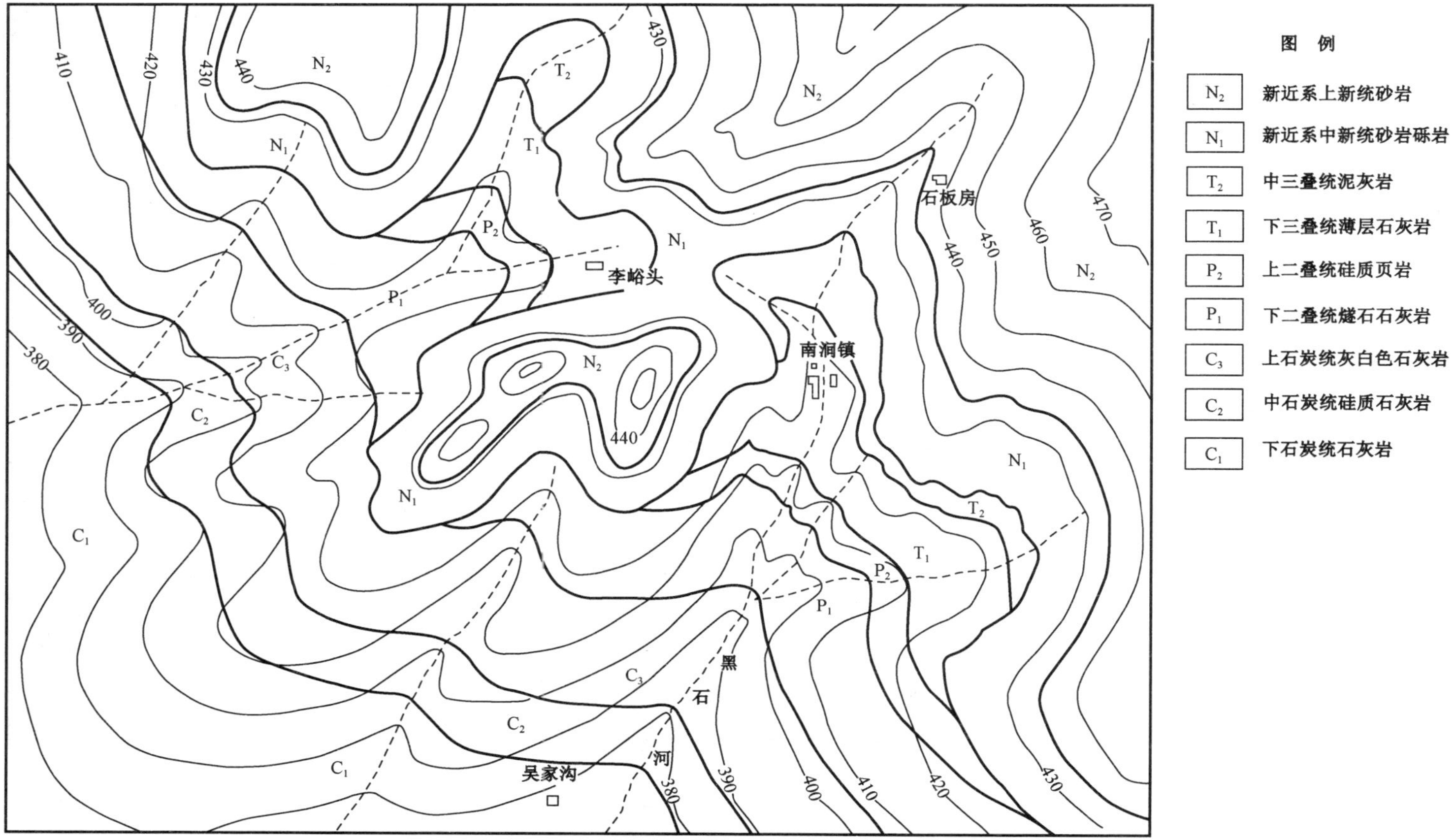
图　例
N2 新近系上新统砂岩
N1 新近系中新统砂岩砾岩
T2 中三叠统泥灰岩
T1 下三叠统薄层石灰岩
P2 上二叠统硅质页岩
P1 下二叠统燧石石灰岩
C3 上石炭统灰白色石灰岩
C2 中石炭统硅质石灰岩
C1 下石炭统石灰岩
石板房
李峪头
南涧镇
吴家沟
黑
石
河
470
460
450
440
430
420
410
400
390
380

附图4-6 嘉阳坡地形地质图

比例尺 1:10000

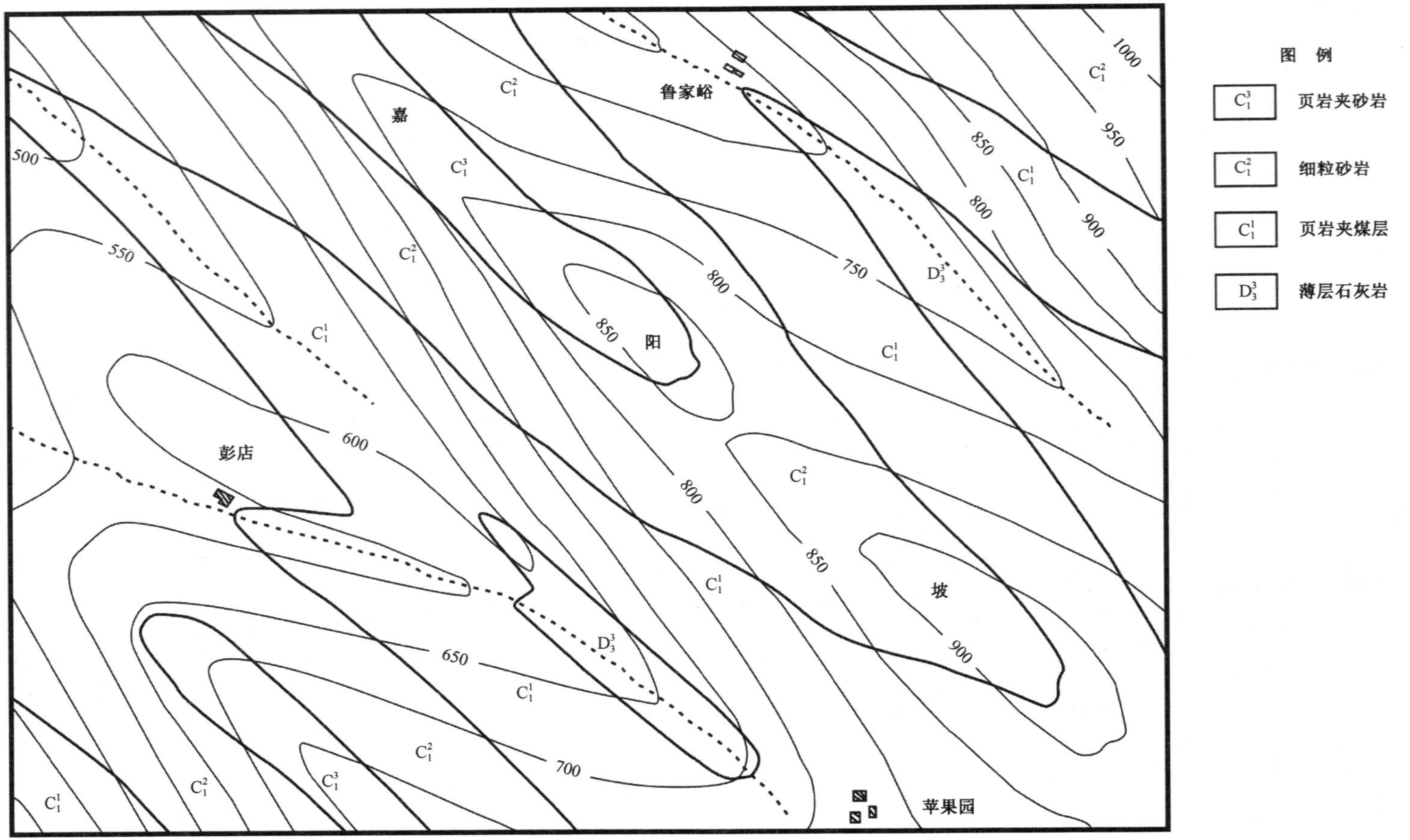

图 例

C_1^3 页岩夹砂岩

C_1^2 细粒砂岩

C_1^1 页岩夹煤层

D_3^3 薄层石灰岩

附图4-7 暮云岭地形地质图

比例尺 1:25000

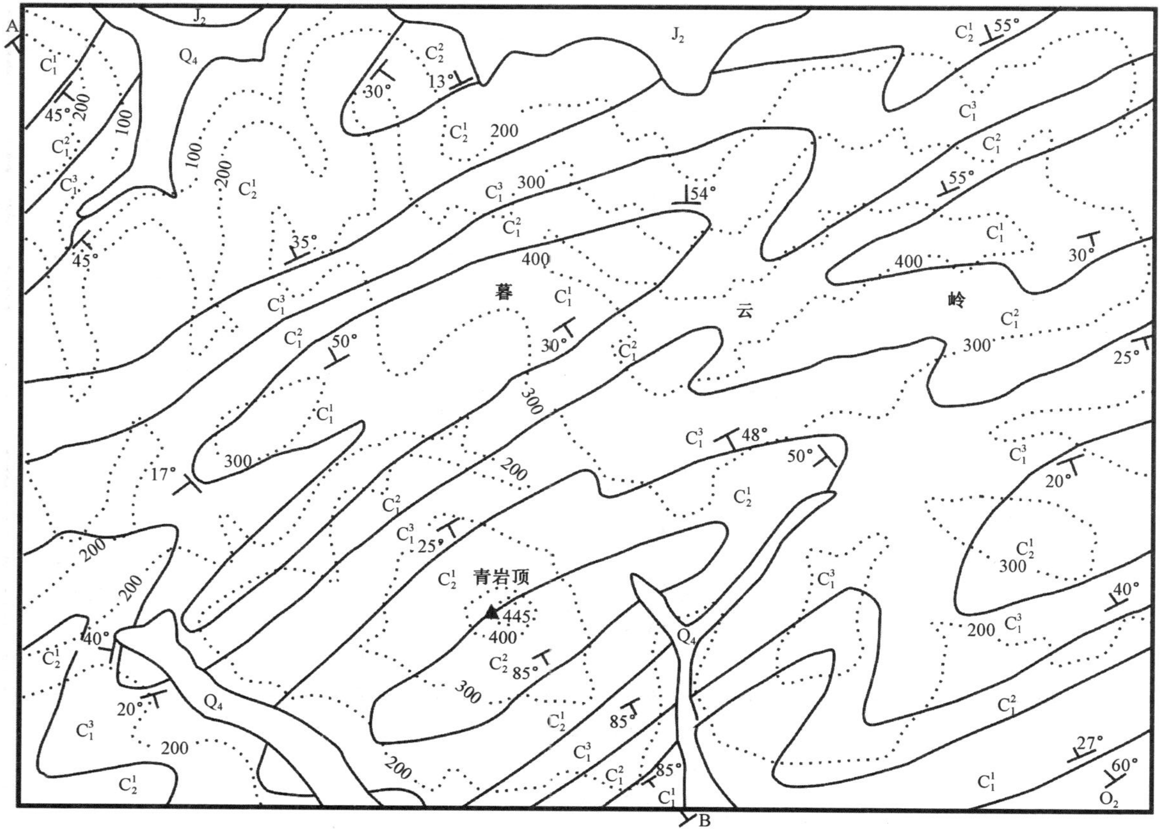

图 例

Q_4	泥、砂和砾石
J_2	粉砂质页岩、有底砾岩
C_2^2	细粒泥质砂岩
C_2^1	黑色页岩夹砂岩
C_1^3	黑色页岩及灰岩互层
C_1^2	钙质砂岩及灰岩夹层
C_1^1	粗中粒砂岩、底砾岩
O_2	厚层石灰岩

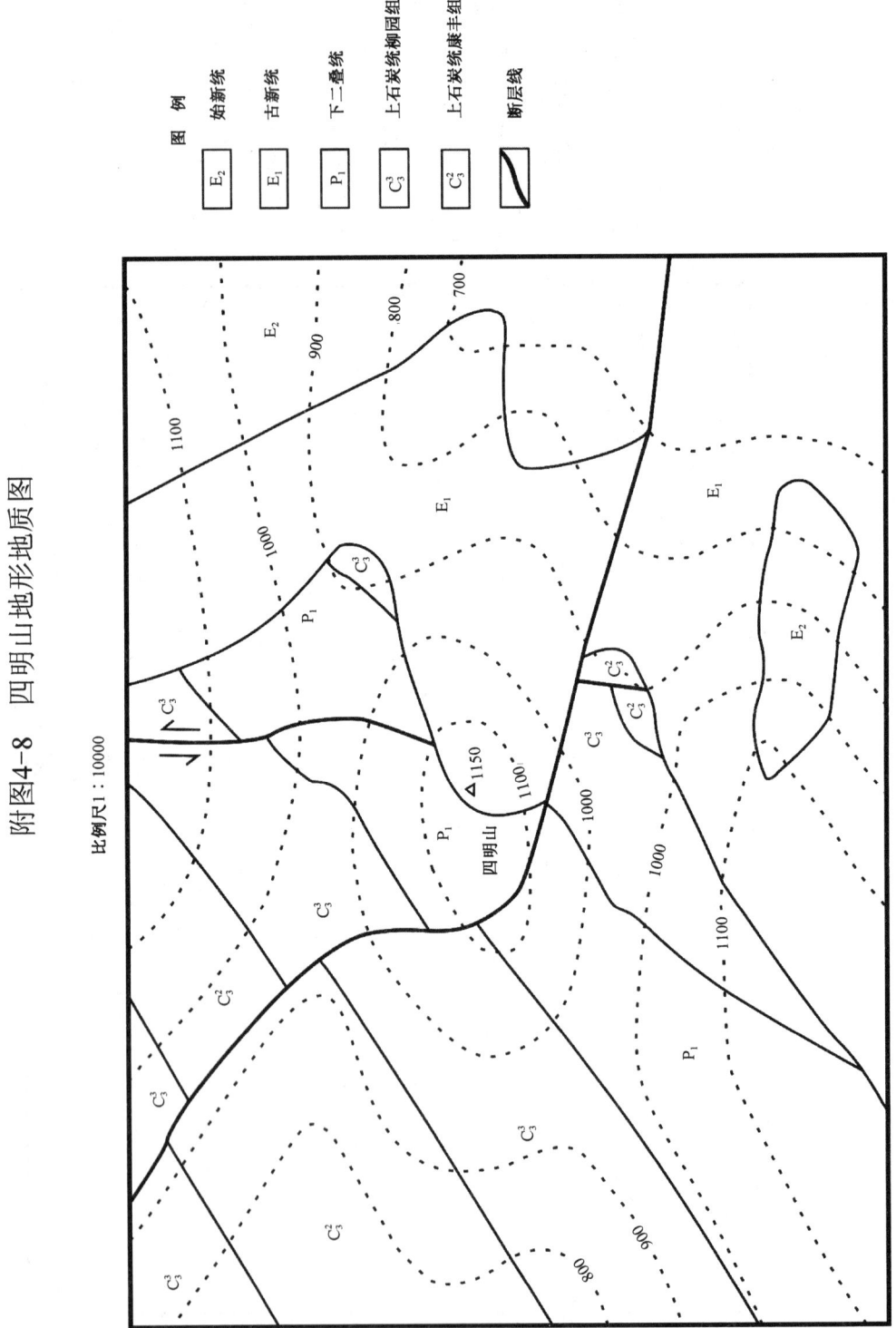

附图4-8 四明山地形地质图

比例尺1:10000